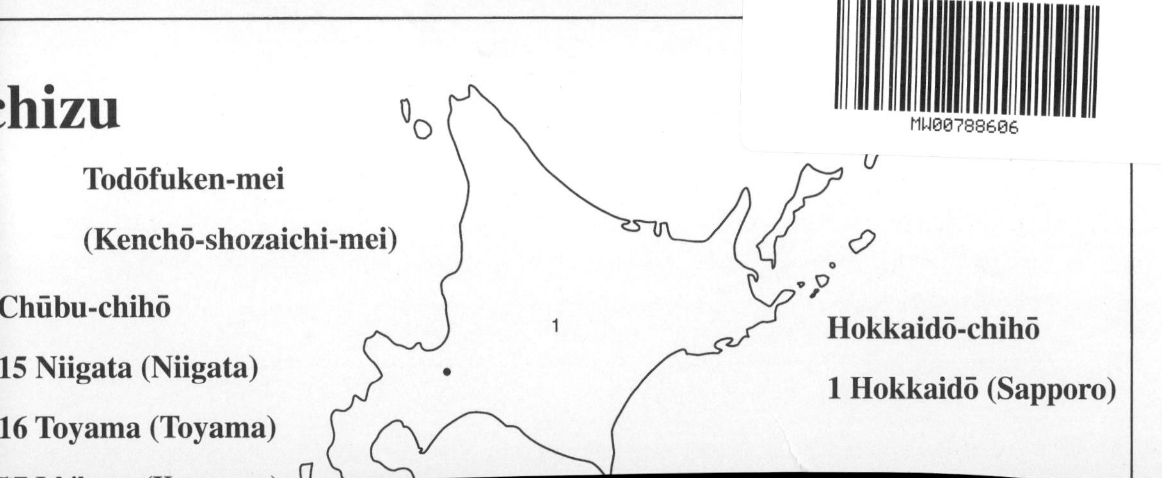
chizu
Todōfuken-mei
(Kenchō-shozaichi-mei)
Chūbu-chihō
15 Niigata (Niigata)
16 Toyama (Toyama)
1
Hokkaidō-chihō
1 Hokkaidō (Sapporo)

みんなの日本語 初級Ｉ 第２版

Minna no Nihongo

Romanized Version

Elementary Japanese I Second Edition Main Textbook

本冊ローマ字版

スリーエーネットワーク

Published by 3A Corporation.
Trusty Kojimachi Bldg., 2F, 4, Kojimachi 3-Chome, Chiyoda-ku, Tokyo 102-0083, Japan

ISBN978-4-88319-634-0 C0081

First published 2000
Second Edition 2013
Printed in Japan

まえがき

本書は、『みんなの日本語』という書名が示すように、初めて日本語を学ぶ人が、だれでも楽しく学べるよう、また教える人にとっても興味深く教えられるように3か年以上の年月をかけて、企画・編集したもので、『新日本語の基礎』の姉妹編ともいうべき本格的な教科書です。

ご存知のように、『新日本語の基礎』は技術研修生のために開発された教科書であるにもかかわらず、初級段階の日本語教材として、内容が十分整備され、短時間で日本語の会話を習得しようとする学習者にとって、学習効率が抜群によいところから、現在も国内はもちろん海外でも広く使われております。

さて、近年日本語教育はますます多様化してきております。国際関係の発展に伴い諸外国との人的交流が深まる中、さまざまな背景と目的を持つ外国人が日本の地域社会に受け入れられてきています。このような外国人の増加による日本語教育をめぐる社会環境の変化はまた、それぞれの日本語教育の現場にも影響を及ぼし、学習ニーズの多様化と、それらに対する個別の対応がもとめられています。

このような時期にあたり、スリーエーネットワークは、国の内外で長年にわたり日本語教育の実践に当たってこられた多くの方々のご意見とご要望にこたえて、『みんなの日本語』を出版することとなりました。すなわち、『みんなの日本語』は『新日本語の基礎』の特徴、学習項目と学習方法のわかりやすさを生かすとともに、会話の場面や登場人物など、学習者の多様化に対応して、より汎用性の高いものにするなど、国の内外のさまざまな学習者と地域の特性にも支障なく、日本語の学習が楽しく進められるように内容の充実と工夫を図りました。

『みんなの日本語』の対象は、職場、家庭、学校、地域などで日本語によるコミュニケーションを今すぐ必要としている外国人のみなさんです。初級の教材ですが、登場する外国人のみなさんと日本人の交流の場面には、できるだけ日本事情と日本人の社会生活・日常生活を反映させるようにしました。主として一般社会人を対象にしていますが、もちろん大学進学の予備課程、あるいは専門学校・大学での短期集中用教科書としてもお勧めできるものです。

なお、当社では学習者の多様性と現場の個々のニーズにこたえるため、今後も引き続き新しい教材を積極的に制作してまいりますので、変わらぬご愛顧をお願い申し上げます。

最後に、本書の編纂に当たりましては各方面からのご意見、授業での試用など、多大のご協力をいただきました。ここに深く感謝申し上げます。スリーエーネットワークはこれからも日本語学習教材の出版等を通じて、人と人とのネットワークを全世界に広げて行きたいと願っております。

どうか一層のご支援とご鞭撻をお願い申し上げます。

1998年3月

株式会社スリーエーネットワーク　代表取締役社長　小川巖

第２版まえがき

『みんなの日本語　初級　第2版』発行によせて

『みんなの日本語　初級　第2版』を発行することとなりました。『みんなの日本語　初級』は初版の「まえがき」に記しましたように、技術研修生のために開発された『新日本語の基礎』の姉妹編とも言うべき教科書です。

本書の初版第1刷発行は1998年3月です。この時期は、国際関係の発展に伴い、日本語教育をめぐる社会環境も変化し、急激に増加した学習者と学習目的、ニーズの多様化も著しく、それらに対する個別の対応が求められました。スリーエーネットワークは、国内外の日本語教育の実践現場から寄せられたご意見とご要望に応えて、『みんなの日本語　初級』を出版しました。

『みんなの日本語　初級』は学習項目と学習方法のわかりやすさ、学習者の多様化に配慮した汎用性の高さ、また教材として内容が十分整備され、日本語の会話を短期間で習得しようとする学習者にとって学習効果が抜群によいとの評価を得て、10年以上にわたり、ご使用いただいてまいりました。しかし、「ことば」は時代とともに生きています。この間、世界も日本も激動の中にありました。特にこの数年は日本語と学習者を取り囲む状況は大きく変化しました。

このような状況を踏まえ、今回、小社は外国人に対する日本語教育に更に貢献できますよう、出版・研修事業の経験、また学習者や教育現場からのご意見やご質問の蓄積をすべて還元する形で『みんなの日本語　初級Ⅰ・Ⅱ』を見直し、一部改訂を行いました。

改訂の柱は運用力の向上と時代の流れにそぐわないことばや場面の変更です。学習者や教育現場のご意見を尊重し、従来の「学びやすく、教えやすい」教科書の構成を守り、また練習や問題を拡充しました。単に指示に従って受動的に練習を行うのではなく、状況を自分で把握し、考えて表現する産出力の強化を図りました。そのために、イラストを多用しました。

なお、本書の編纂に当りましては各方面からのご意見、授業での使用など、多大なご協力をいただきましたことをここに深く感謝申し上げます。小社はこれからも日本語学習者にとって必要なコミュニケーションのためだけでなく、人と人との国際交流活動に貢献できる教材を開発し、皆様のお役に立つことを願っております。今後ともなお一層のご支援とご鞭撻をお願い申し上げます。

2012年6月

株式会社スリーエーネットワーク　代表取締役社長　小林卓爾

本書をお使いになる方へ

Ⅰ．構成

『みんなの日本語　初級Ⅰ　第2版』は『本冊（CD付）』『翻訳・文法解説』からなる。『翻訳・文法解説』は英語版をはじめとして12か国語の出版が予定されている。

この教科書は日本語を話す・聞く・読む・書くの4技能を身につけることを目指して構成されている。ただし、ひらがな、かたかな、漢字などの文字の読み書き指導は『本冊』『翻訳・文法解説』には含まれていない。

Ⅱ．内容

1．本冊

1）日本語の発音　発音で注意すべき点について、主な例を提出してある。

2）教室のことば、毎日のあいさつと会話表現、数字

教室で使われることば、日常の基本的あいさつなどを掲げた。

3）本課　第1課から第25課まであり、内容は以下のように分けられる。

① **文型**　その課で学ぶ基本文型を掲げてある。

② **例文**　基本文型が実際にどのように用いられているかを短い談話の形で示した。また、新出の副詞、接続詞などの使い方や、基本文型以外の学習項目も示されている。

③ **会話**　会話には日本で生活する外国人が登場し、様々な場面を繰り広げる。各課の学習内容に加え、日常生活で使用されるあいさつなどの慣用表現を用い構成されている。余裕があれば、『翻訳・文法解説』中の参考語彙を利用して、会話を発展させることもできる。

④ **練習**　練習は、A、B、Cの三段階に分かれる。

練習Aは、文法的な構造を理解しやすいように、視覚的にレイアウトした。基本的な文型の定着を図るとともに、活用形の作り方、接続の仕方などが学びやすくなるよう配慮した。

練習Bでは、様々なドリル形式を用いて、基本文型の定着の強化を図る。➡のついた番号は、イラストを用いる練習を示す。

練習Cは、コミュニケーション力養成のための練習である。提示されている会話の下線部のことばを状況にあったものに置き換えて会話を行うが、単なる代入練習にならないよう、代入肢を文字で示すことは極力避けた。そのため、一つの絵から学習者によって異なった会話例が想定される自由度の高い練習になっている。

なお練習B、練習Cの解答例は、別冊に収録した。

⑤ **問題**　問題には、聞き取り問題、文法問題および読解問題がある。聞き取りは、短い質問に答える問題と、短い会話のやり取りを聞いて要点を把握する問題がある。文法問題では、語彙や文法事項の理解を確認する。読解問題は、既習語彙、文法を使った平易な文を読んで、その内容に関する様々な形式のタスクをする。

⑥ **復習**　数課ごとに学習事項の要点を整理するために用意した。

⑦ **副詞・接続詞・会話表現のまとめ**　この教科書に提出された副詞・接続詞・会話表現を整理するための問題を用意した。

4）動詞のフォーム

この教科書に提出された動詞のフォームについてのまとめを後続句とともに掲載した。

5）学習項目一覧

この教科書に提出された学習項目を練習Aを中心に整理した。文型、例文、および、練習B、練習Cとの関連がわかるようになっている。

6）索引

「教室のことば」「毎日のあいさつと会話表現」および各課の新出語彙、表現などが、それぞれの初出課とともに載せてある。

7）付属CD

本冊付属のCDには、各課の会話、問題の聞き取り部分が収録されている。

2．翻訳・文法解説

1）日本語の特徴、日本語の文字、日本語の発音についての説明

2）教室のことば、毎日のあいさつと会話表現の翻訳

3）第1課から第25課までの

① 新出語彙とその翻訳

② 文型、例文、会話の翻訳

③ その課の学習に役立つ参考語彙と日本事情に関する簡単な紹介

④　文型および表現に関する文法説明

4）数字、時の表現、期間の表し方、助数詞、動詞の活用などのまとめ

III. 学習に要する時間

1課あたり4～6時間、全体で150時間を目安としている。

IV. 語彙

日常生活で使用頻度の高いものを中心に約1,000語を取り上げている。

V. 表記

1）表記は原則として、ヘボン式による。撥音はすべて‘n’で表記した。

2）長母音は以下のように表記した。

ā, ii, ū, ei (ē), ō

例：okāsan, ōkii, tokei, onēsan

3）文は分かち書きとした。原則として助詞は離したが、助詞を取り込んで1語と認められる語は分かち書きをしない。

例：nanika, desukara

4）接頭語、接尾語、助数詞のほか、複合語などをハイフンでつないだ。

例：o-shigoto, Tanaka-san, 25-sai, hana-ya, benkyō-shimasu

ただし、上記のうちでも、造語性が弱いもの、また、1語として数えたいものにはハイフンを用いない。

例：hitotsu, hitori, ocha, asagohan, oyasuminasai

5）文頭、および固有名詞とその複合語などの語頭に大文字を用いた。

6）外国人の名前は、通常かたかな表記されるときの音に従って表記した。

例：Mirā-san

7）外来語の一部は原音に近い表記をした。

例：pātii, fōku

VI. その他

1）文中で省略できる語句は、[　　　]でくくった。

例：Chichi wa 54[-sai] desu.

2）別の表現がある場合は、(　　　)でくくった。

例：dare (donata)

効果的な使い方

1．ことばを覚えます

『翻訳・文法解説』に各課の新しいことばと訳が提出されています。出てきた新しいことばを使って短い文を作る練習をしながら覚えるとよいでしょう。

2．文型の練習をします

文型の正しい意味をとらえ、文の形がしっかり身につくまで声に出して「練習A」、「練習B」を練習します。

3．会話の練習をします

「練習C」はひとまとまりの短いやり取りです。パターン練習だけで終わらず、会話を続け、膨らませるようにします。

「会話」は日常生活で実際に遭遇する場面を取り上げてあります。CDを聞きながら動作もつけて実際に演じてみると、自然なやり取りのリズムを身につけることができるでしょう。

4．確認します

その課の学習の総仕上げとして「問題」があります。正しく理解したかどうか「問題」で確認します。

5．実際に話してみます

学んだ日本語を使って日本人に話しかけてみます。習ったことをすぐ使ってみる。それが上達への近道です。

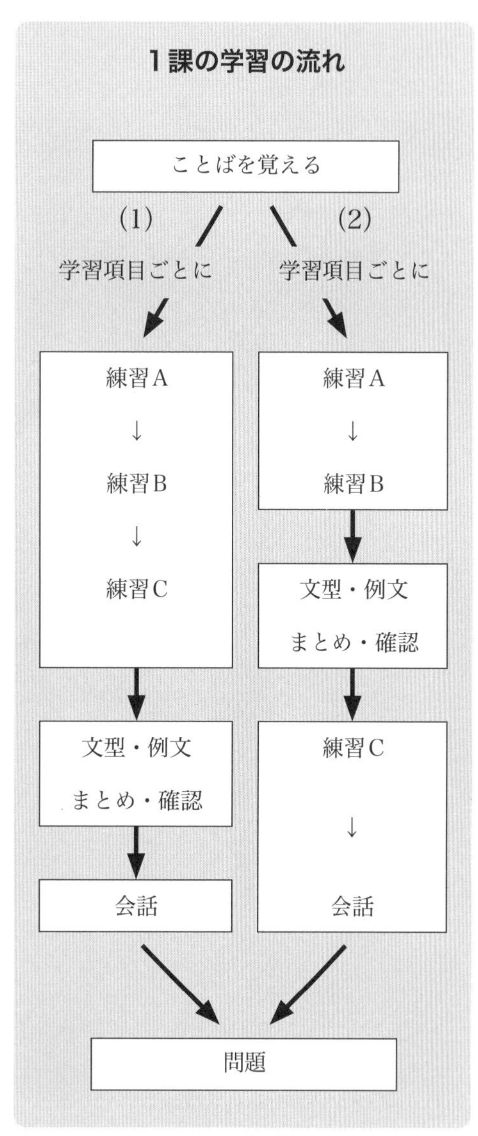

（1）または（2）の流れで学習します。学習項目は巻末の学習項目一覧を見てください。

Tōjō jinbutsu

Maiku Mirā

Amerika, IMC no shain

Satō Keiko

Nihon, IMC no shain

Joze Santosu

Burajiru, Burajiru-eā no shain

Maria Santosu

Burajiru, shufu

Karina

Indoneshia, Fuji-daigaku no gakusei

Wan Shue

Chūgoku, Kōbe-byōin no isha

Yamada Ichirō

Nihon, IMC no shain

Yamada Tomoko

Nihon, ginkōin

Matsumoto Tadashi

Nihon, IMC no buchō

Matsumoto Yoshiko

Nihon, shufu

Kimura Izumi

Nihon, anaunsā

Jon Watto

Igirisu, Sakura-daigaku no sensei

Kāru Shumitto

Doitsu, Pawā-denki no enjinia

Ii Jinju

Kankoku, AKC no kenkyūsha

Terēza Santosu

Burajiru, shōgakusei, 9-sai

Joze Santosu to Maria no musume

Yamada Tarō

Nihon, shōgakusei, 8-sai

Yamada Ichiro to Tomoko no musuko

Guputa

Indo, IMC no shain

Tawapon

Tai, Nihon-go-gakkō no gakusei

※IMC（Konpyūtā no sofutowea no kaisha）

※AKC（Ajia-kenkyū-sentā）

Mokuji

Hajime ni

I. Nihon-go no hatsuon

1. Kana to haku

a rōmaji　　あ hiragana　　ア katakana

a	あ	ア	i	い	イ	u	う	ウ	e	え	エ	o	お	オ
ka	か	カ	ki	き	キ	ku	く	ク	ke	け	ケ	ko	こ	コ
sa	さ	サ	shi	し	シ	su	す	ス	se	せ	セ	so	そ	ソ
ta	た	タ	chi	ち	チ	tsu	つ	ツ	te	て	テ	to	と	ト
na	な	ナ	ni	に	ニ	nu	ぬ	ヌ	ne	ね	ネ	no	の	ノ
ha	は	ハ	hi	ひ	ヒ	fu	ふ	フ	he	へ	ヘ	ho	ほ	ホ
ma	ま	マ	mi	み	ミ	mu	む	ム	me	め	メ	mo	も	モ
ya	や	ヤ	(i)	(い)	(イ)	yu	ゆ	ユ	(e)	(え)	(エ)	yo	よ	ヨ
ra	ら	ラ	ri	り	リ	ru	る	ル	re	れ	レ	ro	ろ	ロ
wa	わ	ワ	(i)	(い)	(イ)	(u)	(う)	(ウ)	(e)	(え)	(エ)	(o)	を	ヲ
n	ん	ン												

ga	が	ガ	gi	ぎ	ギ	gu	ぐ	グ	ge	げ	ゲ	go	ご	ゴ
za	ざ	ザ	ji	じ	ジ	zu	ず	ズ	ze	ぜ	ゼ	zo	ぞ	ゾ
da	だ	ダ	ji	ぢ	ヂ	zu	づ	ヅ	de	で	デ	do	ど	ド
ba	ば	バ	bi	び	ビ	bu	ぶ	ブ	be	べ	ベ	bo	ぼ	ボ
pa	ぱ	パ	pi	ぴ	ピ	pu	ぷ	プ	pe	ぺ	ペ	po	ぽ	ポ

kya	きゃ	キャ	kyu	きゅ	キュ	kyo	きょ	キョ
sha	しゃ	シャ	shu	しゅ	シュ	sho	しょ	ショ
cha	ちゃ	チャ	chu	ちゅ	チュ	cho	ちょ	チョ
nya	にゃ	ニャ	nyu	にゅ	ニュ	nyo	にょ	ニョ
hya	ひゃ	ヒャ	hyu	ひゅ	ヒュ	hyo	ひょ	ヒョ
mya	みゃ	ミャ	myu	みゅ	ミュ	myo	みょ	ミョ
rya	りゃ	リャ	ryu	りゅ	リュ	ryo	りょ	リョ

gya	ぎゃ	ギャ	gyu	ぎゅ	ギュ	gyo	ぎょ	ギョ
ja	じゃ	ジャ	ju	じゅ	ジュ	jo	じょ	ジョ
bya	びゃ	ビャ	byu	びゅ	ビュ	byo	びょ	ビョ
pya	ぴゃ	ピャ	pyu	ぴゅ	ピュ	pyo	ぴょ	ピョ

2. Chōon

obasan : obāsan　　ojisan : ojiisan　　yuki : yūki

e : ē　　toru : tōru

koko : kōkō　　heya : heiya

kādo　　takushii　　sūpā　　esukarētā　　nōto

3. Hatsuon

hantai　　undō　　senro　　minna

shinbun　　enpitsu　　unmei

tenki　　kengaku

4. Sokuon

buka : bukka　　kasai : kassai　　oto : otto

nikki　　zasshi　　kitte　　ippai　　koppu　　beddo

5. Yōon

hiyaku : hyaku　　jiyū : jū　　biyōin : byōin

shatsu　　ocha　　gyūnyū　　kyō　　buchō　　ryokō

6. Akusento

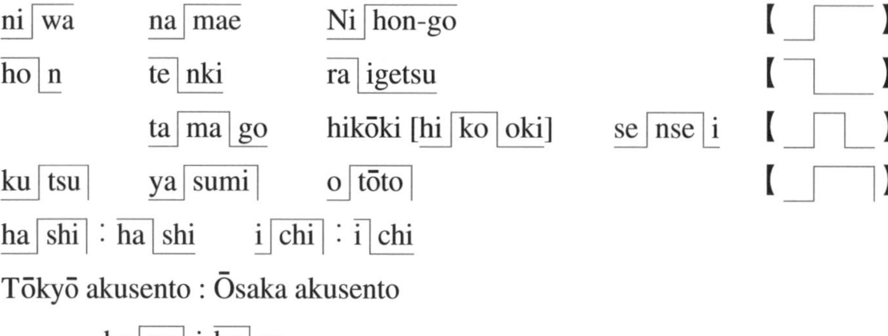

Tōkyō akusento : Ōsaka akusento

ha na : ha na

ri ngo : ri ngo

o ngaku : o n gaku

7. Intonēshon

Satō: Ashita tomodachi to o-hanami o shimasu. 【→】

Mirā-san mo issho ni ikimasen ka. 【↗】

Mirā: Ii desu ne. 【↘】

II. Kyōshitsu no kotoba

1. Hajimemashō.
2. Owarimashō.
3. Yasumimashō.
4. Wakarimasu ka. ……Hai, wakarimasu./Iie, wakarimasen.
5. Mō ichido [onegai-shimasu].
6. Ii desu.
7. Chigaimasu.
8. namae
9. shiken, shukudai
10. shitsumon, kotae, rei

III. Mainichi no aisatsu to kaiwa-hyōgen

1. Ohayō gozaimasu.
2. Konnichiwa.
3. Konbanwa.
4. Oyasuminasai.
5. Sayōnara.
6. Arigatō gozaimasu.
7. Sumimasen.
8. Onegai-shimasu.

IV. Sūji

0 … zero, rei
1 … ichi
2 … ni
3 … san
4 … yon, shi
5 … go
6 … roku
7 … nana, shichi
8 … hachi
9 … kyū, ku
10 … jū

Dai 1 ka

Bunkei

1. Watashi wa Maiku Mirā desu.
2. Santosu-san wa gakusei ja arimasen.
   (dewa)
3. Mirā-san wa kaishain desu ka.
4. Santosu-san mo kaishain desu.

Reibun

1. [Anata wa] Maiku Mirā-san desu ka.
   ……Hai, [watashi wa] Maiku Mirā desu.

2. Mirā-san wa gakusei desu ka.
   ……Iie, [watashi wa] gakusei ja arimasen.

3. Wan-san wa ginkōin desu ka.
   ……Iie, [Wan-san wa] ginkōin ja arimasen.
   Isha desu.

4. Ano kata wa donata desu ka.
   ……Watto-san desu. Sakura-daigaku no sensei desu.

5. Guputa-san wa kaishain desu ka.
   ……Hai, kaishain desu.
   Karina-san mo kaishain desu ka.
   ……Iie, [Karina-san wa] gakusei desu.

6. Terēza-chan wa nan-sai desu ka.
   ……9-sai desu.

CD01 **Kaiwa**

Hajimemashite

Satō	:	Ohayō gozaimasu.
Yamada	:	Ohayō gozaimasu.
		Satō-san, kochira wa Maiku Mirā-san desu.
Mirā	:	Hajimemashite.
		Maiku Mirā desu.
		Amerika kara kimashita.
		Dōzo yoroshiku.
Satō	:	Satō Keiko desu.
		Dōzo yoroshiku.

Renshū A

1.

Watashi	wa	Maiku Mirā kaishain	desu.
Wan-san		Chūgoku-jin isha	

2.

Watashi	wa	Kāru Shumitto kyōshi	ja (dewa)	arimasen.
Ii-san		Amerika-jin gakusei		

3.

Ano hito (kata) wa	Kimura-san Maria-san	desu ka.
	dare (donata)	

4.

Watashi	wa	IMC	no	shain	desu.
Karina-san		Fuji-daigaku		gakusei	
Watto-san		Sakura-daigaku		sensei	

5. Santosu-san wa Burajiru-jin desu.

Maria-san Ano hito	mo Burajiru-jin desu.

6.

Terēza-chan	wa	9-sai	desu.
Tarō-chan		8-sai	
		nan-sai (o-ikutsu)	……ka.

Renshū B

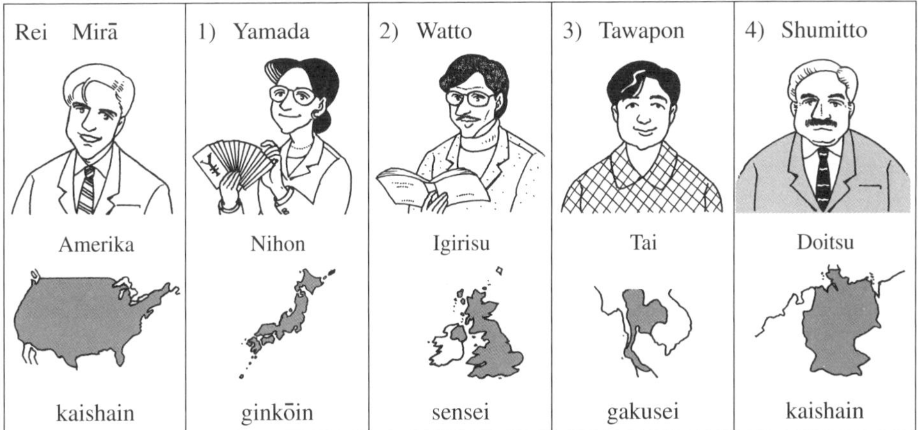

1. Rei : → Mirā-san wa Amerika-jin desu.
   1) →　　2) →　　3) →　　4) →

2. Rei : → Mirā-san wa kaishain desu.
   1) →　　2) →　　3) →　　4) →

3. Rei : Mirā-san・ginkōin → Mirā-san wa ginkōin ja arimasen.
   1) Yamada-san・gakusei →
   2) Watto-san・Doitsu-jin →
   3) Tawapon-san・sensei →
   4) Shumitto-san・Amerika-jin →

4. Rei : Mirā-san・Amerika-jin → Mirā-san wa Amerika-jin desu ka.
   ……Hai, Amerika-jin desu.

   Rei : Mirā-san・isha → Mirā-san wa isha desu ka.
   ……Iie, isha ja arimasen.

   1) Yamada-san・ginkōin →
   2) Watto-san・kaishain →
   3) Tawapon-san・sensei →
   4) Shumitto-san・Doitsu-jin →

5. Rei : → Ano kata wa donata desu ka.
……Guputa-san desu. IMC no shain desu.

1) → 2) → 3) → 4) →

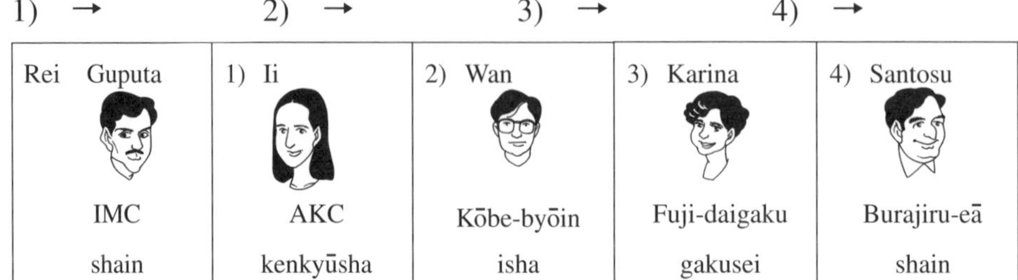

Rei Guputa	1) Ii	2) Wan	3) Karina	4) Santosu
IMC	AKC	Kōbe-byōin	Fuji-daigaku	Burajiru-eā
shain	kenkyūsha	isha	gakusei	shain

6. Rei : Mirā-san・kaishain, Guputa-san
→ Mirā-san wa kaishain desu. Guputa-san mo kaishain desu ka.
……Hai, Guputa-san mo kaishain desu.

Rei : Mirā-san・Amerika-jin, Guputa-san
→ Mirā-san wa Amerika-jin desu. Guputa-san mo Amerika-jin desu ka.
……Iie, Guputa-san wa Amerika-jin ja arimasen.

1) Yamada-san・ginkōin, Ii-san →
2) Watto-san・sensei, Wan-san →
3) Tawapon-san・gakusei, Karina-san →
4) Shumitto-san・Doitsu-jin, Santosu-san →

Rei Mirā (28)	1) Yamada (38)	2) Watto (45)	3) Tawapon (19)	4) Shumitto (52)
Amerika	Nihon	Igirisu	Tai	Doitsu
kaishain	ginkōin	sensei	gakusei	kaishain
Guputa (42)	Ii (35)	Wan (29)	Karina (24)	Santosu (39)
Indo	Kankoku	Chūgoku	Indoneshia	Burajiru
kaishain	kenkyūsha	isha	gakusei	kaishain

7. Rei : Mirā-san → Mirā-san wa nan-sai desu ka. ……28-sai desu.

1) Yamada-san → 2) Watto-san →

3) Tawapon-san → 4) Shumitto-san →

Renshū C

1. A : Hajimemashite. Maiku Mirā desu.
   Amerika kara kimashita. Dōzo yoroshiku.
   B : Satō desu. Dōzo yoroshiku.

1) 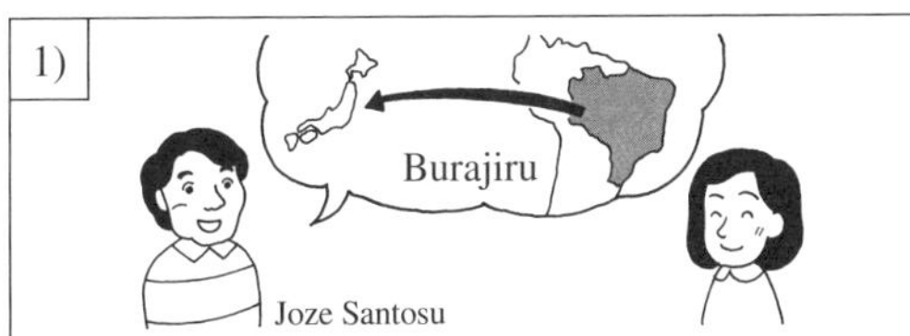

2) 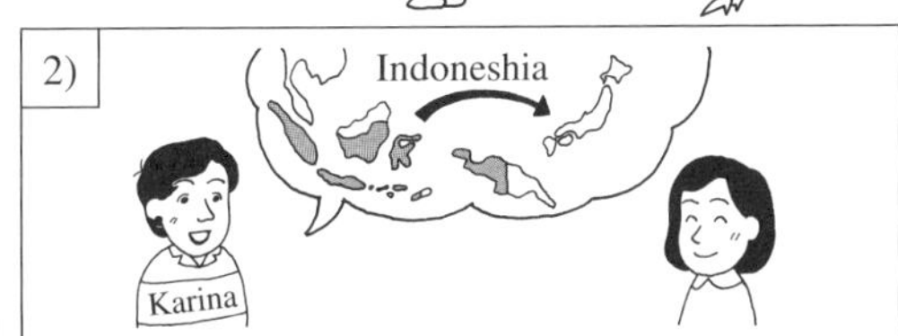

2. A : Shitsurei desu ga, o-namae wa?
   B : Ii desu.
   A : Rii-san desu ka.
   B : Iie, Ii desu.

1) 

2) 

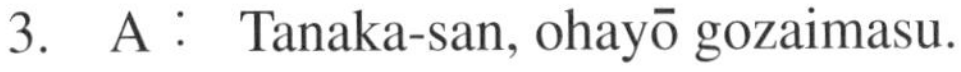

3. A : Tanaka-san, ohayō gozaimasu.
   B : Ohayō gozaimasu.
   A : Kochira wa Mirā-san desu.
   C : Hajimemashite. Mirā desu.
   IMC no shain desu.
   Dōzo yoroshiku onegai-shimasu.
   B : Tanaka-desu. Yoroshiku onegai-shimasu.

1) 

2) 

1

Mondai

CD02 1. Rei： Iie, [watashi wa] sensei ja arimasen.

1) ____________________

2) ____________________

3) ____________________

4) ____________________

5) ____________________

CD03 2. Rei： ① ② ③

1) ① ② ③

2) ① ② ③

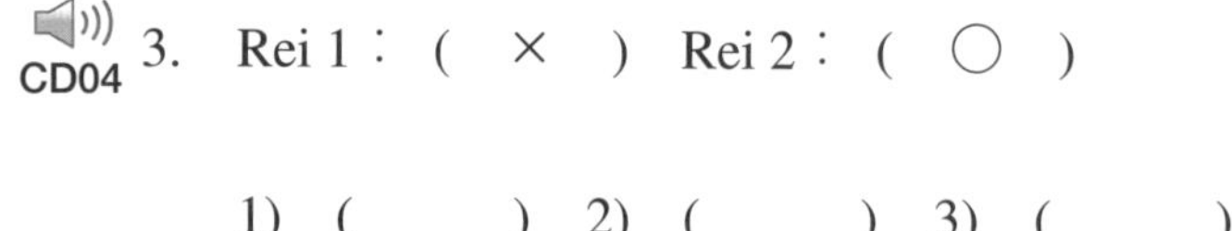

CD04 3. Rei 1： (×) Rei 2： (○)

1) (   ) 2) (   ) 3) (   )

4. Rei : Anata wa (gakusei) desu ka.
   ……Hai, gakusei desu.
   1) Anata wa (   ) desu ka.
      ……Hai, Mirā desu.
   2) Mirā-san wa (   ) desu ka.
      ……Hai, Amerika-jin desu.
   3) Watto-san mo (   ) desu ka.
      ……Iie, Amerika-jin ja arimasen. Igirisu-jin desu.
   4) Ano kata wa (   ) desu ka.
      ……Santosu-san desu.
   5) Terēza-chan wa (   ) desu ka.
      ……9-sai desu.

5. Rei : Watashi (wa) Mirā desu.
   1) Wan-san (   ) isha desu.
   2) Karina-san (   ) sensei desu (   ).
      ……Iie, sensei ja arimasen.
   3) Mirā-san wa IMC (   ) shain desu.
   4) Mirā-san wa kaishain desu.
      Santosu-san (   ) kaishain desu.

6. Hajimemashite.
   Watashi wa ____________________________ desu.
   ____________________________ kara kimashita.
   Dōzo yoroshiku.

Dai 2 ka

Bunkei

1. Kore wa jisho desu.
2. Sore wa watashi no kasa desu.
3. Kono hon wa watashi no desu.

Reibun

1. Kore wa bōrupen desu ka.
   ······Hai, sō desu.

2. Sore wa nōto desu ka.
   ······Iie, [kore wa] techō desu.

3. Sore wa nan desu ka.
   ······Meishi desu.

4. Kore wa "9" desu ka, "7" desu ka.
   ······"9" desu.

5. Sore wa nan no zasshi desu ka.
   ······Konpyūtā no zasshi desu.

6. Are wa dare no kaban desu ka.
   ······Satō-san no kaban desu.

7. Kore wa Mirā-san no desu ka.
   ······Iie, watashi no ja arimasen.

8. Kono kagi wa dare no desu ka.
   ······Watashi no desu.

CD05 Kaiwa

Korekara osewa ni narimasu

Yamada Ichirō : Hai. Donata desu ka.
Santosu : 408 no Santosu desu.

....

Santosu : Konnichiwa. Santosu desu.
Korekara osewa ni narimasu.
Dōzo yoroshiku onegai-shimasu.
Yamada Ichirō : Kochira koso yoroshiku onegai-shimasu.
Santosu : Anō, kore, kōhii desu. Dōzo.
Yamada Ichirō : Dōmo arigatō gozaimasu.

2

Renshū A

1. Kore wa tsukue desu.
   - shinbun
   - meishi
   - nan ……ka.

2. Sore wa bōrupen desu ka, shāpu-penshiru desu ka.
   - "1" / "7"
   - "あ (a)" / "お (o)"

3. Kore wa kuruma no hon desu.
   - konpyūtā
   - Nihon-go
   - nan ……………ka.

4. Are wa watashi no kaban desu.
   - Satō-san
   - sensei
   - dare ………………ka.

5. Are wa watashi no desu.
   - Satō-san
   - sensei
   - dare …………ka.

6. Kono techō wa watashi no desu.
   - kagi
   - kaban

Renshū B

1. Rei 1 : → Kore wa zasshi desu.
   Rei 2 : → Sore wa nōto desu.
   Rei 3 : → Are wa jisho desu.
   1) → 2) → 3) →

2. Rei : hon → Kore wa hon desu ka.
   ……Hai, hon desu.
   Rei : techō → Kore wa techō desu ka.
   ……Iie, hon desu.
   1) tokei → 2) rajio →
   3) enpitsu → 4) isu →

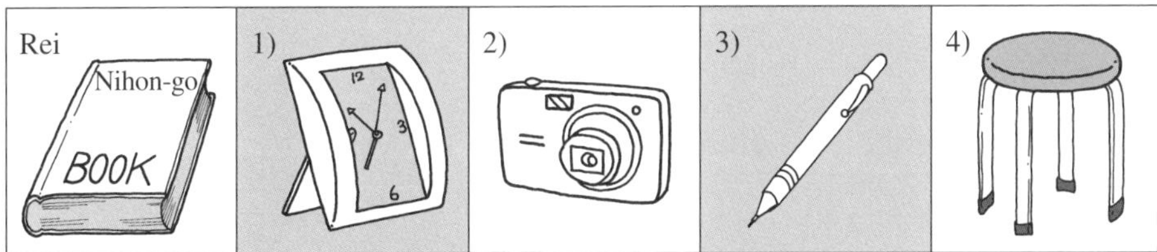

3. Rei : → Kore wa nan desu ka.
   ……Hon desu.
   1) → 2) → 3) → 4) →

4. Rei : shāpu-penshiru・bōrupen (bōrupem)
   → Kore wa shāpu-penshiru desu ka, bōrupen desu ka.
   ……Bōrupen desu.
   1) hon・zasshi (hon) → 2) "い (i)"・"り (ri)" ("り (ri)") →
   3) "1"・"7" ("7") → 4) "シ (shi)"・"ツ (tsu)" ("シ (shi)") →

2

5. Rei : kagi → Sore wa nan no kagi desu ka.
⬇ ……Kuruma no kagi desu.

1) zasshi → 2) CD →

3) zasshi → 4) hon →

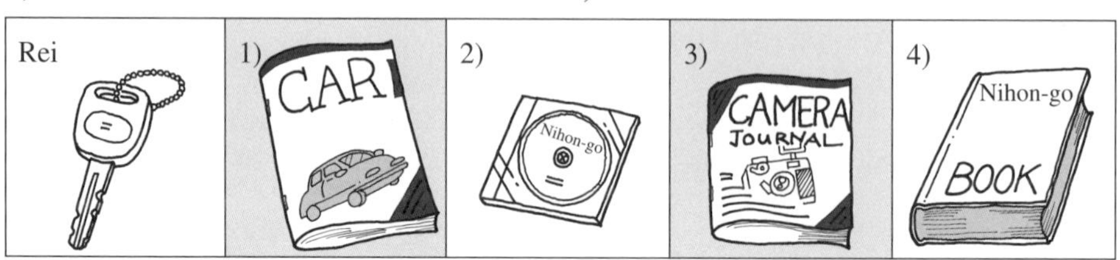

6. Rei : → Kore wa dare no nōto desu ka.
⬇ ……Karina-san no nōto desu.

1) → 2) → 3) → 4) →

Rei :

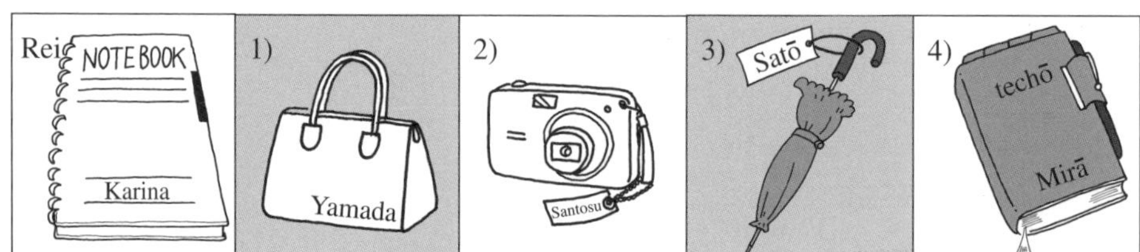

7. Rei : Karina-san → Kore wa Karina-san no desu ka.
⬆ ……Hai. Karina-san no desu.

Rei : Mirā-san → Kore wa Mirā-san no desu ka.
……Iie, Mirā-san no ja arimasen.

1) Wan-san → 2) Santosu-san →

3) Satō-san → 4) Watto-san →

8. Rei : → Kono nōto wa dare no desu ka.
⬆ ……Karina-san no desu.

1) → 2) → 3) → 4) →

Renshū C

1. A : Anō, kore, o-miyage desu.
   B : E, nan desu ka.
   A : Kōhii desu. Dōzo.
   B : Dōmo arigatō gozaimasu.

1) 

2) 

2. A : Sore wa nan desu ka.
   B : Kore desu ka. Eigo no CD desu.
   A : Sō desu ka.

1) 

2) 

3. A : Kono kasa wa Mirā-san no desu ka.
   B : Iie, chigaimasu.
   A : Dare no desu ka.
   C : A, watashi no desu.
   Arigatō gozaimasu.

1) 

2) 

Mondai

CD06 1.

1) ______________________________

2) ______________________________

3) ______________________________

4) ______________________________

5) ______________________________

CD07 2. 1) ①

②

③

2)

①

②

③

CD08 3. 1) (   ) 2) (   ) 3) (   )

4. Rei : Sore wa (dare, (nan), hon) desu ka. ……Hon desu.

1) Mirā-san wa (donata, nan-sai, nan) desu ka. ……28-sai desu.

2) Wan-san wa (dare, sensei, nan) desu ka. ……Iie, chigaimasu.

3) Sore wa (Ii-san, dare, nan) no zasshi desu ka.
……Kamera no zasshi desu.

4) Kore wa (watashi, anata, ano hito) no desu ka.
……Hai, watashi no desu.

5.

Rei	1)	2)	3)

Rei : (Kore) wa kagi desu.

1) ( ) wa rajio desu.

2) ( ) wa terebi desu.

3) ( ) wa jisho desu.

6. Rei : Ano hito wa (dare) desu ka. ……Mirā-san desu.

1) Sore wa ( ) desu ka. ……Kamera desu.

2) Sore wa ( ) no CD desu ka. ……Kankoku-go no CD desu.

3) Kore wa ( ) no enpitsu desu ka. ……Kimura-san no enpitsu desu.

7. Rei : wa/hon/desu/kore → Kore wa hon desu.

1) desu/sore/wa/no/watashi/kagi →

2) no/desu/Mirā-san/jisho/wa/kono →

3) dare/sono/no/ka/kasa/desu/wa →

4) are/desu/sensei/tsukue/no/wa →

8. Rei : Yamada : Hai. Donata desu ka.

Santosu : 408 no Santosu desu.

1) Santosu : Korekara ________.

Dōzo yoroshiku.

Yamada : Kochira koso yoroshiku.

2) Santosu : Anō, kore, o-miyage desu. ______.

Yamada : E, nan desu ka.

Santosu : Kōhii desu.

Yamada : ________________.

Dai 3 ka

Bunkei

1. Koko wa shokudō desu.
2. Erebētā wa asoko desu.

Reibun

1. Koko wa Shin-Ōsaka desu ka.
   ······Hai, sō desu.

2. Toire wa doko desu ka.
   ······Asoko desu.

3. Yamada-san wa doko desu ka.
   ······Kaigishitsu desu.

4. Jimusho wa dochira desu ka.
   ······Achira desu.

5. [O-] kuni wa dochira desu ka.
   ······Amerika desu.

6. Sore wa doko no kutsu desu ka.
   ······Itaria no kutsu desu.

7. Kono tokei wa ikura desu ka.
   ······18,600-en desu.

CD09 **Kaiwa**

Kore o kudasai

Ten'in A	:	Irasshaimase.
Maria	:	Sumimasen. Wain-uriba wa doko desu ka.
Ten'in A	:	Chika 1-kai desu.
Maria	:	Dōmo.

Maria	:	Sumimasen. Sono wain o misete kudasai.
Ten'in B	:	Hai, dōzo.
Maria	:	Kore wa doko no wain desu ka.
Ten'in B	:	Nihon no desu.
Maria	:	Ikura desu ka.
Ten'in B	:	2,500-en desu.
Maria	:	Ja, kore o kudasai.

Renshū A

1.

Koko wa	kyōshitsu	desu.
	daigaku	
	Hiroshima	

2.

Uketsuke wa	koko	desu.
	soko	
	asoko	
	doko	……ka.

3.

Jidō-hanbaiki wa	2-kai	desu.
	robii	
Satō-san wa	jimusho	
	shokudō	
	doko	……ka.

4.

Erebētā wa	kochira	desu.
	sochira	
	achira	
	dochira	……ka.

5.

Kuni	wa	Furansu	desu.
Kaisha		IMC	
Daigaku		Sakura-daigaku	
		dochira	……ka.

6.

Kore wa	Nihon	no kuruma desu.
	Amerika	
	Doitsu	
	doko	…………………ka.

7.

Kono nekutai wa	1,500-en	desu.
	5,800-en	
	13,000-en	
	ikura	……ka.

Renshū B

1. Rei : → Koko wa shokudō desu.
   1) →
   2) →
   3) →
   4) →

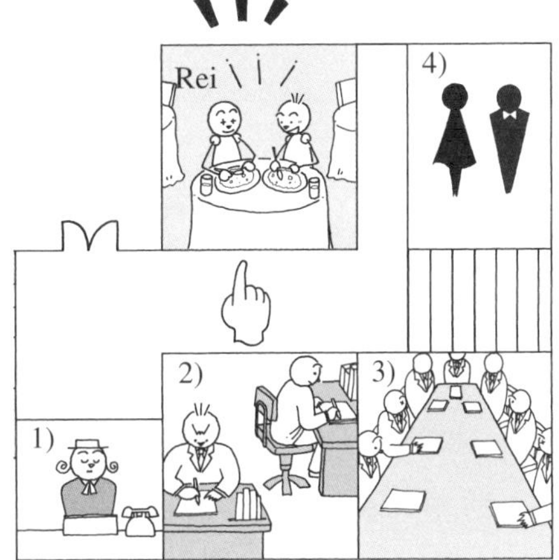

2. Rei : → Toire wa doko desu ka.
   ……Asoko desu.

   1) kaigishitsu → 2) jidō-hanbaiki → 3) Yamada-san →

3. Rei : → jidō-hanbaiki (2-kai) → Jidō-hanbaiki wa doko desu ka.
   ……2-kai desu.

   1) toire (1-kai) → 2) Terēza-chan (kyōshitsu) →
   3) shokudō (chika) → 4) kaigishitsu no kagi (jimusho) →

4. Rei : kaidan (achira) → Kaidan wa dochira desu ka.
   ……Achira desu.

   1) esukarētā (sochira) → 2) denwa (kochira) →
   3) Karina-san no heya (3-gai) → 4) uchi (Ōsaka) →

5. Rei : → Mirā-san no o-kuni wa dochira desu ka.
⬇ ……Amerika desu.

1) → 2) → 3) → 4) →

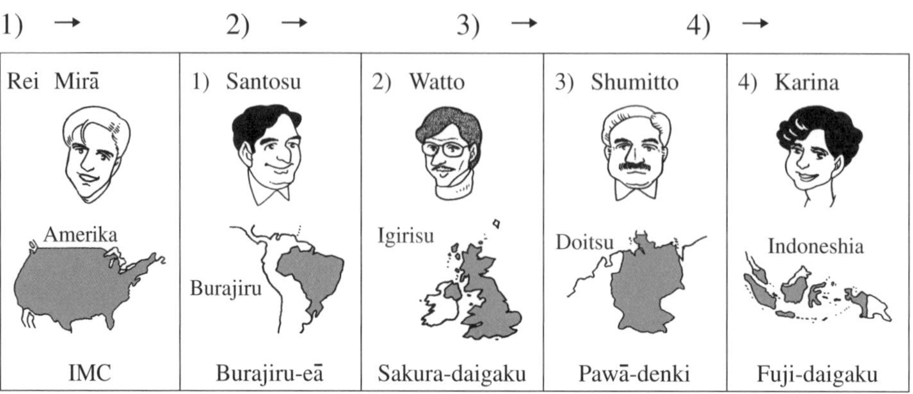

6. Rei : kaisha → Mirā-san no kaisha wa dochira desu ka.
⬆ ……IMC desu.

1) kaisha → 2) daigaku →
3) kaisha → 4) daigaku →

7. Rei : → Kore wa doko no kaban desu ka.
⬇ ……Kankoku no kaban desu.

1) → 2) → 3) → 4) →

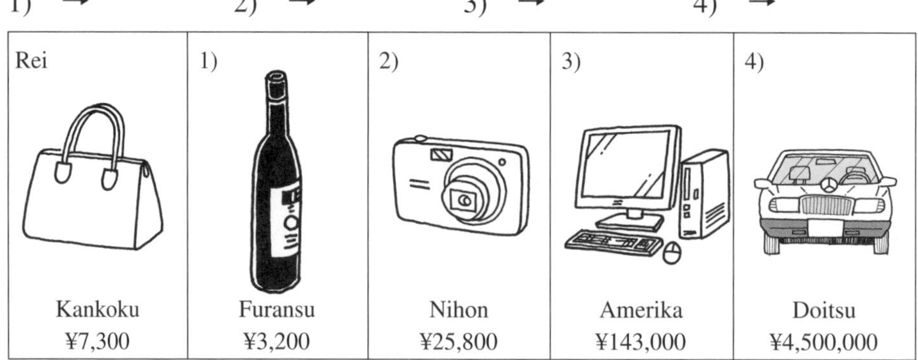

8. Rei : → Kono kaban wa ikura desu ka.
⬆ ……7,300-en desu.

1) → 2) → 3) → 4) →

Renshū C

1. A : Sumimasen. Toire wa doko desu ka.
   B : Asoko desu.
   A : Dōmo.

2. A : O-kuni wa dochira desu ka.
   B : Tai desu.
   A : Uchi wa dochira desu ka.
   B : Bankoku desu.
   A : Sō desu ka.

3. A : Sumimasen.
   Kore wa doko no kōhii desu ka.
   B : Indoneshia no desu.
   A : Ikura desu ka.
   B : 600-en desu.

3

Mondai

CD10 1. 1) ______________________

2) ______________________

3) ______________________

4) ______________________

5) ______________________

CD11 2. 1) ( ) 2) ( ) 3) ( ) 4) ( ) 5) ( )

3.

Rei
uketsuke

1)
kaigishitsu

2)

3)
shokudō

4)
jimusho

5)
kyōshitsu

Rei：(Koko) wa (uketsuke) desu.

1) ( ) wa ( ) desu.

2) ( ) wa ( ) desu.

3) ( ) wa ( ) desu.

4) ( ) wa ( ) desu.

5) ( ) wa ( ) desu.

4. Rei : (Watashi, (Watashi wa), Watashi no) Mirā desu.
   1) (Kore, Kono, Koko) wa Doitsu no kuruma desu.
   2) (Sore, Sono, Soko) kaban wa (watashi, watashi wa, watashi no) desu.
   3) Jimusho wa (are, ano, asoko) desu.
   4) Sumimasen. Denwa wa (dare, nan, doko) desu ka.

5. Rei : Sore wa (nan) desu ka.
   ……Jisho desu.
   1) Sumimasen. Toire wa ( ) desu ka.
   ……Achira desu.
   2) Mirā-san wa ( ) desu ka.
   ……Kaigishitsu desu.
   3) Kamera-uriba wa ( ) desu ka.
   ……5-kai desu.
   4) O-kuni wa ( ) desu ka.
   ……Doitsu desu.
   5) Kaisha wa ( ) desu ka.
   ……Pawā-denki desu.
   6) Pawā-denki wa ( ) no kaisha desu ka.
   ……Konpyūtā no kaisha desu.
   7) Kore wa ( ) no wain desu ka.
   ……Itaria no wain desu.
   8) Kono wain wa ( ) desu ka.
   ……2,800-en desu.

Fukushū A

1. Rei : Watashi (wa) Maiku Mirā desu.

   1) A : Uketsuke ( ) doko desu ( ).
      B : Achira desu.
   2) B : Wain, dōzo. Doitsu ( ) wain desu.
      A : Arigatō gozaimasu.
   3) A : Ano kata ( ) donata desu ka.
      B : Pawā-denki ( ) Shumitto-san desu.
      A : Ano kata ( ) Pawā-denki ( ) shain desu ka.
      B : Iie. Ano kata ( ) Burajiru-eā ( ) Santosu-san desu.
   4) A : Pawā-denki ( ) nan ( ) kaisha desu ka.
      B : Konpyūtā ( ) kaisha desu.
   5) B : Kore ( ) Mirā-san ( ) kasa desu ka.
      A : Iie, chigaimasu.
      C : A, sumimasen. Watashi ( ) desu.
      B : Kono kagi ( ) anata ( ) desu ka.
      C : Iie, watashi ( ) ja arimasen.
      A : A, sore ( ) watashi ( ) kuruma ( ) kagi desu.

2. Rei : Ano hito wa [dare] desu ka.
   ……Mirā-san desu.

   1) A : Konnichiwa. Fuji-daigaku no Karina desu.
      B : Konnichiwa. Kyōshitsu wa 2-kai desu.
      A : Anō, kore wa [ ] desu ka.
      B : Sakura-daigaku no bōrupen desu.
      A : [ ] desu ka.
      B : 300-en desu.
   2) A : Sumimasen. Toire wa [ ] desu ka.
      B : Achira desu.

3) A： Hajimemashite. Karina desu. Fuji-daigaku no gakusei desu.
B： Hajimemashite. Tawapon desu.
Karina-san, o-kuni wa [ ] desu ka.
A： Indoneshia desu.

4) A： Ano kata wa [ ] desu ka.
B： Sakura-daigaku no Watto-sensei desu.

5) A： Kore wa [ ] no CD desu ka.
B： Watashi no desu.
A： [ ] no CD desu ka.
B： Nihon-go no CD desu.

A B

3. Rei： 45 (yon-jū go)

1) 28 ( )
2) 360 ( )
3) 894 ( )
4) 1,500 ( )
5) 8,010 ( )
6) 17,640 ( )
7) 53,100 ( )
8) 136,200 ( )
9) 209,000 ( )
10) 4,300,000 ( )

4. Rei： Tanaka-san wa gakusei desu ka.
……(a. Iie, gakusei desu (b). Iie, sensei desu).

1) Kore wa techō desu ka, nōto desu ka.
……(a. Hai, techō desu b. Techō desu).
2) Are wa dare no kaban desu ka.
……(a. Tanaka-san desu b. Tanaka-san no desu).
3) Sore wa doko no kuruma desu ka.
……(a. Doitsu no kuruma desu b. Mirā-san no kuruma desu).
4) Ano kata wa donata desu ka.
……(a. Tanaka-san desu b. Kaishain desu).
5) Kono bōrupen wa anata no desu ka.
……(a. Hai, sō desu b. Hai, anata no desu).

Dai 4 ka

Bunkei

1. Ima 4-ji 5-fun desu.
2. Watashi wa maiasa 6-ji ni okimasu.
3. Watashi wa kinō benkyō-shimashita.

Reibun

1. Ima nan-ji desu ka.
   ……2-ji 10-pun desu.
   Nyūyōku wa ima nan-ji desu ka.
   ……Gozen 0-ji 10-pun desu.

2. Yasumi wa nan-yōbi desu ka.
   ……Do-yōbi to nichi-yōbi desu.

3. Appuru-ginkō wa nan-ji kara nan-ji made desu ka.
   ……9-ji kara 3-ji made desu.

4. Maiban nan-ji ni nemasu ka.
   ……11-ji ni nemasu.

5. Mainichi nan-ji kara nan-ji made benkyō-shimasu ka.
   ……Asa 9-ji kara gogo 3-ji made benkyō-shimasu.

6. Do-yōbi hatarakimasu ka.
   ……Iie, hatarakimasen.

7. Kinō benkyō-shimashita ka.
   ……Iie, benkyō-shimasendeshita.

CD12 **Kaiwa**

Sochira wa nan-ji made desu ka

Mirā	:	Sumimasen, "Asuka" no denwa-bangō wa nan-ban desu ka.
Satō	:	"Asuka" desu ka. 5275 no 2725 desu.
Mirā	:	Dōmo arigatō gozaimasu.

....

Mise no hito	:	Hai, "Asuka" desu.
Mirā	:	Sumimasen. Sochira wa nan-ji made desu ka.
Mise no hito	:	10-ji made desu.
Mirā	:	Yasumi wa nan-yōbi desu ka.
Mise no hito	:	Nichi-yōbi desu.
Mirā	:	Sō desu ka. Dōmo.

Renshū A

1. Ima | 4-ji 5-fun | desu.
   | 9-ji han |
   | nan-ji | ……ka.

2. Yasumi wa | sui-yōbi | desu.
   | do-yōbi to nichi-yōbi |
   | nan-yōbi | ……ka.

3. Hiruyasumi wa | 12-ji | kara | 1-ji | made desu.
   | 12-ji han | | 1-ji 15-fun |
   | nan-ji | | nan-ji | ……………ka.

4. Watashi wa maiasa | 6-ji | ni okimasu.
   | 7-ji han |
   Anata wa ……… | nan-ji | ……………ka.

5. Watashi wa | 9-ji | kara | 5-ji | made hatarakimasu.
   | getsu-yōbi | | kin-yōbi |

6. Watashi wa | mainichi | benkyō-shimasu.
   | ashita |
   | kinō | benkyō-shimashita.
   | ototoi |

7.

ne	masu	ne	masen	ne	mashita	ne	masendeshita
yasumi	masu	yasumi	masen	yasumi	mashita	yasumi	masendeshita
hataraki	masu	hataraki	masen	hataraki	mashita	hataraki	masendeshita

4

Renshū B

1. Rei : → 3-ji desu.

   1) → 2) → 3) → 4) →

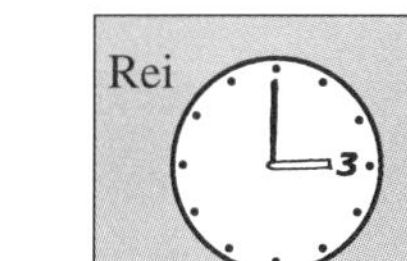	1)	2)	3)	4)

2. Rei : Tōkyō → Tōkyō wa ima nan-ji desu ka. ······Gogo 6-ji desu.

   1) Pekin →
   2) Bankoku →
   3) Rondon →
   4) Rosanzerusu →

3. Rei : Kyō → Kyō wa nan-yōbi desu ka. ······Ka-yōbi desu.

   1) ashita → 2) kaigi → 3) shiken → 4) yasumi →

nichi-yōbi	getsu-yōbi	ka-yōbi	sui-yōbi	moku-yōbi	kin-yōbi	do-yōbi

4. Rei : ginkō (9 : 00 ～ 3 : 00) → Ginkō wa nan-ji kara nan-ji made desu ka.
   ······9-ji kara 3-ji made desu.

   1) yūbinkyoku (9 : 00 ～ 5 : 00) → 2) depāto (10 : 00 ～ 8 : 30) →
   3) toshokan (9 : 00 ～ 6 : 30) → 4) kaisha (9 : 15 ～ 5 : 45) →

5. Rei : maiasa → Maiasa nan-ji ni okimasu ka. ······7-ji ni okimasu.

   1) maiban → 2) ashita → 3) konban → 4) nichi-yōbi →

4

6. Rei : maiban・benkyō-shimasu (7 : 30 ～ 9 : 30)

→ Maiban nan-ji kara nan-ji made benkyō-shimasu ka.

……7-ji han kara 9-ji han made benkyō-shimasu.

1) mainichi・hatarakimasu (9 : 30 ～ 5 : 30) →

2) hiru・yasumimasu (12 : 00 ～ 1 : 00) →

3) do-yōbi・hatarakimasu (9 : 00 ～ 2 : 00) →

4) maiasa・benkyō-shimasu (7 : 00 ～ 8 : 00) →

7. Rei : ashita → Ashita hatarakimasu.

1) mainichi → 2) kinō no ban →

3) asatte → 4) ototoi →

8. Rei 1 : Kyō benkyō-shimasu ka. (hai) → Hai, benkyō-shimasu.

Rei 2 : Kinō benkyō-shimashita ka. (iie) → Iie, benkyō-shimasendeshita.

1) Asatte hatarakimasu ka. (iie) →

2) Maiban benkyō-shimasu ka. (hai) →

3) Kinō no ban benkyō-shimashita ka. (hai) →

4) Kinō hatarakimashita ka. (iie) →

9. Rei 1 : maiasa・okimasu (6 : 00) → Maiasa nan-ji ni okimasu ka.

……6-ji ni okimasu.

Rei 2 : kinō・hatarakimasu (9 : 00 ～ 5 : 00)

→ Kinō nan-ji kara nan-ji made hatarakimashita ka.

……9-ji kara 5-ji made hatarakimashita.

1) maiban・nemasu (11 : 00) →

2) kesa・okimasu (7 : 30) →

3) mainichi・hatarakimasu (10 : 00 ～ 6 : 00) →

4) kinō no ban・benkyō-shimasu (7 : 00 ～ 8 : 30) →

Renshū C

4

1. A : Yamato-bijutsukan wa nan-ji kara nan-ji made desu ka.
   B : 10-ji kara 4-ji made desu.
   A : Yasumi wa nan-yōbi desu ka.
   B : Getsu-yōbi desu.
   A : Dōmo.

1)

2)

2. A : Shiken wa nan-ji kara desu ka.
   B : 10-ji kara desu.
   A : Nan-ji ni owarimasu ka.
   B : 12-ji ni owarimasu.
   A : Sō desu ka. Dōmo.

1)

2)

3. A : Kinō 12-ji made benkyō-shimashita.
   B : Sō desu ka. Nan-ji ni nemashita ka.
   A : 1-ji ni nemashita.
   B : Taihen desu ne.

1)

2)

Mondai

4

CD13 1.
1) ______
2) ______
3) ______
4) ______
5) ______

CD14 2.
1) ① Tōkyō Rondon ② Tōkyō Rondon ③ Tōkyō Rondon

2) ① ② ③

CD15 3. 1) (　　　) 2) (　　　) 3) (　　　)

CD16 4. Rei： (6：30 　 (9：30))

1) (8：30 　 7：30)
2) (gozen 8：20 　 gogo 8：20)
3) (9：30 ～ 6：30 　 9：00 ～ 6：00)
4) (12：15 ～ 1：15 　 12：50 ～ 1：50)
5) (349-7895 　 349-7865)
6) (075-831-6697 　 075-138-6697)
7) (3,850 　 3,650)
8) (208,000 　 128,000)

5. Rei : Ano hito wa (dare) desu ka.
……Mirā-san desu.

1) Ima ( ) desu ka.
……5-ji desu.
2) Satō-san no denwa-bangō wa ( ) desu ka.
……020 no 3333 no 4367 desu.
3) Kyō wa ( ) desu ka.
……Ka-yōbi desu.
4) Terēza-chan wa ( ) desu ka.
……9-sai desu.
5) Kinō ( ) made hatarakimashita ka.
……9-ji made hatarakimashita.

6. Rei 1 : Kore wa Suisu (no) tokei desu.
Rei 2 : Denwa wa doko (×) desu ka.

1) Maiasa ( ) 6-ji ( ) okimasu.
2) Bijutsukan wa nan-ji ( ) nan-ji ( ) desu ka.
3) Ima nan-ji ( ) desu ka.
4) Moku-yōbi. ( ) gogo byōin wa yasumi desu.
5) Daigaku wa nan-ji ( ) owarimasu ka.
6) Ginkō no yasumi wa do-yōbi ( ) nichi-yōbi desu.

7. Rei : Mainichi 9-ji kara 5-ji made ((hatarakimasu), hatarakimashita).

1) Kinō 10-ji ni (nemasu, nemashita).
2) Mainichi hiru 12-ji kara 1-ji made (yasumimasu, yasumimashita).
3) Ototoi no ban 9-ji kara 11-ji made (benkyō-shimasu, benkyō-shimashita).
4) Maiasa nan-ji ni (okimasu, okimashita) ka.
5) Asatte wa nichi-yōbi desu. (Hatarakimasen, Hatarakimasendeshita).

8. Rei : Konban benkyō-shimasu ka. ……Hai, (benkyō-shimasu).

1) Ototoi yasumimashita ka. ……Hai, ( ).
2) Nichi-yōbi hatarakimasu ka. ……Iie, ( ).
3) Kinō benkyō-shimashita ka. ……Iie, ( ).
4) Daigaku wa 3-ji ni owarimasu ka. ……Hai, ( ).

Dai 5 ka

Bunkei

1. Watashi wa Kyōto e ikimasu.
2. Watashi wa takushii de uchi e kaerimasu.
3. Watashi wa kazoku to Nihon e kimashita.

Reibun

1. Ashita doko e ikimasu ka.
   ……Nara e ikimasu.

2. Nichi-yōbi doko e ikimashita ka.
   ……Doko [e] mo ikimasendeshita.

3. Nan de Tōkyō e ikimasu ka.
   ……Shinkansen de ikimasu.

4. Dare to Tōkyō e ikimasu ka.
   ……Yamada-san to ikimasu.

5. Itsu Nihon e kimashita ka.
   ……3-gatsu 25-nichi ni kimashita.

6. Tanjōbi wa itsu desu ka.
   ……6-gatsu 13-nichi desu.

CD17 **Kaiwa**

5

Kono densha wa Kōshien e ikimasu ka

Santosu	:	Sumimasen. Kōshien made ikura desu ka.
Onna no hito	:	350-en desu.
Santosu	:	350-en desu ne. Arigatō gozaimashita.
Onna no hito	:	Dō itashimashite.

Santosu	:	Sumimasen. Kōshien wa nan-bansen desu ka.
Ekiin	:	5-bansen desu.
Santosu	:	Dōmo.

Santosu	:	Anō, kono densha wa Kōshien e ikimasu ka.
Onna no hito	:	Iie. Tsugi no "futsū" desu yo.
Santosu	:	Sō desu ka. Dōmo.

Renshū A

1. Watashi wa | sūpā / kaisha / Tōkyō | e ikimasu.

   Anata wa | doko | ············ ka.

2. Watashi wa | basu / chikatetsu / jitensha | de kaisha e ikimasu.

   Anata wa | nan | ························ ka.

3. Watashi wa | Mirā-san / tomodachi / kazoku | to Nihon e kimashita.

   Anata wa | dare | ························· ka.

4. Watashi wa | 7-gatsu 15-nichi ni / nichi-yōbi [ni] / raishū | kuni e kaerimasu.

   Anata wa | itsu | ······················ ka.

Renshū B

1. Rei 1 : → Sūpā e ikimasu.

   1) → 2) → 3) → 4) →

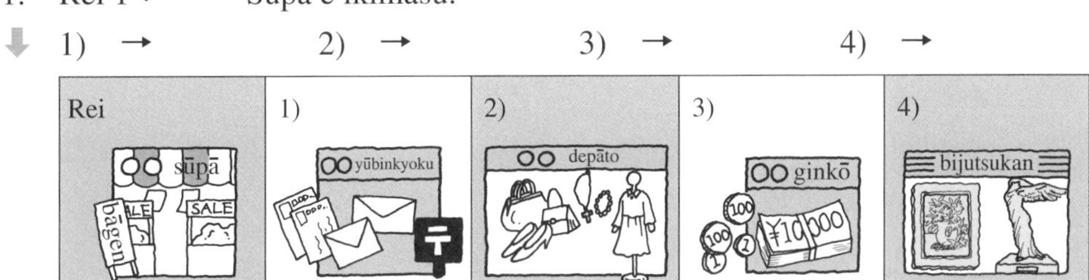

2. Rei : kesa → Kesa doko e ikimashita ka.

   ……Sūpā e ikimashita.

   1) sengetsu → 2) kinō no gogo →

   3) raishū no getsu-yōbi → 4) senshū no nichi-yōbi →

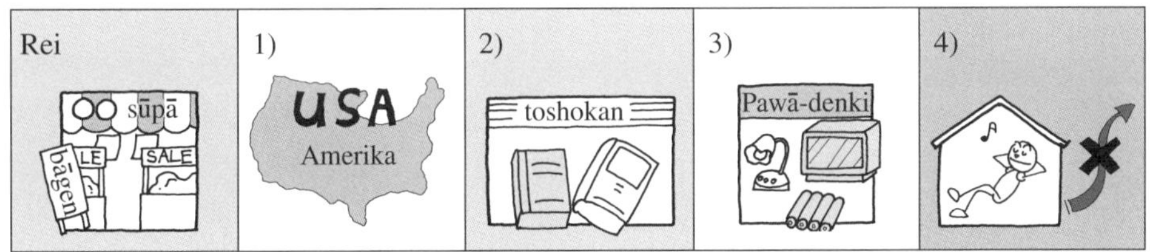

3. Rei : → Nan de Kyōto e ikimasu ka.

   ……Densha de ikimasu.

   1) → 2) → 3) → 4) →

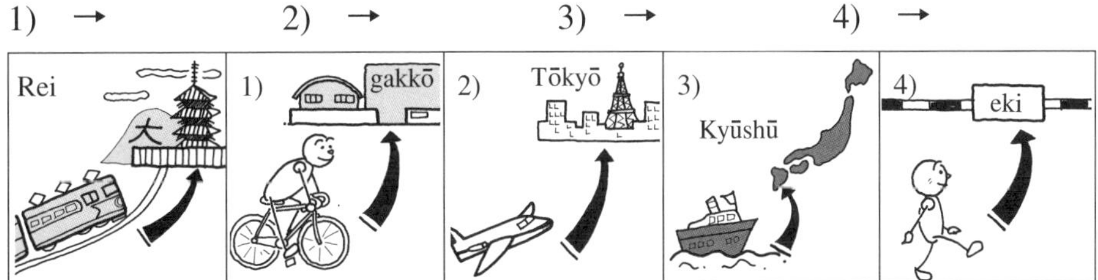

4. Rei : Kyōto (tomodachi) → Dare to Kyōto e ikimasu ka.

   ……Tomodachi to ikimasu.

   1) bijutsukan (kanojo) →
   2) Hiroshima (kaisha no hito) →
   3) Hokkaidō (kazoku) →
   4) Furansu (hitori de) →

5. Rei 1 : Kyōto (3-gatsu mikka) → Itsu Kyōto e ikimasu ka.
   ……3-gatsu mikka ni ikimasu.

   Rei 2 : Tōkyō (raishū) → Itsu Tōkyō e ikimasu ka.
   ……Raishū ikimasu.

   1) Sakura-daigaku (9-gatsu jū yokka) →
   2) Amerika (rainen no 3-gatsu) →
   3) Hiroshima (raigetsu) →
   4) byōin (konshū no sui-yōbi) →

6. Rei : Itsu Nihon e kimashita ka.
   → Kyonen no 9-gatsu ni kimashita.

   1) Dare to Nihon e kimashita ka. →
   2) Sengetsu doko e ikimashita ka. →
   3) Nan de Kankoku e ikimashita ka. →
   4) Itsu kuni e kaerimasu ka. →

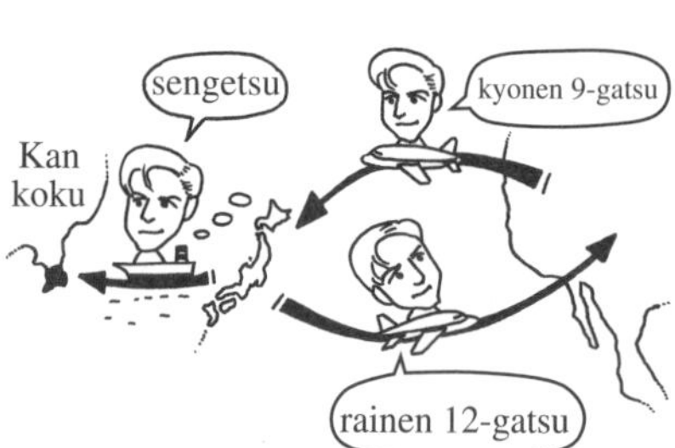

7. Rei : Maiasa nan-ji ni kaisha e ikimasu ka. → 7-ji han ni ikimasu.

   1) Maiasa nan de kaisha e ikimasu ka. →
   2) Maiban nan-ji ni uchi e kaerimasu ka. →
   3) Ototoi dare to Ōsakajō e ikimashita ka. →
   4) Do-yōbi doko e ikimasu ka. →

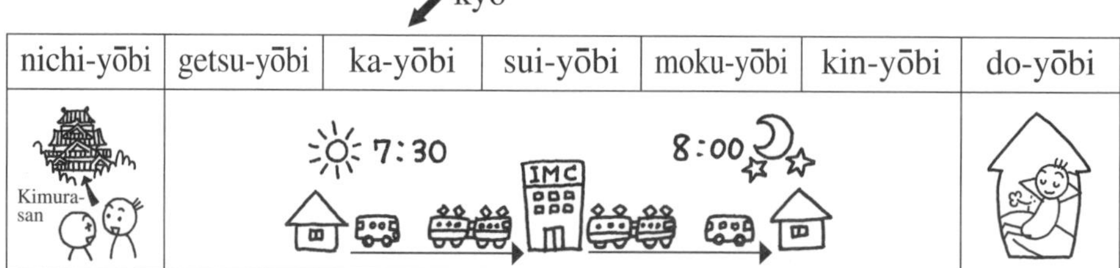

8. Rei : Mirā-san no tanjōbi wa itsu desu ka.
   ……10-gatsu muika desu.

   1) → 2) → 3) → 4) →

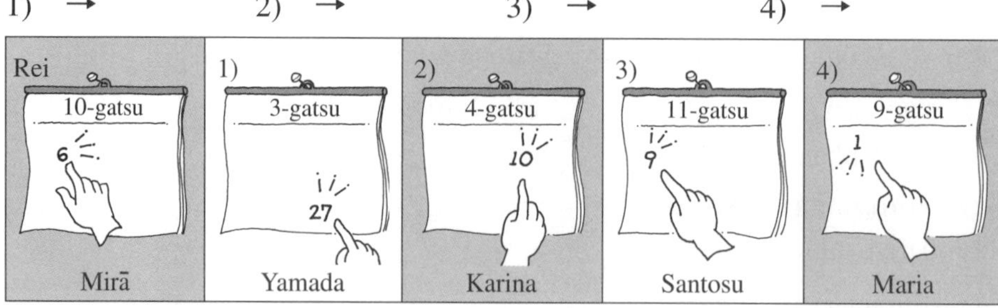

Renshū C

1. A : Ashita wa nichi-yōbi desu ne.
   B : A, sō desu ne.
   A : Watashi wa Ōsakajō e ikimasu.
   Tawapon-san wa?
   B : Doko mo ikimasen. Benkyō-shimasu.

1) 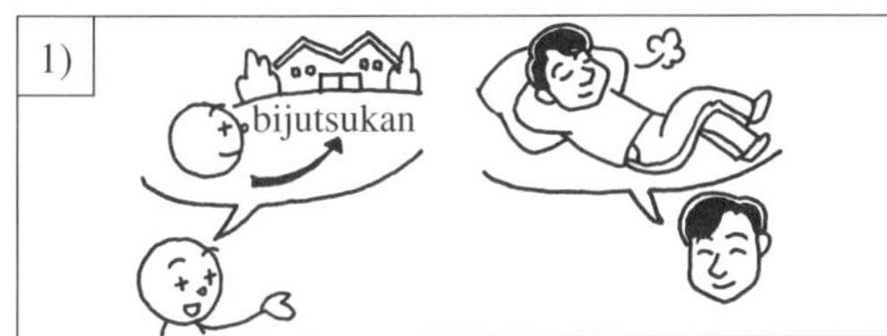

2) 

2. A : Senshū Tōkyō e ikimashita.
   Kore, o-miyage desu. Dōzo.
   B : Arigatō gozaimasu.
   Hitori de ikimashita ka.
   A : Iie, tomodachi to ikimashita.
   B : Nan de ikimashita ka.
   A : Basu de ikimashita.

1) 

2) 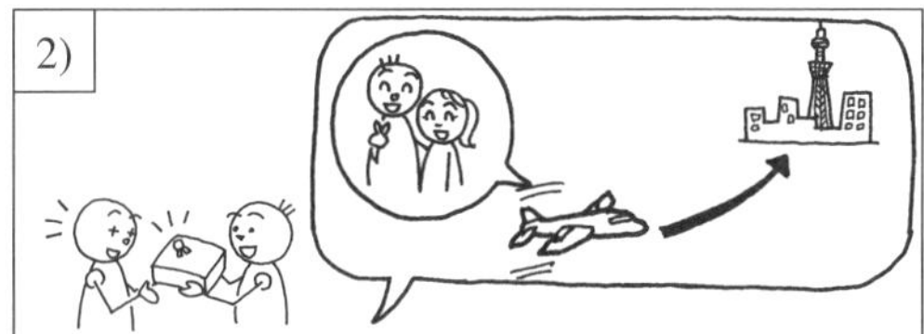

3. A : O-kuni wa dochira desu ka.
   B : Amerika desu.
   A : Sō desu ka. Itsu Nihon e kimashita ka.
   B : Kyonen no 9-gatsu ni kimashita.

(9-gatsu)

1) 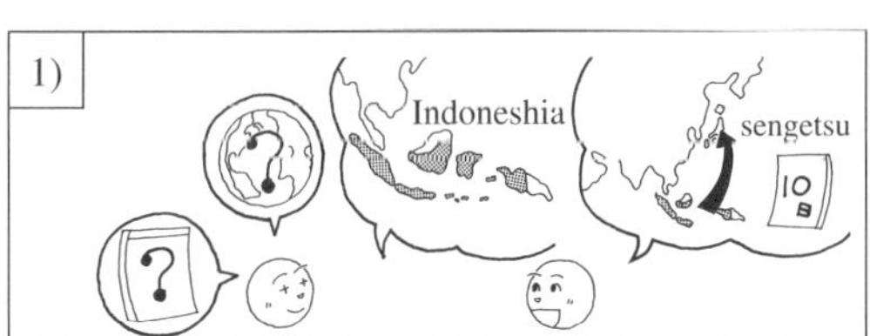

2) 

5

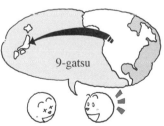

Mondai

5

CD18 1. 1) ____________________
2) ____________________
3) ____________________
4) ____________________
5) ____________________

CD19 2. 1) ①

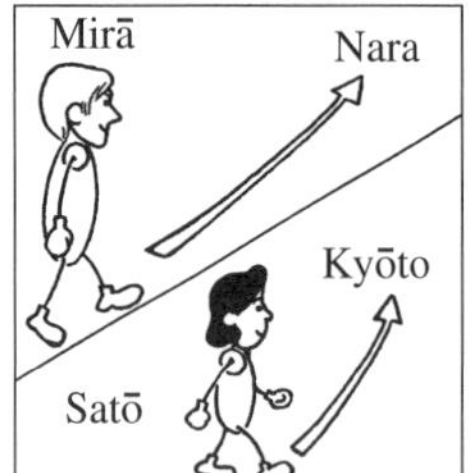

②

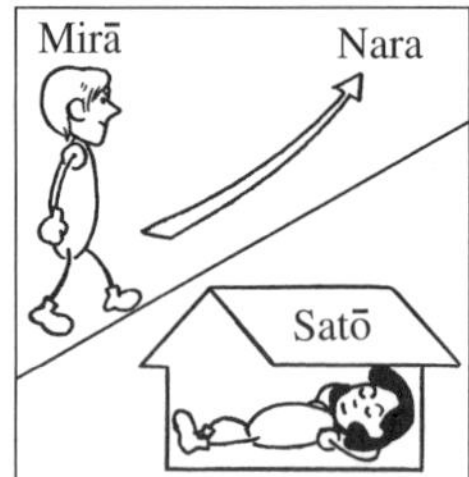

③

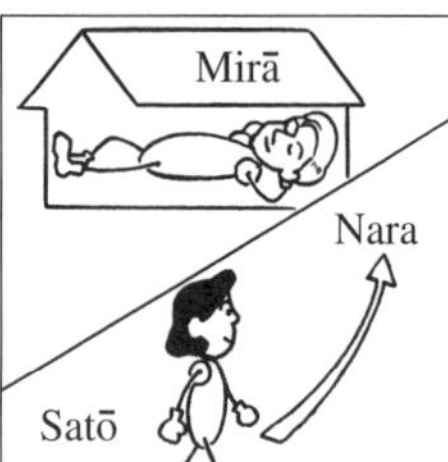

2) ①

②

③

CD20 3. 1) (　　　) 2) (　　　) 3) (　　　)

4. Rei : Kore wa (dare) no nōto desu ka.
……Karina-san no nōto desu.

1) (　　　) Nihon e kimashita ka.
……8-gatsu 17-nichi ni kimashita.

2) (　　　) to Nihon e kimashita ka.
……Kazoku to kimashita.

3) Ashita (　　　) e ikimasu ka.
……Doko mo ikimasen.

4) Sumimasen. Kyōto made (　　　) desu ka.
……390-en desu.

5) (　　　) de Kyōto e ikimasu ka.
……Densha de ikimasu.

6) (　　　) ni uchi e kaerimasu ka.
……7-ji ni kaerimasu.

7) Tanjōbi wa ( ) ( ) desu ka.

……9-gatsu tsuitachi desu.

5. Rei : Kore (wa) hon desu.

1) Watashi wa Mirā desu.

Kotoshi ( ) 4-gatsu ( ) Amerika

( ) kimashita.

2) Mainichi densha ( ) kaisha ( ) ikimasu.

3) Kinō 9-ji han ( ) uchi ( ) kaerimashita.

4) Kesa watashi wa Matsumoto-san ( ) koko ( ) kimashita.

5) Ototoi doko ( ) ikimasendeshita.

6. —Santosu-san no techō—

nichi-yōbi	getsu-yōbi	ka-yōbi	sui-yōbi	moku-yōbi	kin-yōbi	do-yōbi
Kōbe kazoku	Tōkyō		kyō	bijutsu kan tomodachi	Matsumoto	sūpā Maria-san

Rei : Santosu-san wa ototoi shinkansen de Tōkyō e ikimashita .

1) Santosu-san wa kinō ______________________.

2) Santosu-san wa kyō ______________________.

3) Santosu-san wa ashita no gogo ______________________.

4) Santosu-san wa asatte ______________________.

5) Santosu-san wa nichi-yōbi ______________________.

Dai 6 ka

6

Bunkei

1. Watashi wa hon o yomimasu.
2. Watashi wa eki de shinbun o kaimasu.
3. Issho ni Kōbe e ikimasen ka.
4. Chotto yasumimashō.

Reibun

1. O-sake o nomimasu ka.
   ……Iie, nomimasen.

2. Maiasa nani o tabemasu ka.
   ……Pan to tamago o tabemasu.

3. Kesa nani o tabemashita ka.
   ……Nani mo tabemasendeshita.

4. Do-yōbi nani o shimashita ka.
   ……Nihon-go o benkyō-shimashita. Sorekara tomodachi to eiga o mimashita.

5. Doko de sono kaban o kaimashita ka.
   ……Mekishiko de kaimashita.

6. Ashita tenisu o shimasen ka.
   ……Ē, ii desu ne.

7. Ashita 10-ji ni eki de aimashō.
   ……Wakarimashita.

CD21 **Kaiwa**

Issho ni ikimasen ka

Satō	:	Mirā-san.
Mirā	:	Nan desu ka.
Satō	:	Ashita tomodachi to o-hanami o shimasu. Mirā-san mo issho ni ikimasen ka.
Mirā	:	Ii desu ne. Doko e ikimasu ka.
Satō	:	Ōsakajō desu.
Mirā	:	Nan-ji ni ikimasu ka.
Satō	:	10-ji ni Ōsaka-eki de aimashō.
Mirā	:	Wakarimashita.
Satō	:	Ja, mata ashita.

Renshū A

6

1.

Watashi wa	pan	o tabemasu.
	kudamono	
	niku to yasai	
Anata wa	nani	··············· ka.

2.

Watashi wa	sakkā o	shi	masu.
	bideo o	mi	
	Kōbe e	iki	
Anata wa	nani o shi		········ ka.

3.

Watashi wa	depāto	de kōcha o kaimashita.
	ano mise	
	Tōkyō	
Anata wa	doko	···························· ka.

4.

Issho ni	Kyōto e	iki	masen ka.
	o-hanami o	shi	
	ocha o	nomi	

5.

Asoko de	yasumi	mashō.
Shokudō e	iki	
3-ji ni	ai	

Renshū B

1. 
Rei : → Rajio o kikimasu.

1) → 2) → 3) → 4) →

2. Rei : Tabako o suimasu ka. (iie) → Iie, suimasen.
   1) O-sake o nomimasu ka. (iie) →
   2) Ashita Nihon-go o benkyō-shimasu ka. (hai) →
   3) Kesa shinbun o yomimashita ka. (hai) →
   4) Kinō no ban terebi o mimashita ka. (iie) →

3. Rei : kaimasu (kaban) → Nani o kaimasu ka.
   ……Kaban o kaimasu.
   1) benkyō-shimasu (Nihon-go) →
   2) nomimasu (jūsu) →
   3) tabemashita (sakana) →
   4) kaimashita (zasshi to CD) →

4. Rei : ashita → Ashita nani o shimasu ka.
   ……Sakkā o shimasu.
   1) kyō no gogo → 2) konban →
   3) kinō → 4) ototoi →

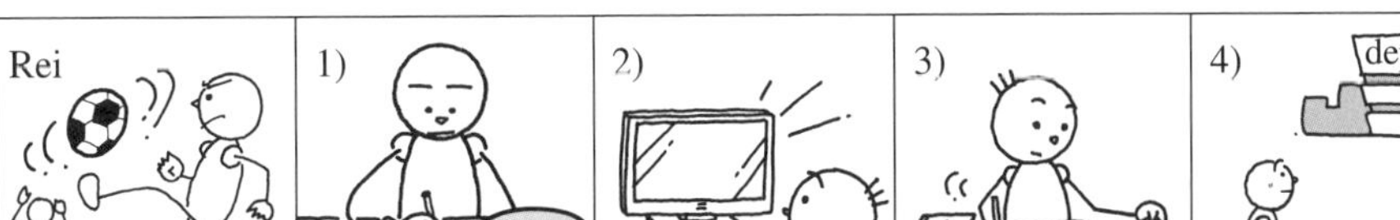

6

5. Rei : shashin o torimasu (niwa) → Doko de shashin o torimasu ka.
……Niwa de torimasu.

1) Mirā-san ni aimasu (eki) →
2) hirugohan o tabemasu (kaisha no shokudō) →
3) gyūnyū o kaimashita (sūpā) →
4) Nihon-go o benkyō-shimashita (daigaku) →

6. Rei : konban → Konban nani o shimasu ka.
……Uchi de shukudai o shimasu. Sorekara CD o kikimasu.

1) ashita →
2) raishū no do-yōbi →
3) kinō no gogo →
4) senshū no nichi-yōbi →

7. Rei : Issho ni Kyōto e ikimasen ka.
……Ē, ikimashō.

1) → 2) → 3) → 4) →

Renshū C

6

1. A : Nichi-yōbi nani o shimashita ka.
   B : Hon o yomimashita. Sorekara bideo o mimashita. Tanaka-san wa?
   A : Watashi wa Kyōto e ikimashita.
   B : Kyōto desu ka. Ii desu ne.

2. A : Itsumo doko de pan o kaimasu ka.
   B : "Mainichi-ya" de kaimasu. Tokidoki "Furansu-ya" e ikimasu.
   A : A, watashi mo tokidoki "Furansu-ya" de kaimasu.
   B : Sō desu ka.

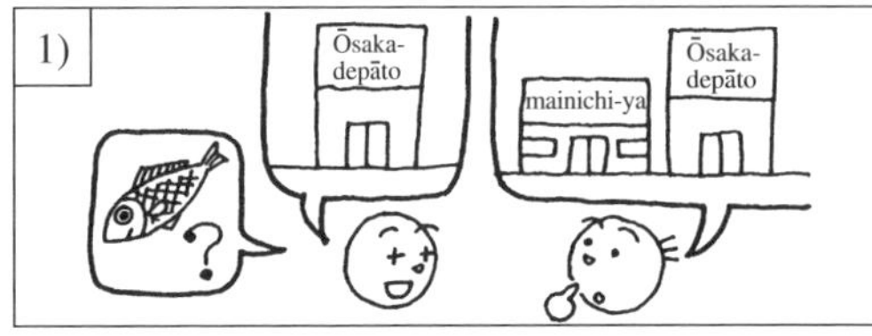

3. A : Ashita issho ni tenisu o shimasen ka.
   B : Ē, ii desu ne.
   A : Ja, 11-ji ni eki de aimashō.
   B : Wakarimashita.

11-ji
○○ eki

Mondai

6 CD22 1. 1) ______________________
2) ______________________
3) ______________________
4) ______________________
5) ______________________

CD23 2. 1) (　　) 2) (　　) 3) (　　) 4) (　　) 5) (　　)

3.

Rei
IMC
1)
2)
3)
OO depāto
4)
5)
8:00~9:00

Rei : Densha (de) kaisha e ikimasu .

1) Tomodachi (　　) ______________________.
2) 12-ji (　　) ______________________.
3) Depāto (　　) ______________________.
4) Robii (　　) ______________________.
5) 8-ji (　　) 9-ji (　　) ______________________.

4. Rei : Maiban ((nan-ji ni), itsu, doko de) nemasu ka.
……11-ji ni nemasu.
1) Nichi-yōbi (doko de, nani o, nan de) shimasu ka.
……Tenisu o shimasu.
2) (Doko e, Doko de, Itsu) sono kamera o kaimashita ka.
……Ōsaka-depāto de kaimashita.
3) Kesa (nani o, nan de, doko de) tabemashita ka.
……Nani mo tabemasendeshita.
4) Ototoi (doko de, dare ni, nan-ji ni) aimashita ka.
……Guputa-san ni aimashita.

5. Rei : Ototoi Tōkyō e ((ikimashita), ikimasu).
   1) Kinō no ban tegami o (kakimasu, kakimashita).
   2) Maiasa shinbun o (yomimasu ka, yomimashita ka).
      ……Iie, yomimasen.
   3) Issho ni bijutuskan e (ikimasendeshita ka, ikimasen ka).
      ……Ē, (ikimashō, ikimasen).
   4) Ashita Ōsakajō de hanami o (shimashita, shimasu).

6. **Mirā-san no mainichi**

Mirā-san wa maiasa 7-ji ni okimasu. Asagohan wa itsumo pan to kōhii desu. Densha de kaisha e ikimasu. Kaisha wa 9-ji kara 5-ji made desu. 7-ji ni uchi e kaerimasu. 7-ji han ni bangohan o tabemasu. Sorekara terebi o mimasu. Eigo no shinbun o yomimasu. Yoru 12-ji ni nemasu.

Do-yōbi to nichi-yōbi kaisha wa yasumi desu. Do-yōbi no asa toshokan e ikimasu. Gogo tenisu o shimasu. Nichi-yōbi doko mo ikimasen. Yasumimasu.

Rei 1 : (○) Mirā-san wa maiasa kōhii o nomimasu.
Rei 2 : (×) Mirā-san wa maiasa 7-ji han ni okimasu.
1) (   ) Mirā-san wa asagohan o tabemasen.
2) (   ) Mirā-san wa getsu-yōbi kara kin-yōbi made hatarakimasu.
3) (   ) Mirā-san wa maiasa Eigo no shinbun o yomimasu.
4) (   ) Mirā-san wa do-yōbi doko mo ikimasen.

Dai 7 ka

7

Bunkei

1. Watashi wa pasokon de eiga o mimasu.
2. Watashi wa Kimura-san ni hana o agemasu.
3. Watashi wa Karina-san ni chokorēto o moraimashita.
   (kara)
4. Watashi wa mō mēru o okurimashita.

Reibun

1. Terebi de Nihon-go o benkyō-shimashita ka.
   ······Iie, rajio de benkyō-shimashita.
2. Nihon-go de repōto o kakimasu ka.
   ······Iie, Eigo de kakimasu.
3. "Goodbye" wa Nihon-go de nan desu ka.
   ······"Sayōnara" desu.
4. Dare ni nengajō o kakimasu ka.
   ······Sensei to tomodachi ni kakimasu.
5. Sore wa nan desu ka.
   ······Techō desu. Yamada-san ni moraimashita.
6. Mō shinkansen no kippu o kaimashita ka.
   ······Hai, mō kaimashita.
7. Mō hirugohan o tabemashita ka.
   ······Iie. mada desu. Korekara tabemasu.

CD24 **Kaiwa**

Irasshai

Yamada Ichirō	:	Hai.
Joze Santosu	:	Santosu desu.

Yamada Ichirō	:	Irassai. Dōzo o-agari kudasai.
Joze Santosu	:	Shitsurei-shimasu.

Yamada Tomoko	:	Kōhii wa ikaga desu ka.
Maria Santosu	:	Arigatō gozaimasu.

Yamada Tomoko	:	Dōzo.
Maria Santosu	:	Itadakimasu. Kono supūn, suteki desu ne.
Yamada Tomoko	:	Ē. Kaisha no hito ni moraimashita. Mekishiko no o-miyage desu.

Renshū A

1.

Watashi wa	hashi supūn to fōku naifu to fōku	de gohan o tabemasu.
Anata wa	nan	………………………… ka.

2.

Watashi wa	Nihon-go Eigo Chūgoku-go	de repōto o kakimasu.

3.

"Arigatō" wa	Eigo Supein-go Chūgoku-go	de	"Thank you" "Gracias" "谢谢"	desu.
	Tai-go		nan	……… ka.

4.

Watashi wa	Satō-san tomodachi kare	ni chokorēto o agemasu.
Anata wa	dare	………………………… ka.

5.

Watashi wa	Watto-san sensei kaisha no hito	ni hon o moraimashita.
Anata wa	dare	………………………… ka.

6.

Mō	nimotsu o Ōsakajō e purezento o	okuri iki kai	mashita ka.

……Hai, mō	okuri iki kai	mashita.

……Iie, mada desu.

Renshū B

1. Rei : gohan o tabemasu → Hashi de gohan o tabemasu.
   1) tegami o kakimasu →
   2) kami o kirimasu →
   3) gohan o tabemasu →
   4) shashin o torimasu →

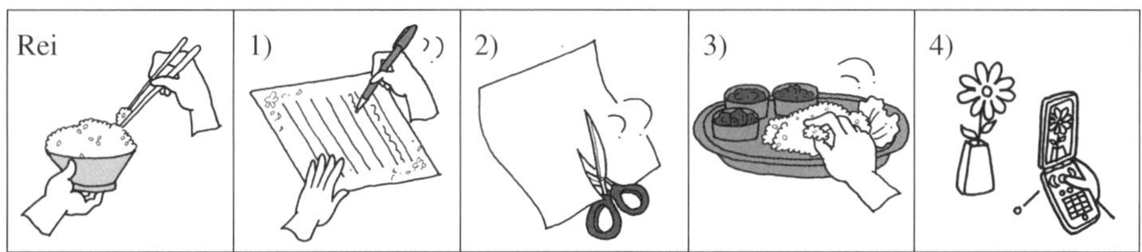

2. Rei : → Kore wa Nihon-go de nan desu ka.
   ……"Pasokon" desu.
   1) → 2) → 3) → 4) →

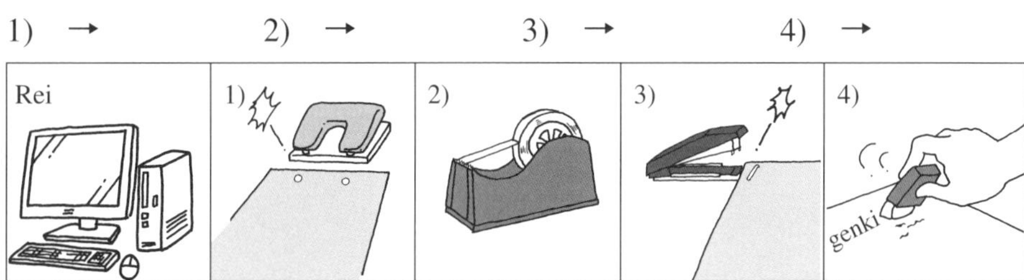

3. Rei : agemasu → Terēza-chan ni nōto o agemasu.
   1) kashimasu → 2) oshiemasu →
   3) kakimasu → 4) kakemasu →

4. Rei : moraimasu → Chichi ni shatsu o moraimashita.

1) karimasu → 2) naraimasu →

3) moraimasu → 4) moraimasu →

5. Rei : naraimasu → Dare ni Eigo o naraimashita ka.
……Watto-san ni naraimashita.

1) kakimasu → 2) kakemasu →

3) moraimasu → 4) karimasu →

6. Rei : Okāsan no tanjōbi ni nani o agemashita ka. (hana)
→ Hana o agemashita.

1) Kyonen no Kurisumasu ni nani o moraimashita ka. (nekutai to hon) →
2) Doko de Nihon-go o naraimashita ka. (Amerika no daigaku) →
3) Itsu sensei ni repōto o okurimasu ka. (ashita) →
4) Dare ni kono CD o karimashita ka. (tomodachi) →

7. Rei 1 : kippu o kaimasu (hai) → Mō kippu o kaimashita ka.
……Hai, mō kaimashita.

Rei 2 : repōto o okurimasu (iie) → Mō repōto o okurimashita ka.
……Iie, mada desu.

1) shukudai o shimasu (iie) →
2) Kyōto e ikimasu (hai) →
3) Mirā-san wa kaerimasu (iie) →
4) Terēza-chan wa nemasu (hai) →

Renshū C

1. A： Kore wa Nihon-go de nan desu ka.
   B： "Hasami" desu.
   A： "Ha・sa・mi" desu ka.
   B： Hai, sō desu.

2. A： Sono tokei, suteki desu ne.
   B： Arigatō gozaimasu.
   Tanjōbi ni chichi ni moraimashita.
   A： Ii desu ne.

3. A： Mō ano eiga o mimashita ka.

   B： Iie, mada desu.
   A： Ja, issho ni mimasen ka.
   B： Ē, ii desu ne.

Mondai

7

CD25 1.
1) ________
2) ________
3) ________
4) ________
5) ________

CD26 2. 1) ① ② ③

① ② ③

CD27 3. 1) (　　) 2) (　　) 3) (　　)

4.

Rei : Tomodachi ni hon o kashimasu.

1) Gakusei ni ________.
2) Sensei ni ________.
3) Kazoku ni ________.
4) Chichi ni ________.
5) Kanojo ni ________.

5. Rei : Mō hirugohan o tabemashita ka.

……Iie, mada desu.

Korekara tabemasu. Issho ni tabemasen ka.

1) Mō Ōsakajō e ikimashita ka.

……Iie, ______________.

Nichi-yōbi Mirā-san to ______________. Issho ni ______________.

2) Mō Kurisumasu-kādo o kakimashita ka.

……Hai, ______________.

3) Mō nimotsu o okurimashita ka.

……Iie, ______________.

Kyō no gogo ______________.

4) Terēza-chan wa mō nemashita ka.

……Hai, ______________.

6. Rei : Kore wa Itaria (no) kutsu desu.

1) Watashi wa hashi (   ) gohan o tabemasu.
2) Mēru (   ) repōto o okurimashita.
3) "Sayōnara" wa Eigo (   ) nan desu ka.
4) Watashi wa kinō kanojo (   ) tegami (   ) kakimashita.
5) Watashi wa tomodachi (   ) o-miyage (   ) moraimashita.

7.

Do-yōbi to nichi-yōbi

Kesa toshokan e ikimashita. Toshokan de Tarō-chan ni aimashita. Tarō-chan to issho ni bideo o mimashita. Watashi wa ryokō no hon o karimashita.

Ashita wa nichi-yōbi desu. Asa ryokō no hon o yomimasu. Gogo depāto e ikimasu. Hana o kaimasu. Haha no tanjōbi no purezento desu.

1) (   ) Kyō wa do-yōbi desu.
2) (   ) Mirā-san wa kesa Tarō-chan to toshokan e ikimashita.
3) (   ) Mirā-san wa toshokan de ryokō no hon o yomimashita.
4) (   ) Mirā-san wa okāsan ni hana o agemasu.

Fukushū B

B

1. Rei : Watashi (wa) Joze Santosu desu.
   1) Watashi wa Burajiru (　　　) kimashita.
      Burajiru-eā (　　　) shain desu.
   2) Kinō tomodachi (　　　) o-sake (　　　) nomimashita.
      12-ji (　　　) nemashita.
   3) Kesa nani (　　　) tabemasendeshita.
      Densha (　　　) kaisha (　　　) ikimashita.
   4) Kaisha no hiruyasumi wa 12-ji (　　　) 1-ji (　　　) desu.
      Shokudō (　　　) niku (　　　) yasai (　　　) tabemashita.
   5) Gogo mēru (　　　) repōto o okurimashita.
      Matsumoto-san (　　　) denwa (　　　) kakemashita.
   6) Yoru gakkō (　　　) Nihon-jin no sensei (　　　) Nihon-go (　　　) naraimashita. "Boa noite" wa Nihon-go (　　　) "Konbanwa" desu.

2. Rei : Konban [nan-ji] ni kaerimasu ka. ……7-ji ni kaerimasu.
   1) Issho ni bangohan o tabemasen ka.
      ……Ē. [　　　] e ikimasu ka.
      "Asuka" e ikimashō. ……Ii desu ne.
   2) "Asuka" no denwa-bangō wa [　　　] desu ka.
      ……5275 no 2725 desu.
      Yasumi wa [　　　] desu ka. ……Nichi-yōbi desu.
      [　　　] kara [　　　] made desu ka.
      ……Hiru 11-ji kara yoru 10-ji made desu.
   3) Ii-san, tanjōbi wa [　　　][　　　] desu ka.
      ……2-gatsu 11-nichi desu.
      Kotoshi no tanjōbi ni purezento o moraimashita ka. ……Ē.
      [　　　] ni moraimashita ka. ……Kare ni moraimashita.
      [　　　] o moraimashita ka. ……Hana o moraimashita.
   4) Karina-san, [　　　] Nihon e kimashita ka. ……Kyonen kimashita.
      "Arigatō" wa Indoneshia-go de [　　　] desu ka.
      ……"Terima kasih" desu.
   5) Ii-san, nichi-yōbi [　　　] o shimasu ka. ……Eiga o mimasu.
      [　　　] de mimasu ka. ……Kōbe de mimasu.
      [　　　] to Kōbe e ikimasu ka. ……Tomodachi to ikimasu.
      [　　　] de ikimasu ka. ……Chikatetsu de ikimasu.

6) Ima [ ] desu ka. ……8-ji 50-pun desu.

3. Rei 1 : Mirā-san wa asa 6-ji ni okimasu.

Rei 2 : Kaisha wa 9-ji kara 5-ji made desu.

1) Mirā-san wa ______________________________.

2) Hiruyasumi wa ______________________________.

3) Kaisha wa 5-ji ni ______________________________.

4) Mirā-san wa ______________________________.

5) Mirā-san wa ______________________________.

Rei 1 Rei 2

6-ji 7-ji 9-ji 12-ji 1-ji 5-ji 6-ji 8-ji 10-ji 11-ji

1) 2) 3) 4) 5)

4. Rei : Mirā-san wa Amerika-jin desu ka. ……Hai, Amerika-jin desu.

1) Mainichi shinbun o yomi __________ ka. ……Iie, yomi __________.

2) Ashita byōin e iki __________ ka. ……Iie, iki __________.

3) Kinō terebi o mi __________ ka. ……Hai, mi __________.

4) Ototoi doko e iki __________ ka. ……Doko mo iki __________.

5) Mō hirugohan o tabe __________ ka. ……Iie, mada __________.

6) Konban issho ni biiru o nomi __________. ……Ē, ii desu ne.

Ja, 6-ji ni eki de ai __________. ……Wakarimashita.

5. Rei : Kono kasa wa Tawapon-san no desu ka.

……Iie, (ⓐ. chigaimasu b. Tawapon ja arimasen).

1) Tawapon-san, kono CD wa anata no desu ka.

……Iie, tomodachi ni (a. kashimashita b. karimashita).

2) Tawapon-san, sono nekutai, suteki desu ne.

……Kore desu ka. Tanjōbi ni kanojo ni

(a. agemashita b. moraimashita).

3) Tawapon-san wa gakusei desu ne.

……Tokidoki sensei desu yo. Suzuki-san ni Tai-go o

(a. oshiemasu b. naraimasu).

4) Mō shukudai o (a. shimashita ka b. kakimashita ka).

……Iie, mada desu.

Dai 8 ka

8

Bunkei

1. Sakura wa kirei desu.
2. Fujisan wa takai desu.
3. Sakura wa kireina hana desu.
4. Fujisan wa takai yama desu.

Reibun

1. Ōsaka wa nigiyaka desu ka.
   ……Hai, nigiyaka desu.

2. Sakura-daigaku wa yūmei desu ka.
   ……Iie, yūmei ja arimasen.

3. Pekin wa ima samui desu ka.
   ……Hai, totemo samui desu.
   Shanhai mo samui desu ka.
   ……Iie, amari samukunai desu.

4. Daigaku no ryō wa dō desu ka.
   ……Furui desu ga, benri desu.

5. Kinō Matsumoto-san no uchi e ikimashita.
   ……Donna uchi desu ka.
   Kireina uchi desu. Soshite, ōkii uchi desu.

6. Kinō omoshiroi eiga o mimashita.
   ……Nani o mimashita ka.
   "Shichi-nin no samurai" desu.

CD28 **Kaiwa**

Sorosoro shitsurei-shimasu

Yamada Ichirō : Maria-san, Nihon no seikatsu wa dō desu ka.
Maria Santosu : Mainichi totemo tanoshii desu.
Yamada Ichirō : Sō desu ka. Santosu-san, o-shigoto wa dō desu ka.
Joze Santosu : Sō desu ne. Isogasii desu ga, omoshiroi desu.

Yamada Tomoko : Kōhii, mō ippai ikaga desu ka.
Maria Santosu : Iie, kekkō desu.

Joze Santosu : A, mō 6-ji desu ne. Sorosoro shitsurei-shimasu.
Yamada Ichirō : Sō desu ka.
Maria Santosu : Kyō wa dōmo arigatō gozaimashita.
Yamada Tomoko : Iie. Mata irasshatte kudasai.

Renshū A

1. Kono machi wa | kirei / nigiyaka / omoshiroi / ii / dō | desu. / ……ka.

Kono machi wa		
	kirei	desu.
	nigiyaka	
	omoshiroi	
	ii	
	dō	……ka.

2.

kirei	desu	kirei	ja (dewa) arimasen
genki	desu	genki	ja (dewa) arimasen
nigiyaka	desu	nigiyaka	ja (dewa) arimasen

taka	i	desu	taka	kunai	desu
oishi	i	desu	oishi	kunai	desu
i	i	desu	yo	kunai	desu

3.

Nara wa			
	yūmei	na	machi desu.
	shizuka	na	
	furu	i	
	i	i	
	donna		……………ka.

Renshū B

1. Rei : → Mirā-san wa shinsetsu desu.

   1) → 2) → 3) → 4) →

2. Rei : Yamada-san・genki → Yamada-san wa genki ja arimasen.
   1) Ii-san・hima →
   2) Wan-san no heya・kirei →
   3) Daigaku no ryō・benri →
   4) IMC・yūmei →

3. Rei : kono jitensha・atarashii → Kono jitensha wa atarashikunai desu.
   1) Mirā-san・isogashii →
   2) Nihon-go・yasashii →
   3) kono ocha・atsui →
   4) kono jisho・ii →

4. Rei 1 : Mirā-san・hansamu (hai) → Mirā-san wa hansamu desu ka.
   ……Hai, hansamu desu.

   Rei 2 : Nihon no kamera・takai (iie) → Nihon no kamera wa takai desu ka.
   ……Iie, takakunai desu.

   1) ano resutoran・shizuka (iie) →
   2) kaisha no shokudō・yasui (hai) →
   3) sono pasokon・ii (iie, amari) →
   4) sono techō・benri (hai, totemo) →

8

5. Rei 1 : Nihon no chikatetsu (benri・kirei)
   → Nihon no chikatetsu wa dō desu ka.
   ……Benri desu. Soshite, kirei desu.

   Rei 2 : Nihon no kuruma (takai・ii)
   → Nihon no kuruma wa dō desu ka.
   ……Takai desu ga, ii desu.

   1) kaisha no ryō (atarashii・kirei) →
   2) sensei (shinsetsu・omoshiroi) →
   3) Nihon no tabemono (oishii・takai) →
   4) Nihon no seikatsu (isogashii・omoshiroi) →

6. Rei 1 : Ōsaka・⟨nigiyaka⟩ machi → Ōsaka wa nigiyakana machi desu.

   Rei 2 : Tōkyō-eki・⟨ōkii⟩ eki → Tōkyō-eki wa ōkii eki desu.

   1) IMC・⟨atarashii⟩ kaisha →
   2) Kōbe-byōin・⟨yūmei⟩ byōin →
   3) Watto-san・⟨ii⟩ sensei →
   4) Fujisan・⟨kirei⟩ yama →

7. Rei : Nara・machi (shizuka) → Nara wa donna machi desu ka.
   ……Shizukana machi desu.

   1) "Shichi-nin no samurai"・eiga (omoshiroi) →
   2) Santosu-san・hito (shinsetsu) →
   3) Sakura-daigaku・daigaku (atarashii) →
   4) Suisu・kuni (kirei) →

8. Rei 1 : ⟨kirei⟩ hana o kaimashita → Kireina hana o kaimashita.

   Rei 2 : ⟨aoi⟩ kasa o kaimashita → Aoi kasa o kaimashita.

   1) ⟨tsumetai⟩ gyūnyū o nomimashita →
   2) kinō no ban ⟨yūmei⟩ resutoran de tabemashita →
   3) tanjōbi ni ⟨suteki⟩ purezento o moraimashita →
   4) tomodachi ni ⟨atarashii⟩ CD o karimashita →

Renshū C

1. A : O-genki desu ka.
   B : Hai, genki desu.
   A : O-shigoto wa dō desu ka.
   B : Sō desu ne. Isogashii desu ga, omoshiroi desu.

1) 

2) 

2. A : Sumimasen. Sono kaban o misete kudasai.
   B : Kore desu ka.
   A : Iie, sono akai kaban desu.
   B : Hai, dōzo.

1) 

2) 

3. A : Senshū Kinkakuji e ikimashita.
   B : Sō desu ka. Donna tokoro desu ka.
   A : Kireina tokoro desu yo. Shashin o mimasu ka.
   B : Ē. Misete kudasai.

1) 

2) 

Mondai

CD29 1. 1) ____________________

2) ____________________

3) ____________________

4) ____________________

5) ____________________

CD30 2. 1) ①

②

③

2) ①

②

③

CD31 3. 1) ( ) 2) ( ) 3) ( )

4. Rei : Tai wa samui desu ka. ······Iie, (atsui) desu.

chiisai	furui	yasashii	isogashii	~~atsui~~

1) Ashita hima desu ka. ······Iie, ( ) desu.
2) Anata no kaisha wa atarashii desu ka. ······Iie, ( ) desu.
3) Nihon-go wa muzukashii desu ka. ······Iie, ( ) desu.
4) Anata no uchi wa ōkii desu ka. ······Iie, ( ) desu.

5. Rei : Nihon no tabemono wa yasui desu ka.
……Iie, (yasukunai desu). Totemo takai desu.

1) Anata no pasokon wa atarashii desu ka.
……Iie, (   ). Furui desu.
2) Igirisu wa ima atsui desu ka.
……Iie, amari (   ).
3) Ōsaka wa shizuka desu ka.
……Iie, (   ). Totemo nigiyaka desu.
4) Kono techō wa benri desu ka.
……Iie, amari (   ).

6. Rei : Wan-san wa (genki desu → genkina) hito desu.

1) Indoneshia wa (atsui desu →   ) kuni desu.
2) Fujisan wa (yūmei desu →   ) yama desu.
3) Tōkyō wa (omoshiroi desu →   ) machi desu.
4) Yama de (kirei desu →   ) hana o mimashita.
5) (Atarashii desu →   ) kuruma o kaimashita.

7. Watto-sensei

Watto-san wa Sakura-daigaku no Eigo no sensei desu. Mainichi akai kuruma de daigaku e ikimasu. Sakura-daigaku wa ōkii daigaku dewa arimasen ga, ii daigaku desu. Watto-san wa itsumo shokudō de hirugohan o tabemasu. Shokudō wa 12-ji kara 1-ji made totemo nigiyaka desu. Shokudō no tabemono wa oishii desu. Soshite, yasui desu. Daigaku no shigoto wa isogashii desu ga, tanoshii desu.

Dai 9 ka

Bunkei

1. Watashi wa Itaria-ryōri ga suki desu.
2. Watashi wa Nihon-go ga sukoshi wakarimasu.
3. Kyō wa kodomo no tanjōbi desu kara, hayaku kaerimasu.

Reibun

1. O-sake ga suki desu ka.
   ……Iie, suki ja arimasen.

2. Donna supōtsu ga suki desu ka.
   ……Sakkā ga suki desu.

3. Karina-san wa e ga jōzu desu ka.
   ……Hai, [Karina-san wa] totemo jōzu desu.

4. Tanaka-san wa Indoneshia-go ga wakarimasu ka.
   ……Iie, zenzen wakarimasen.

5. Komakai okane ga arimasu ka.
   ……Iie, arimasen.

6. Maiasa shinbun o yomimasu ka.
   ……Iie, jikan ga arimasen kara, yomimasen.

7. Dōshite kinō hayaku kaerimashita ka.
   ……Yōji ga arimashita kara.

CD32 Kaiwa

Zannen desu ga

Kimura	:	Hai.
Mirā	:	Kimura-san desu ka. Mirā desu.
Kimura	:	Ā, Mirā-san, konbanwa. O-genki desu ka.
Mirā	:	Ē, genki desu. Anō, Kimura-san, kurashikku no konsāto, issho ni ikaga desu ka.
Kimura	:	Ii desu ne. Itsu desu ka.
Mirā	:	Raishū no kin-yōbi no ban desu.
Kimura	:	Kin-yōbi desu ka. Kin-yōbi no ban wa chotto…….
Mirā	:	Dame desu ka.
Kimura	:	Ē, zannen desu ga, tomodachi to yakusoku ga arimasu kara, …….
Mirā	:	Sō desu ka.
Kimura	:	Ē. Mata kondo onegai-shimasu.

Renshū A

1.

Watashi wa	eiga	ga suki desu.
	supōtsu	
	Kankoku-ryōri	

2.

Santosu-san wa	sakkā	ga jōzu desu.
	ryōri	
	Nihon-go	

3.

Watashi wa	hiragana	ga wakarimasu.
	kanji	
	Nihon-go	

4.

Watashi wa	okane	ga arimasu.
	kuruma	
	yakusoku	
	yōji	

5.

Isogashii desu	kara,	terebi o mimasen.
Nihon-go ga wakarimasen	kara,	
Jikan ga arimasen	kara,	
Dōshite		…………………ka.

Renshū B

1. Rei : dansu (iie) → Dansu ga suki desu ka.
   ……Iie, suki ja arimasen.
   1) Nihon-ryōri (hai) → 2) karaoke (iie, amari) →
   3) ryokō (hai, totemo) → 4) sakana (iie, amari) →

2. Rei : Donna supōtsu ga suki desu ka. ……Yakyū ga suki desu.

 1) →  2) →  3) →  4) →

Rei	1)	2)	3)	4)
		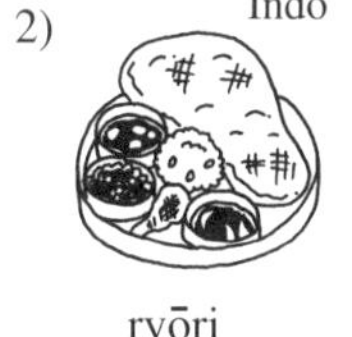		
supōtsu	nomimono	ryōri	eiga	ongaku

3. Rei 1 : → Satō-san wa uta ga jōzu desu.
   Rei 2 : → Mirā-san wa uta ga jōzu ja arimasen.

 1) →  2) →  3) →  4) →

4. Rei : Maria-san・katakana (hai, sukoshi)
   → Maria-san wa katakana ga wakarimasu ka.
   ……Hai, sukoshi wakarimasu.
   1) Shumitto-san・Eigo (hai, yoku) →
   2) Terēza-chan・kanji (iie, amari) →
   3) Santosu-san・Nihon-go (hai, daitai) →
   4) Yamada-san no okusan・Furansu-go (iie, zenzen) →

9

5. Rei : keshigomu (hai) → Keshigomu ga arimasu ka.
……Hai, arimasu.

1) jisho (hai) →
2) meishi (iie) →
3) kasa (iie) →
4) komakai okane (hai) →

6. Rei : getsu-yōbi・yakusoku
→ Watashi wa getsu-yōbi yakusoku ga arimasu.

1) nichi-yōbi・shiken →
2) ka-yōbi・yōji →
3) sui-yōbi・arubaito →
4) kin-yōbi・jikan →

watashi no techō

4 (nichi)	9 : 00	7 (sui)	19 : 00
	shiken		arubaito
5 (getsu)	12 : 00	8 (moku)	9 : 00
	Satō-san eki		arubaito
6 (ka)	19 : 00	9 (kin)	yasumi
	byōin	10 (do)	sakkā

7. Rei : Jikan ga arimasen kara, takushii de ikimasu.
1) → 2) → 3) → 4) →

8. Rei : Kyōto e ikimasen (yakusoku ga arimasu)
→ Dōshite Kyōto e ikimasen ka. ……Yakusoku ga arimasu kara.

1) ryōri o naraimasu (ryōri ga heta desu) →
2) go-shujin wa tenisu o shimasen (otto wa supōtsu ga kirai desu) →
3) Tai-go no hon o kaimashita (raigetsu Tai e ikimasu) →
4) kinō Kōbe e ikimasendeshita (shigoto ga takusan arimashita) →

Renshū C

1. A： Itaria-ryōri ga suki desu ka.
   B： Ē, suki desu.
   A： Ja, nichi-yōbi issho ni tabemasen ka.
   B： Ii desu ne.

2. A： Sumimasen. Keshigomu, arimasu ka.
   B： Ē, arimasu yo.
   A： Chotto kashite kudasai.
   B： Ii desu yo. Dōzo.

3. A： Konsāto no chiketto o moraimashita.
   Issho ni ikimasen ka.
   B： Itsu desu ka.
   A： Raishū no do-yōbi desu.
   B： Do-yōbi desu ka.
   Zannen desu ga, shigoto ga arimasu kara.
   A： Sō desu ka.

Mondai

CD33 1. 1) ______________________

2) ______________________

3) ______________________

4) ______________________

5) ______________________

9

CD34 2. 1) (   ) 2) (   ) 3) (   ) 4) (   ) 5) (   )

3. Rei : Nichi-yōbi (itsumo) tenisu o shimasu.

zenzen	totemo	takusan	yoku	~~itsumo~~

1) Maria-san wa kanji ga (   ) wakarimasen.
2) Ano hito wa okane ga (   ) arimasu.
3) Kono pan wa (   ) oishii desu.
4) Wan-san wa Eigo ga (   ) wakarimasu.

4. Rei : Ano kata wa (donata) desu ka.
……Matsumoto-san no okusan desu.

1) Matsumoto-san no okusan wa (   ) hito desu ka.
……Shinsetsuna hito desu.
2) (   ) ano mise de wain o kaimasu ka.
……Yasui desu kara.
3) Karina-san wa (   ) ryōri ga suki desu ka.
……Kankoku-ryōri ga suki desu.
4) Benkyō wa (   ) desu ka.
……Omoshiroi desu.
5) Kuni de (   ) ni Nihon-go o naraimashita ka.
……Nihon-jin no sensei ni naraimashita.

5. Rei : Jikan ga arimasen kara, hon o yomimasen.

~~hon o yomimasen~~	ginkō wa yasumi desu	maishū shimasu
nani mo kaimasen	atsui kōhii o nomimasu	

1) Tenisu ga suki desu kara, ______________________.
2) Samui desu kara, ______________________.
3) Okane ga arimasen kara, ______________________.
4) Nichi-yōbi desu kara, ______________________.

6. Rei : Biiru (o) nomimasu.

1) Maria-san wa dansu (   ) jōzu desu.
2) Watashi wa Tai-go (   ) wakarimasen.
3) Nichi-yōbi tomodachi to yakusoku (   ) arimasu.
4) Ashita isogashii desu (   ), doko mo ikimasen.
5) Donna eiga (   ) suki desu ka.
6) Uta (   ) heta desu (   ), karaoke ga kirai desu.

7. Yamada-san to dansu

Yamada-san wa dansu ga suki desu. Maiban dansu no gakkō e ikimasu. Dansu no sensei wa kireina hito desu. Yamada-san wa jōzu dewa arimasen ga, kireina sensei ni naraimasu kara, mainichi tanoshii desu. Sensei no tanjōbi ni konsāto no chiketto o agemashita. Sensei wa tomodachi to ikimashita. Yamada-san wa totemo zannen desu.

1) (   ) Yamada-san wa mainichi dansu no gakkō e ikimasu kara, dansu ga jōzu desu.
2) (   ) Yamada-san wa kireina sensei ni dansu o naraimasu.
3) (   ) Sensei wa Yamada-san ni konsāto no chiketto o moraimashita.
4) (   ) Yamada-san wa sensei to issho ni ongaku o kikimashita.

Dai 10 ka

10

Bunkei

1. Asoko ni konbini ga arimasu.
2. Robii ni Satō-san ga imasu.
3. Tōkyō Dizuniirando wa Chiba-ken ni arimasu.
4. Kazoku wa Nyūyōku ni imasu.

Reibun

1. Kono biru ni ATM ga arimasu ka.
   ……Hai, 2-kai ni arimasu.

2. Asoko ni otoko no hito ga imasu ne. Ano hito wa dare desu ka.
   ……IMC no Matsumoto-san desu.

3. Niwa ni dare ga imasu ka.
   ……Dare mo imasen. Neko ga imasu.

4. Hako no naka ni nani ga arimasu ka.
   ……Furui tegami ya shashin [nado] ga arimasu.

5. Yūbinkyoku wa doko ni arimasu ka.
   ……Eki no chikaku desu. Ginkō no mae ni arimasu.

6. Mirā-san wa doko ni imasu ka.
   ……Kaigishitsu ni imasu.

CD35 **Kaiwa**

Nanpurā, arimasu ka

Mirā	:	Sumimasen. Ajia-sutoa wa doko desu ka.
Onna no hito	:	Ajia-sutoa desu ka.
		Asoko ni shiroi biru ga arimasu ne.
		Ano biru no naka desu.
Mirā	:	Sō desu ka. Dōmo sumimasen.
Onna no hito	:	Iie.

....

Mirā	:	Anō, nanpurā, arimasu ka.
Ten'in	:	Hai.
		Achira ni Tai-ryōri no kōnā ga arimasu.
		Nanpurā wa ichiban shita desu.
Mirā	:	Wakarimashita. Dōmo.

Renshū A

1. Asoko ni denwa ga arimasu.
   biru
   kōen
   nani ············· ka.

2. Asoko ni Yamada-san ga imasu.
   onna no hito
   kodomo
   dare ···········ka.

3. Sūpā no tonari ni kissaten ga arimasu.
   naka
   Satō-san no mae ni Karina-san ga imasu.
   migi

4. Mirā-san no uchi wa Ōsaka ni arimasu.
   kōen no mae
   gakkō no chikaku
   doko ············· ka.

5. Mirā-san wa asoko ni imasu.
   kaigishitsu
   erebētā no mae
   doko ···········ka.

Renshū B

1. Rei 1 : → Asoko ni posuto ga arimasu.
   Rei 2 : → Kyōshitsu ni gakusei ga imasu.
   1) → 2) → 3) → 4) →

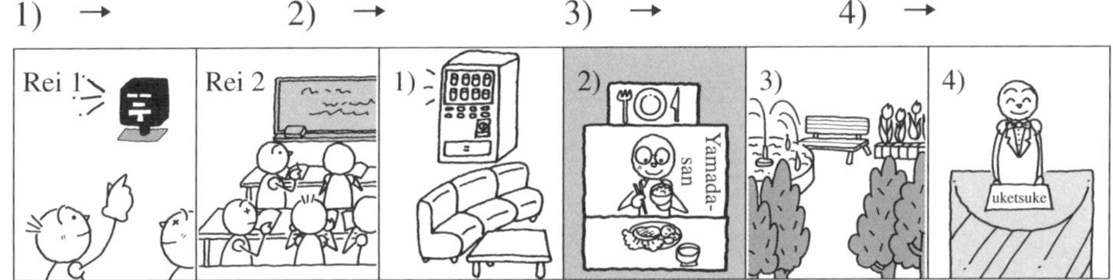

2. Rei : doa・suitchi → Doa no migi ni suitchi ga arimasu.
   1) isu・neko → 2) mise・kuruma →
   3) ki・otoko no ko → 4) reizōko・iroirona mono →

3. Rei : tēburu no ue・nani → Tēburu no ue ni nani ga arimasu ka.
   ……Kaban ga arimasu.
   1) beddo no shita・nani → 2) heya・dare →
   3) mado no migi・nani → 4) niwa・dare →

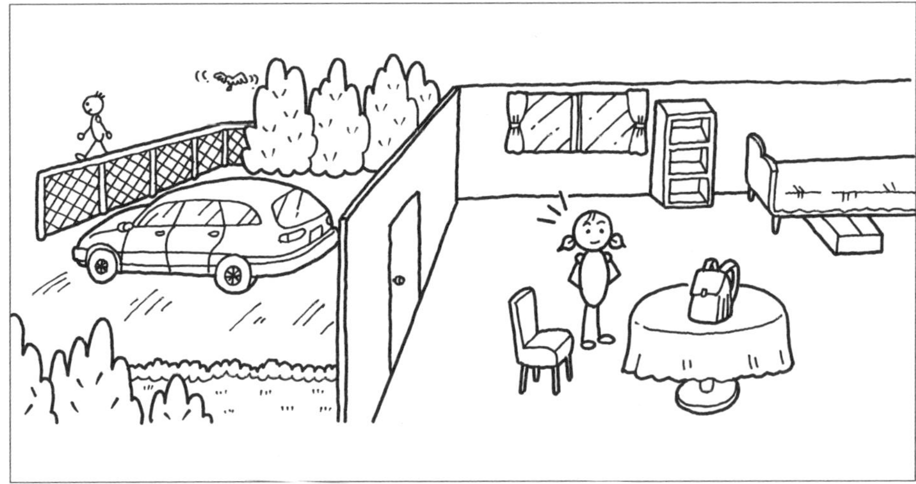

10

4. Rei 1 : hasami → Hasami wa doko ni arimasu ka.
……Hako no naka ni arimasu.

Rei 2 : Mirā-san → Mirā-san wa doko ni imasu ka.
……Jimusho ni imasu.

1) jitensha → 2) otoko no ko →
3) shashin → 4) inu →

5. Rei 1 : basu-noriba → Basu-noriba wa doko ni arimasu ka.
……Toire no mae ni arimasu.

Rei 2 : panda → Panda wa doko ni imasu ka.
……Ōkii ki no shita ni imasu.

1) resutoran → 2) zō →
3) jidō-hanbaiki → 4) o-miyage-ya →

Renshū C

1. A： Anō, chikaku ni ginkō ga arimasu ka.
   B： Ē. Asoko ni takai biru ga arimasu ne.
   Ano biru no naka desu.
   A： Wakarimashita. Arigatō gozaimashita.

2. A： Sumimasen.
   Denchi wa doko desu ka.
   B： Denchi desu ka.
   Zasshi no mae ni arimasu.
   A： Dōmo.

3. A： Sumimasen. Mirā-san wa imasu ka.
   B： Ē, asoko ni imasu yo.
   Doa no chikaku desu.
   A： Dōmo.

10

Mondai

CD36 1. 1) ____________________

2) ____________________

3) ____________________

4) ____________________

5) ____________________

CD37 2. 1) 

① 

② 

③ 

2) ① 

② 

③ 

3) ① 

② 

③ 

CD38  3. 1) (   ) 2) (   )

4. Rei : Ukestsuke ni Mirā-san ga (imasu).

1) Wain-uriba wa chika ni (   ).

2) Inu wa doko ni (   ) ka.

3) Asoko ni chiisai otoko no ko ga (   ).

4) Reizōko no naka ni nani mo (   ).

5) Jimusho ni dare mo (   ).

5. Rei : Eki no (chikaku) ni takushii-noriba ga arimasu.

1) Sūpā no ( ) ni hon-ya ga arimasu.

2) Depāto to yūbinkyoku no ( ) ni ginkō ga arimasu.

3) Yūbinkyoku no ( ) ni posuto ga arimasu.

6. Rei : Isu (no) shita (ni) neko (ga) imasu.

1) Keshigomu wa tsukue ( ) ue ( ) arimasu.

2) Hana-ya ( ) sūpā ( ) ginkō ( ) aida ni arimasu.

3) Kōen ( ) dare ( ) imasen.

4) Hako ( ) naka ( ) nani ( ) arimasen.

5) Eki ( ) chikaku ( ) konbini ( ) sūpā nado ( ) arimasu.

7.

Watashi no uchi

Watashi no atarashii uchi wa shizukana tokoro ni arimasu. Uchi no tonari ni kireina kōen ga arimasu. Kōen no mae ni toshokan to kissaten ga arimasu. Watashi wa toshokan de hon o karimasu. Soshite, kōen de yomimasu. Tokidoki kissaten de yomimasu. Kissaten no kōhii wa oishii desu. Uchi no chikaku ni yūbinkyoku to ginkō ga arimasu. Yūbinkyoku to ginkō no aida ni sūpā ga arimasu. Sūpā no naka ni hana-ya ya oishii pan-ya ga arimasu. Totemo benri desu.

Watashi no uchi wa ① desu ka, ② desu ka, ③ desu ka. ( )

①

②

③

10

Dai 11 ka

Bunkei

1. Kaigishitsu ni tēburu ga nanatsu arimasu.
2. Watashi wa Nihon ni 1-nen imasu.

Reibun

1. Ringo o ikutsu kaimashita ka.
   ……Yottsu kaimashita.

2. 80-en no kitte o 5-mai to hagaki o 2-mai kudasai.
   ……Hai. Zenbu de 500-en desu.

3. Fuji-daigaku ni gaikokujin no sensei ga imasu ka.
   ……Hai, 3-nin imasu. Minna Amerika-jin desu.

4. Kyōdai wa nan-nin desu ka.
   ……4-nin desu. Ane ga futari to ani ga hitori imasu.

5. 1-shūkan ni nan-kai tenisu o shimasu ka.
   ……2-kai gurai shimasu.

7. Tanaka-san wa donokurai Supein-go o benkyō-shimashita ka.
   ……3-kagetsu benkyō-shimashita.
   3-kagetsu dake desu ka. Jōzu desu ne.

8. Ōsaka kara Tōkyō made shinkansen de donokurai kakarimasu ka.
   ……2-jikan han kakarimasu.

CD39 **Kaiwa**

Kore, onegai-shimasu

Kanrinin	:	Ii tenki desu ne. O-dekake desu ka.
Wan	:	Ē, chotto yūbinkyoku made.
Kanrinin	:	Sō desu ka. Itterasshai.
Wan	:	Itte kimasu.

....

Wan	:	Kore, Ōsutoraria made onegai-shimasu.
Yūbinkyokuin	:	Hai. Funabin desu ka, kōkūbin desu ka.
Wan	:	Kōkūbin wa ikura desu ka.
Yūbinkyokuin	:	7,600-en desu.
Wan	:	Funabin wa?
Yūbinkyokuin	:	3,450-en desu.
Wan	:	Donokurai kakarimasu ka.
Yūbinkyokuin	:	Kōkūbin de nanoka, funabin de 2-kagetsu gurai desu.
Wan	:	Ja, funabin de onegai-shimasu.

Renshū A

1. Mikan ga | itsutsu / yattu / tō | arimasu.
   ikutsu ………… ka.

2. 80-en no kitte o | 1-mai / 4-mai / 9-mai | kaimashita.
   nan-mai …………… ka.

3. Kono kurasu ni ryūgakusei ga | hitori / futari / 4-nin | imasu.
   nan-nin ……… ka.

4. 1-shūkan / 1-kagetsu / 1-nen | ni | 1-kai / 2-kai / 5-kai gurai | eiga o mimasu.
   nan-kai ………………… ka.

5. Kuni de | 5-shūkan / 6-kagetsu / 1-nen gurai | Nihon-go o benkyō-shimashita.
   donokurai …………………………………… ka.

6. Watashi no kuni kara Nihon made hikōki de | 4-jikan / 5-jikan han / 12-jikan | kakarimasu.
   Anata no ………………………………………… donokurai …………… ka.

Renshū B

1. Rei : ringo → Ringo ga ikutsu arimasu ka.
   ……Mittsu arimasu.

   1) isu →　　　　2) tamago →

   3) kaban →　　　　4) heya →

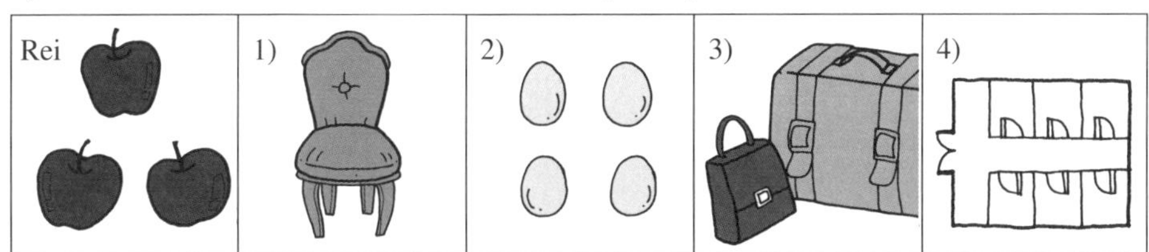

2. Rei 1 : terebi → Terebi ga nan-dai arimasu ka.
   ……2-dai arimasu.

   Rei 2 : shatsu → Shatsu ga nan-mai arimasu ka.
   ……1-mai arimasu.

   1) CD →　　　　2) konpyūtā →

   3) fūtō →　　　　4) kuruma →

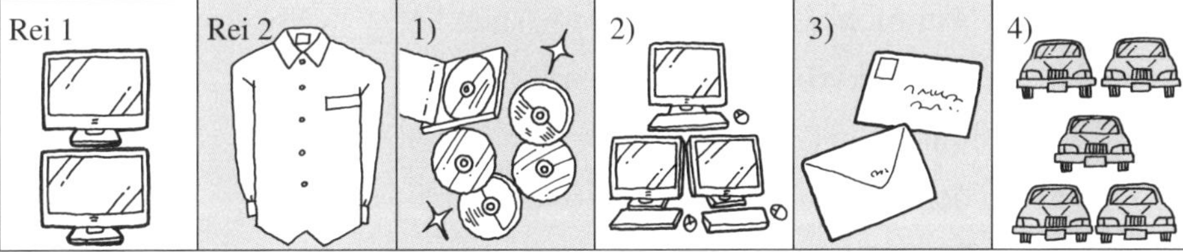

3. Rei : kaimasu → Hagaki o nan-mai kaimashita ka.
   ……10-mai kaimashita.

   1) torimasu →　　　　2) kaimasu →

   3) tabemasu →　　　　4) okurimasu →

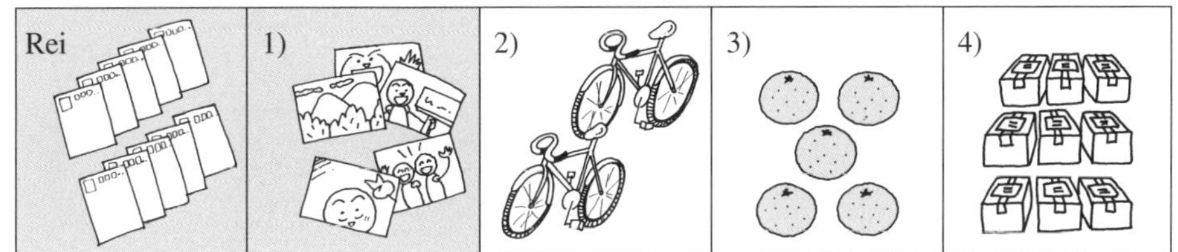

4. Rei : onna no hito → Onna no hito ga nan-nin imasu ka.
⇓ ……6-nin imasu.

1) otoko no hito → 2) kodomo →
3) onna no ko → 4) gakusei →

5. Rei : 1-kagetsu・eiga o mimasu (1) → 1-kagetsu ni nan-kai eiga o mimasu ka.
……1-kai mimasu.

1) 1-nichi・kanojo ni denwa o kakemasu (2) →
2) 1-shūkan・Nihon-go o naraimasu (3) →
3) 1-kagetsu・Tōkyō e ikimasu (1) →
4) 1-nen・kuni e kaerimasu (1) →

6. Rei : kaisha o yasumimashita (yokka)
→ Nan-nichi kaisha o yasumimashita ka. ……Yokka yasumimashita.

1) daigaku de benkyō-shimasu (4-nen) →
2) ryokō-shimashita (2-shūkan) →
3) konbini de arubaito o shimasu (5-jikan) →
4) yasumimasu (10-pun dake) →

7. Rei : ima made Nihon-go o benkyō-shimashita (3-kagetsu)
→ Ima made donokurai Nihon-go o benkyō-shimashita ka.
……3-kagetsu benkyō-shimashita.

1) korekara Nihon ni imasu (2-shūkan) →
2) ima made Chūgoku-go o naraimashita (1-nen gurai) →
3) hiru yasumimasu (45-fun) →
4) mainichi hatarakimasu (8-jikan) →

Renshū C

1. A : Irasshaimase.
   B : Sandoitchi o futatsu kudasai.
   A : Kashikomarimashita.

1) 

2) 

2. A : Kazoku wa nan-nin desu ka.
   B : 4-nin desu.
   Haha to otōto ga futari imasu.
   A : Sō desu ka.

1) 

2) 

3. A : 8-gatsu ni 1-shūkan gurai Kagoshima e kaerimasu.
   B : Kagoshima? Hikōki desu ka.
   A : Iie, basu de kaerimasu.
   B : Basu de donokurai kakarimasu ka.
   A : 12-jikan gurai desu.
   B : Taihen desu ne.

1) 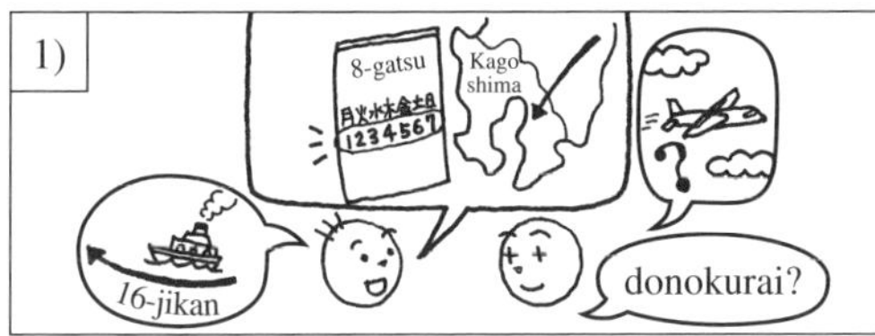

2) 

Mondai

CD40 1. 1) ______

2) ______

3) ______

4) ______

5) ______

CD41 2. 1) ①

② 

③ 

2) ① 

② 

③ 

CD42 3. 1) ( ) 2) ( ) 3) ( )

4. Rei : Mikan ga (8 → yattsu) arimasu.

1) Kodomo ga (2 →) imasu.

2) Kuruma ga (4 →) arimasu.

3) Kitte o (10 →) kaimashita.

4) Ringo o (6 →) kudasai.

5. Rei : Kodomo ga (nan-nin) imasu ka. ……3-nin imasu.

   1) Isu ga (   ) arimasu ka. ……Mittsu arimasu.
   2) Mainichi (   ) hatarakimasu ka. ……8-jikan hatarakimasu.
   3) Kippu o (   ) kaimasu ka. ……2-mai kaimasu.
   4) Ryō ni jitensha ga (   ) arimasu ka. ……5-dai arimasu.

6. Rei : Densha (de) 1-jikan (×) kakarimasu.

   1) 1-shūkan (   ) 3-kai (   ) kanojo ni denwa o kakemasu.
   2) Kono nimotsu wa Amerika made funabin (   ) ikura desu ka.
   3) Nihon (   ) 2-nen (   ) imasu.
   4) Ringo (   ) itsutsu (   ) kudasai. ……Hai. 600-en desu.

7. 1) Tanaka-san wa go-shujin to kodomo ga futari imasu. Tanaka-san no kazoku wa zenbu de nan-nin desu ka.
   ……
   2) Ringo o 20 moraimashita. Yottsu tabemashita. Tonari no uchi no hito ni muttsu agemashita. Ima ringo ga ikutsu arimasu ka.
   ……
   3) 80-en no kitte o 5-mai to 50-en no kitte o 5-mai kaimasu. Zenbu de ikura desu ka.
   ……
   4) Watashi wa Chūgoku-go o 3-kagetsu naraimashita. 1-kagetsu ni 8-kai naraimashita. 1-kai wa 2-jikan desu. Zenbu de nan-jikan naraimashita ka.
   ……

Dai 12 ka

12

Bunkei

1. Kinō wa ame deshita.
2. Kinō wa samukatta desu.
3. Hokkaidō wa Kyūshū yori ōkii desu.
4. Watashi wa 1-nen de natsu ga ichiban suki desu.

Reibun

1. Kyōto wa shizuka deshita ka.
   ……Iie, shizuka ja arimasendeshita.

2. Ryokō wa tanoshikatta desu ka.
   ……Hai, tanoshikatta desu.
   Tenki wa yokatta desu ka.
   ……Iie, amari yokunakatta desu.

3. Kinō no pātii wa dō deshita ka.
   ……Totemo nigiyaka deshita. Iroirona hito ni aimashita.

4. Nyūyōku wa Ōsaka yori samui desu ka.
   ……Ē, zutto samui desu.

5. Kūkō made basu to densha to dochira ga hayai desu ka.
   ……Densha no hō ga hayai desu.

6. Umi to yama to dochira ga suki desu ka.
   ……Dochira mo suki desu.

7. Nihon-ryōri [no naka] de nani ga ichiban suki desu ka.
   ……Tenpura ga ichiban suki desu.

CD43 **Kaiwa**

Gion-matsuri wa dō deshita ka

Mirā : Tadaima.

Kanrinin : Okaerinasai.

Mirā : Kore, Kyōto no o-miyage desu.

Kanrinin : Dōmo sumimasen.
Gion-matsuri wa dō deshita ka.

Mirā : Omoshirokatta desu.
Totemo nigiyaka deshita.

Kanrinin : Gion-matsuri wa Kyōto no matsuri de ichiban yūmei desu kara ne.

Mirā : Sō desu ka.
Shashin o takusan torimashita. Kore desu.

Kanrinin : Wā, sugoi hito desu ne.

Mirā : Ē. Chotto tsukaremashita.

Renshū A

12

1. Kyōto wa

yuki deshita.	
kirei deshita.	
samukatta desu.	
dō deshita	ka.

2.

yasumi	deshita	yasumi	ja (dewa)	arimasendeshita
kirei	deshita	kirei	ja (dewa)	arimasendeshita
shizuka	deshita	shizuka	ja (dewa)	arimasendeshita

atsu	katta	desu	atsu	kunakatta	desu
oishi	katta	desu	oishi	kunakatta	desu
yo	katta	desu	yo	kunakatta	desu

3.

Tōkyō	wa	Ōsaka	yori ōkii desu.
Kono shatsu		sono shatsu	
Watashi no kuruma		Mirā-san no kuruma	

4.

Sakkā	to	yakyū	to dochira ga omoshiroi desu ka.
Hon		eiga	
Shigoto		benkyō	

……	Sakkā	no hō ga omoshiroi desu.
	Hon	
	Shigoto	

5.

Supōtsu	de	nani	ga ichiban	omoshiroi	desu ka.
Nihon-jin		dare		yūmei	
Sekai		doko		kirei	
1-nen		itsu		samui	

Renshū B

1. Rei : kinō・ii tenki → Kinō wa ii tenki deshita.
   1) ototoi・ame →
   2) toshokan・yasumi →
   3) senshū・hima →
   4) Nara-kōen・shizuka →

2. Rei : kinō・suzushii → Kinō wa suzushikatta desu.
   1) sengetsu・isogashii →
   2) o-matsuri・tanoshii →
   3) kyonen no fuyu・atatakai →
   4) kōen・hito ga ōi →

3. Rei 1 : Santosu-san・genki (hai) → Santosu-san wa genki deshita ka.
   ……Hai, genki deshita.

   Rei 2 : pātii no ryōri・oishii (iie) → Pātii no ryōri wa oishikatta desu ka.
   ……Iie, oishikunakatta desu.

   1) o-matsuri・nigiyaka (hai, totemo) →
   2) shiken・kantan (iie) →
   3) kabuki・omoshiroi (hai) →
   4) konsāto・ii (iie, amari) →

4. Rei : Kyōto (totemo kirei) → Kyōto wa dō deshita ka.
   ……Totemo kirei deshita.

   1) tenki (kumori) →
   2) Tai-ryōri (karai) →
   3) Hokkaidō (amari samukunai) →
   4) hoteru no heya (totemo suteki) →

5. Rei : Hokkaidō・Ōsaka・suzushii → Hokkaidō wa Ōsaka yori suzushii desu.

1) kono kaban・sono kaban・omoi →

2) gyūniku・toriniku・takai →

3) Honkon・Shingapōru・chikai →

4) Mirā-san・Santosu-san・tenisu ga jōzu →

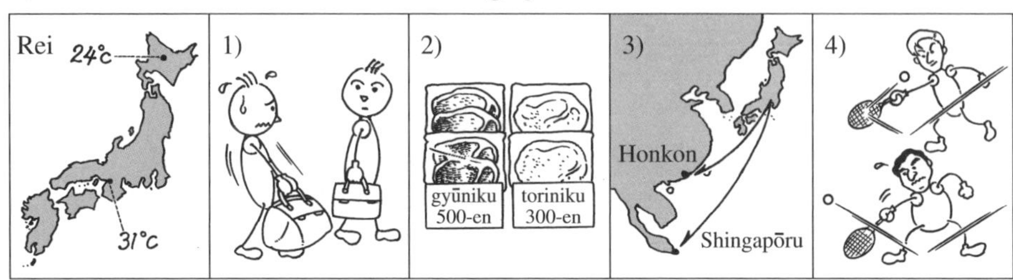

6. Rei : konshū・raishū・hima (raishū)

→ Konshū to raishū to dochira ga hima desu ka.

……Raishū no hō ga hima desu.

1) hiragana・katakana・muzukashii (katakana) →

2) ōkii mikan・chiisai mikan・amai (chiisai mikan) →

3) otōsan・okāsan・ryōri ga jōzu (chichi) →

4) haru・aki・suki (dochira mo) →

7. Rei : Okāsan no ryōri・oishii

→ Okāsan no ryōri de nani ga ichiban oishii desu ka.

……Karē ga ichiban oishii desu.

1) supōtsu・omoshiroi →

2) 1-nen・atsui →

3) kazoku・uta ga jōzu →

4) sūpā・yasui →

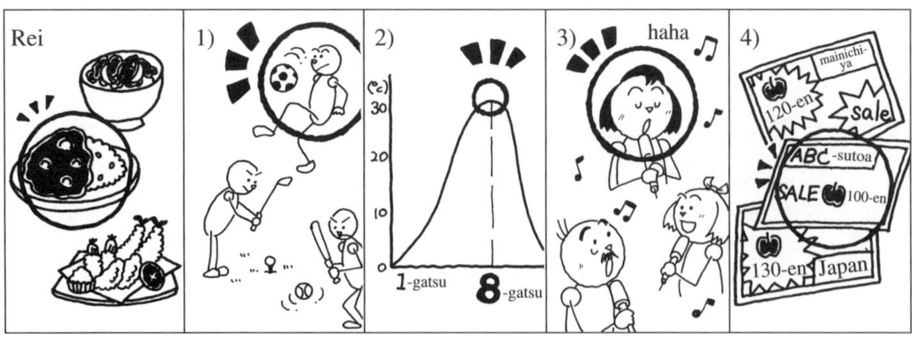

Renshū C

1. A : Kinō hajimete o-sushi o tabemashita.
   B : Dō deshita ka.
   A : Totemo oishikatta desu.

2. A : Ocha wa ikaga desu ka.
   B : Arigatō gozaimasu.
   A : Atsui no to tsumetai no to dochira ga ii desu ka.
   B : Atsui no o onegai-shimasu

3. A : Rainen Hokkaidō e ikimasu.
   Itsu ga ichiban ii desu ka.
   B : Sō desu ne.
   6-gatsu ga ichiban ii desu yo.
   A : 6-gatsu desu ka.
   B : Ē. Kireina hana ga takusan arimasu kara.

Mondai

CD44 1. 1) ______________________________
2) ______________________________
3) ______________________________
4) ______________________________
5) ______________________________

CD45 2. 1) (   ) 2) (   ) 3) (   ) 4) (   ) 5) (   )

3. Rei : Kono tamago wa atarashii desu ka. …… Iie, (furui) desu.
   1) Anata no uchi wa eki kara chikai desu ka. …… Iie, (   ) desu.
   2) Nichi-yōbi wa kuruma ga ōi desu ka. …… Iie, (   ) desu.
   3) Sono kamera wa karui desu ka. ……Iie, (   ) desu.
   4) Yakyū ga suki desu ka. ……Iie, (   ) desu.

4. Rei : Umi wa kirei deshita ka.
   ……Iie, amari (kirei ja arimasendeshita).
   1) Tenki wa yokatta desu ka.
   ……Iie, (   ).
   2) Kinō wa ame deshita ka.
   ……Iie, (   ).
   3) Eiga wa omoshirokatta desu ka.
   ……Iie, amari (   ).
   4) Shiken wa kantan deshita ka.
   ……Iie, amari (   ).
   5) Senshū wa isogashikatta desu ka.
   ……Iie, (   ).

5. Rei : Ano hito wa (dare) desu ka. ……Mirā-san desu.
   1) Natsu to fuyu to (   ) ga suki desu ka.
   ……Fuyu no hō ga suki desu.
   2) Kazoku de (   ) ga ichiban ryōri ga jōzu desu ka.
   ……Chichi ga ichiban jōzu desu.

3) Supōtsu de (   ) ga ichiban omoshiroi desu ka.
  ……Sakkā ga ichiban omoshiroi desu.
4) Nihon de (   ) ga ichiban hito ga ōi desu ka.
  ……Tōkyō ga ichiban ōi desu.
5) 1-shūkan de (   ) ga ichiban isogashii desu ka.
  ……Getsu-yōbi ga ichiban isogashii desu.

12

6. **Doko ga ichiban ii desu ka**

Watashi no uchi no chikaku ni sūpā ga mittsu arimasu. "Mainichi-ya" to "ABC- sutoa" to "Japan" desu.

"Mainichi-ya" wa ichiban chiisai mise desu ga, chikai desu. Uchi kara aruite 5-fun desu. Atarashii sakana ga ōi desu. Yasai ya kudamono mo ōi desu. Gaikoku no mono wa zenzen arimasen.

"ABC-sutoa" wa uchi kara aruite 15-fun kakarimasu. Niku ga ōi desu. Ichiban yasui mise desu. Gaikoku no mono mo arimasu ga, "Japan" yori sukunai desu. Oishii pan ga arimasu.

"Japan" wa ichiban tōi desu. Sakana wa amari ōkunai desu ga, niku ga takusan arimasu. Gaikoku no mono ga ōi desu. Totemo ōkii mise desu. "ABC- sutoa" yori ōkii desu. Mittsu no mise no naka de watashi wa "ABC-sutoa" ga ichiban suki desu.

Doko de kaimashita ka.

Rei : Sashimi o tabemashita. Atarashikatta desu kara, oishikatta desu.
(Mainichi-ya)

1) Otto no tanjōbi ni niku to wain to oishii pan o kaimashita.
(   )

2) Jitensha de 15-fun kakarimashita. Gaikoku no mono o takusan kaimashita.
(   )

3) Kinō wa ame deshita kara, ichiban chikai sūpā e ikimashita.
(   )

4) Konban wa sukiyaki desu. Niku o takusan kaimashita. Totemo yasukatta desu. (   )

Fukushū C

1. Rei : Ano hito wa [dare] desu ka. ……Mirā-san desu.
   1) Mirā-san, Nihon-go no benkyō wa [ ] desu ka.
      ……Omoshiroi desu.
      Hiragana to katakana to [ ] ga muzukashii desu ka.
      ……Katakana no hō ga muzukashii desu.
      Kanji ga [ ] wakarimasu ka.
      ……50 gurai wakarimasu.
   2) Nyūyōku wa [ ] machi desu ka.
      ……Nigiyakana machi desu.
      Nyūyōku kara Ōsaka made hikōki de [ ] kakarimasu ka.
      ……12-jikan gurai kakarimasu.
   3) Mirā-san wa kyōdai ga [ ] imasu ka.
      ……Ane ga hitori imasu.
      Onēsan wa [ ] ni imasu ka.
      ……Rondon ni imasu.
   4) Kinō no pātii wa [ ] deshita ka.
      ……Nigiyaka deshita.
      [ ] ryōri ga arimashita ka.
      ……Sushi ya tenpura ga arimashita.
      [ ] ga ichiban oishikatta desu ka.
      ……Tenpura ga ichiban oishikatta desu.
   5) Ryō ni terebi ga [ ] arimasu ka.
      ……2-dai arimasu ga, watashi wa amari mimasen.
      [ ] mimasen ka.
      ……Nihon-go ga wakarimasen kara.

2. Rei : Santosu-san wa Burajiru (kara) kimashita.
   1) Santosu-san no uchi ( ) inu to neko ( ) imasu.
      Inu no namae wa Tomo desu. Neko wa namae ( ) arimasen.
      Terēza-chan wa Tomo no hō ( ) suki desu.
      Tomo wa Nihon-go ( ) sukoshi wakarimasu.
   2) Santosu-san wa Maria-san ( ) ryōri ( ) jōzu desu.
      1-shūkan ( ) 1-kai sūpā e ikimasu. Santosu-san wa sūpā no naka ( ) "Japan" ga ichiban suki desu.

3) Santosu-san no uchi ( ) chiisai desu ( ), sutekina uchi desu. Uchi ( ) chikaku ( ) kōen ( ) toshokan nado ga arimasu. Eki made aruite 10-pun desu ( ), totemo benri desu.

C

3. Kore wa Santosu-san no kazoku no shashin desu. Santosu-san to Maria-san no (rei : aida) ni Terēza-chan ga imasu. Terēza-chan no ( ) ni Tomo ga imasu. Terēza-chan no ( ) ni tana ga arimasu. Tana no ( ) ni neko ga imasu.

Tomo

4. Repōto ga (rei : 3-mai) arimasu.
Kyōshitsu ni gakusei ga ( ) imasu.
Isu ga ( ) arimasu.
Pasokon ga ( ) arimasu.
1-shūkan ni ( ) shiken ga arimasu.
Natsu-yasumi ga ( ) arimasu.

Natsu-yasumi
7／1
～8／31

○…shiken
日 月 火 水 木 金 土

5. Rei : Eki wa chikai desu ka. ……Iie, (chikakunai desu). (Tōi) desu.
   1) Ashita hima desu ka.
   ……Iie, ( ). ( ) desu.
   Uta ga jōzu desu ka.
   ……Iie, ( ). ( ) desu.
   2) Nara wa hito ga ōkatta desu ka.
   ……Iie, ( ). ( ) desu.
   Ii tenki deshita ka.
   ……Iie, ( ). ( ) deshita.

6. Rei : Ashita issho ni Kyōto e (ⓐ. ikimasen ka b. ikimashita ka).
   1) Jidō-hanbaiki wa doko desu ka. ……2-kai ni (a. imasu b. arimasu).
   2) Eiga wa (a. dō desu ka. b. dō deshita ka). ……Totemo yokatta desu.
   3) Kyōto ni bijutsukan ga (a. ikura b. ikutsu) arimasu ka. ……Mittsu arimasu.
   4) Panda to zō to dochira ga suki desu ka.
   ……(a. Dochira mo b. Nani mo) suki desu.

Fukushi, setsuzokushi, kaiwa-hyōgen no matome I

1. Rei : (ⓐ. Chotto b. Sukoshi) sumimasen.
   1) (a. Mō b. Mada) hirugohan o tabemashita ka.
      ……Iie, (a. mō b. mada) desu.
      (a. Korekara b. Hajimete) tabemasu.
   2) Doko de hirugohan o tabemasu ka.
      ……(a. Itsumo b. Issho ni) kaisha no shokudō de tabemasu ga,
      (a. hayaku b. tokidoki) resutoran e ikimasu.
   3) Kaisha no shokudō to resutoran to dochira ga ii desu ka.
      ……Resutoran no hō ga ii desu. Resutoran no hō ga (a. ichiban
      b. zutto) oishii desu. (a. Soshite b. To) shizuka desu.
   4) Kuni de Nihon-go o benkyō-shimashita ka.
      ……Iie, (a. minna b. zenzen) shimasendeshita.
   5) Nihon-go no benkyō wa dō desu ka.
      ……(a. Amari b. Sukoshi) muzukashikunai desu ga, kanji no
      benkyō wa (a. takusan b. totemo) taihen desu.

2. Rei : O-genki desu ka. ……(a. Hai, sō desu ⓑ. Hai, genki desu).
   1) (a. Dōzo b. Chotto c. Shitsurei desu ga), o-namae wa?
      ……Mirā desu.
   2) Korekara osewa ni narimasu. Dōzo yoroshiku onegai-shimasu.
      ……(a. Onegai-shimasu b. Kochira koso yoroshiku
      c. Iie, kekkō desu).
   3) O-dekake desu ka.
      ……(a. Hai, o-dekake desu b. Ē, chotto yūbinkyoku made
      c. Ja, mata).
   4) Itte kimasu.
      ……(a. Itterasshai b. Sō desu ka c. Irasshaimase).
   5) Tadaima.
      ……(a. Irasshai b. Ima desu ka c. Okaerinasai).

3. Rei : Mirā : Hajimemashite. Mirā desu.
Korekara osewa ni narimasu.
Dōzo yoroshiku onegai-shimasu.
Yamada : Kochira koso dōzo yoroshiku.

1) Satō : Ashita o-hanami o shimasu. Issho ni rei : ikaga desu ka.
Mirā : Ashita desu ka. Ashita wa ______________…….
__________________, tomodachi to
yakusoku ga arimasu.
Satō : Sō desu ka.
Mirā : Sumimasen. Mata ________________________.

2) Ten'in : Irasshaimase.
Mirā : ________________. Sono wain o __________.
Ten'in : Hai, dōzo.
Mirā : Doko no wain desu ka.
Ten'in : Nihon no desu. Oishii desu yo. 2,000-en desu.
Mirā : Ja, ____________________________.

3) Yamada : Irasshai. Dōzo ____________________.
Mirā : ____________________________.
______________, o-miyage desu. ________.
Yamada : Arigatō gozaimasu.

4) Yamada : ________________ wa ______________.
Mirā : Hai, ________________________________.
Yamada : Kōhii to kōcha to dochira ga ii desu ka.
Mirā : Kōhii o ______________________________.
Yamada : Dōzo.
Mirā : ____________________________________.

5) Yamada : Kōhii, mō ippai __________________.
Mirā : Iie, ____________. Gochisōsama deshita.
A, ____________ ne. __________________.
Yamada : Sō desu ka.
Mirā : Kyō wa ______________________________.
Yamada : Iie, ________________ irasshatte kudasai.

Dai 13 ka

13

Bunkei

1. Watashi wa kuruma ga hoshii desu.
2. Watashi wa sushi o tabetai desu.
   (ga)
3. Watashi wa Furansu e ryōri o narai ni ikimasu.

Reibun

1. Ima nani ga ichiban hoshii desu ka.
   ……Atarashii kētai ga hoshii desu.

2. Natsu-yasumi wa doko e ikitai desu ka.
   ……Okinawa e ikitai desu.

3. Kyō wa tsukaremashita kara, nani mo shitakunai desu.
   ……Sō desu ne. Kyō no kaigi wa taihen deshita ne.

4. Shūmatsu wa nani o shimasu ka.
   ……Kodomo to Kōbe e fune o mi ni ikimasu.

5. Nihon e nan no benkyō ni kimashita ka.
   ……Bijutsu no benkyō ni kimashita.

6. Fuyu-yasumi wa dokoka ikimashita ka.
   ……Ē. Hokkaidō e sukii ni ikimashita.

CD46 Kaiwa

Betsubetsu ni onegai-shimasu

Yamada : Mō 12-ji desu yo. Hirugohan o tabe ni ikimasen ka.
Mirā : Ē.
Yamada : Doko e ikimasu ka.
Mirā : Sō desu ne. Kyō wa Nihon-ryōri ga tabetai desu ne.
Yamada : Ja, "Tsuru-ya" e ikimashō.

....

Mise no hito : Go-chūmon wa?
Mirā : Watashi wa tenpura-teishoku.
Yamada : Watashi wa gyūdon.
Mise no hito : Tenpura-teishoku to gyūdon desu ne. Shōshō o-machi kudasai.

....

Mise no hito : 1,680-en de gozaimasu.
Mirā : Sumimasen. Betsubetsu ni onegai-shimasu.
Mise no hito : Hai. Tenpura-teishoku wa 980-en, gyūdon wa 700-en desu.

Renshū A

1\. Watashi wa

kuruma	ga hoshii desu.
uchi	
tomodachi	

2\. Watashi wa

kamera o	kai	tai desu.
kazoku ni	ai	
gaikoku de	hataraki	

Anata wa nani o shi ··········ka.

3\.

iki	tai	desu	iki	takunai	desu
tabe	tai	desu	tabe	takunai	desu
kekkon-shi	tai	desu	kekkon-shi	takunai	desu

4\. Watashi wa Kyōto e

	asobi	ni ikimasu.
Nihon-ryōri o	tabe	
	kaimono	
	bijutsu no benkyō	

Anata wa ············ nani o shi ··············ka.

Renshū B

1. Rei : → Watashi wa kamera ga hoshii desu.

   1) →　　2) →　　3) →　　4) →

Rei	1)	2)	3)	4)

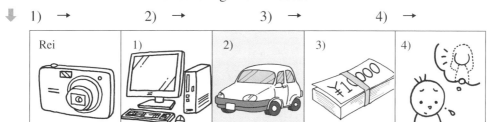

2. Rei : pasokon (karui) → Donna pasokon ga hoshii desu ka.
   ……Karui pasokon ga hoshii desu.

   1) kuruma (akai) →
   2) kutsu (Akikkusu) →
   3) tokei (Nihon) →
   4) uchi (hiroi) →

3. Rei : → Sukiyaki o tabetai desu.

   1) →　　2) →　　3) →　　4) →

Rei	1)	2)	3)	4)

4. Rei : nani o kaimasu ka (jitensha) → Nani o kaitai desu ka.
   ……Jitensha o kaitai desu.

   1) itsu Hokkaidō e ikimasu ka (2-gatsu) →
   2) nani o naraimasu ka (ikebana) →
   3) dare ni aimasu ka (ryōshin) →
   4) nani o tabemasu ka (nani mo) →
   5) donna hon o yomimasu ka (ryokō no hon) →

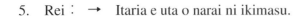

5. Rei : → Itaria e uta o narai ni ikimasu.

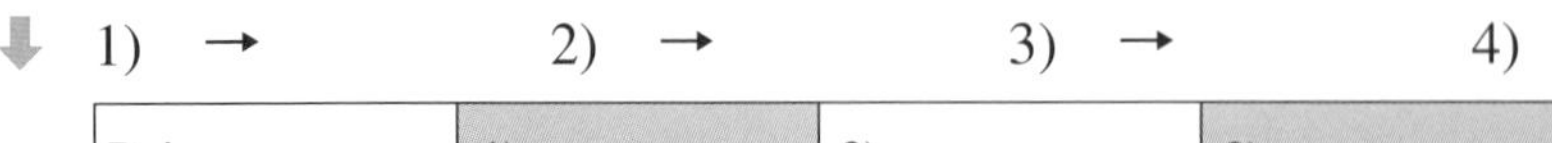

1) → 2) → 3) → 4) →

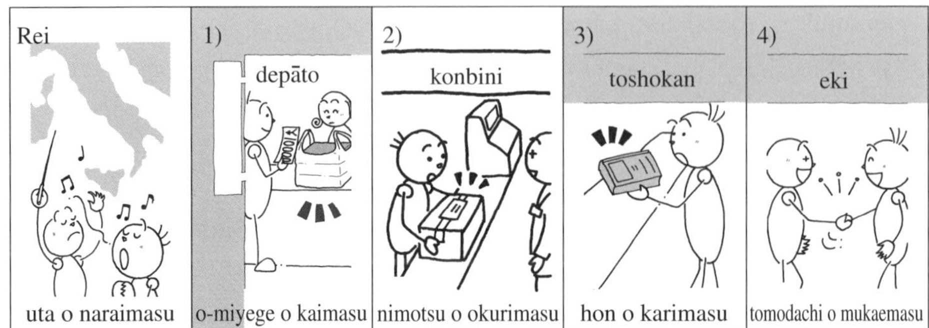

6. Rei 1 : kōen e ikimasu・sanpo-shimasu → Kōen e sanpo ni ikimasu.
   Rei 2 : Kyōto e ikimasu・hanami o shimasu
   → Kyōto e hanami ni ikimasu.
   1) Yokohama e ikimasu・kaimono-shimasu →
   2) hoteru e ikimasu・shokuji-shimasu →
   3) kawa e ikimasu・tsuri o shimasu →
   4) Okinawa e ikimasu・ryokō-shimasu →

7. Rei : asobimasu (tomodachi no uchi) → Doko e asobi ni ikimasu ka.
   ……Tomodachi no uchi e asobi ni ikimasu.
   1) oyogimasu (hoteru no pūru) →
   2) o-miyage o kaimasu (depāto) →
   3) e o mimasu (Nara no bijutsukan) →
   4) shokuji-shimasu (Indo-ryōri no resutoran) →

8. Rei : dare・eiga o mimasu (ane)
   → Dare to eiga o mi ni ikimasu ka.
   ……Ane to mi ni ikimasu.
   1) nani・kaimasu (kutsu) →
   2) dare・aimasu (Karina-san) →
   3) nan-ji・kodomo o mukaemasu (2-ji goro) →
   4) itsu・ryokō-shimasu (raigetsu) →

Renshū C

1. A : Sumimasen. "Ohayō-terebi" desu ga, ima nani ga ichiban hoshii desu ka.
   B : Hiroi uchi ga hoshii desu. Ima no uchi wa semai desu kara.
   A : Sō desu ka. Dōmo arigatō gozaimashita.

1) 

2) 

2. A : Nodo ga kawakimashita ne.
   B : Ē, nanika nomitai desu ne.
   A : Asoko de nanika nomimasen ka.
   B : Ē, sō shimashō.

1) 

2) 

3. A : Shūmatsu wa nani o shimashita ka.
   B : Nara e asobi ni ikimashita.
   A : Dō deshita ka.
   B : Totemo tanoshikatta desu.
   A : Sō desu ka.

do
nichi
SAT
SUN
Nara

1) 

2) 

13

Mondai

CD47 1. 1) ____________________

2) ____________________

3) ____________________

4) ____________________

5) ____________________

13

CD48 2. 1) (　　　) 2) (　　　) 3) (　　　) 4) (　　　) 5) (　　　)

3. Rei : Mō 12-ji desu kara, hirugohan o (tabetai) desu.

kaerimasu	ikimasu	nomimasu	~~tabemasu~~	nemasu	shimasu

1) Yōji ga arimasu kara, 5-ji ni uchi e (　　　　) desu.
2) Ashita wa yasumi desu kara, hiru made (　　　　) desu.
3) Nodo ga kawakimashita kara, nanika (　　　　) desu.
4) Tsukaremashita kara, nani mo (　　　　) desu.
5) Atsui desu kara, doko mo (　　　　) desu.

4. Rei : Kissaten e kōhii o (nomi) ni ikimasu.

kaimono-shimasu	karimasu	oyogimasu
~~nomimasu~~	ryokō-shimasu	kaimasu

1) Toshokan e hon o (　　　　) ni ikimasu.
2) Yūbinkyoku e kitte o (　　　　) ni ikimashita.
3) Depāto e (　　　　) ni ikitai desu.
4) Atsui desu kara, pūru e (　　　　) ni ikimashō.
5) Nihon ni 1-nen imasu kara, iroirona tokoro e (　　　　) ni ikitai desu.

5. Rei : Hirugohan (o) tabemasu.

1) Watashi wa ōkii uchi ( ) hoshii desu.
2) Kyō wa ame desu kara, doko ( ) ikitakunai desu.
3) Kyōto no daigaku ( ) bijutsu ( ) benkyō-shimasu.
4) Nihon ( ) Nihon-go ( ) benkyō ( ) kimashita.
5) Onaka ga sukimashita kara, resutoran ( ) shokuji ( ) ikimasu.

6. Inu no seikatsu

Watashi wa Tomo desu. Santosu-san no uchi ni imasu. Watashi wa Maiasa okusan to sanpo ni ikimasu. 8-ji goro Terēza-chan to gakkō e ikimasu. Sorekara uchi e kaerimasu. Soshite, okusan to kaimono ni ikimasu. Gogo gakkō e Terēza-chan o mukae ni ikimasu. Sorekara issho ni kōen e asobi ni ikimasu.

Shūmatsu wa Terēza-chan no gakkō to Santosu-san no kaisha wa yasumi desu. Santosu-san no kazoku wa tōi tokoro e kuruma de asobi ni ikimasu. Watashi mo issho ni ikimasu. Totemo tsukaremasu.

Santosu-san no uchi ni neko mo imasu. Neko wa mainichi nani mo shimasen. Doko mo ikimasen. Watashi wa asa kara ban made isogashii desu. Yasumi ga zenzen arimasen. Watashi wa neko to issho ni yasumitai desu.

1) ( ) Watashi wa okusan to sanpo ya kaimono ni ikimasu.
2) ( ) Terēza-chan wa watashi to issho ni gakkō kara kaerimasu.
3) ( ) Santosu-san no kazoku wa shūmatsu chikaku no kōen e asobi ni ikimasu.
4) ( ) Neko wa watashi yori hima desu.
5) ( ) Inu no seikatsu wa neko no seikatsu yori yasumi ga ōi desu.

Dai 14 ka

Bunkei

1. Chotto matte kudasai.
2. Nimotsu o mochimashō ka.
3. Mirā-san wa ima denwa o kakete imasu.

Reibun

1. Bōrupen de namae o kaite kudasai.
   ……Hai, wakarimashita.

2. Sumimasen ga, kono kanji no yomi-kata o oshiete kudasai.
   ……"Jūsho" desu yo.

3. Atsui desu ne. Mado o akemashō ka.
   ……Sumimasen. Onegai-shimasu.

4. Eki made mukae ni ikimashō ka.
   ……Takushii de ikimasu kara, kekkō desu.

5. Satō-san wa doko desu ka.
   ……Ima kaigishitsu de Matsumoto-san to hanashite imasu.
   Ja, mata ato de kimasu.

6. Ame ga futte imasu ka.
   ……Iie. futte imasen.

CD49 **Kaiwa**

Midori-chō made onegai-shimasu

Karina : Midori-chō made onegai-shimasu.
Untenshu : Hai.

....

Karina : Sumimasen. Ano shingō o migi e magatte kudasai.
Untenshu : Migi desu ne.
Karina : Ē.

....

Untenshu : Massugu desu ka.
Karina : Ē, massugu itte kudasai.

....

Karina : Ano hana-ya no mae de tomete kudasai.
Untenshu : Hai.
1,800-en desu.
Karina : Kore de onegai-shimasu.
Untenshu : 3,200-en no otsuri desu. Arigatō gozaimashita.

Renshū A

14

1.

	masu-kei			te-kei		
I	ka	ki	masu	ka	i	te
	i	ki	masu	＊i	t	te
	iso	gi	masu	iso	i	de
	no	mi	masu	no	n	de
	yo	bi	masu	yo	n	de
	kae	ri	masu	kae	t	te
	ka	i	masu	ka	t	te
	ma	chi	masu	ma	t	te
	ka	shi	masu	ka	shi	te

	masu-kei		te-kei	
II	tabe	masu	tabe	te
	ne	masu	ne	te
	oki	masu	oki	te
	kari	masu	kari	te
	mi	masu	mi	te
	i	masu	i	te

	masu-kei		te-kei	
III	ki	masu	ki	te
	shi	masu	shi	te
	sanpo-shi	masu	sanpo-shi	te

2.

	Mondai o	yonde	kudasai.
	Kotae o	kaite	
		Isoide	
Sumimasen ga,	shio o	totte	
	denwa-bangō o	oshiete	
Dōzo	takusan	tabete	
	yukkuri	yasunde	

3.

	Tetsudai	mashō ka.
Mukae ni	iki	
Mado o	shime	

4.

Mirā-san wa ima	repōto o	yonde	imasu.
	terebi o	mite	
	Nihon-go o	benkyō-shite	
		nani o shite	········ka.

Renshū B

1. Rei : → Pasupōto o misete kudasai.

    1) →　　2) →　　3) →　　4) →

2. Rei : chotto tetsudaimasu

    → Sumimasen ga, chotto tetsudatte kudasai.

    1) eakon o tsukemasu →
    2) doa o shimemasu →
    3) shashin o torimasu →
    4) mō sukoshi yukkuri hanashimasu →

3. Rei : → Dōzo nonde kudasai.

    1) →　　2) →　　3) →　　4) →

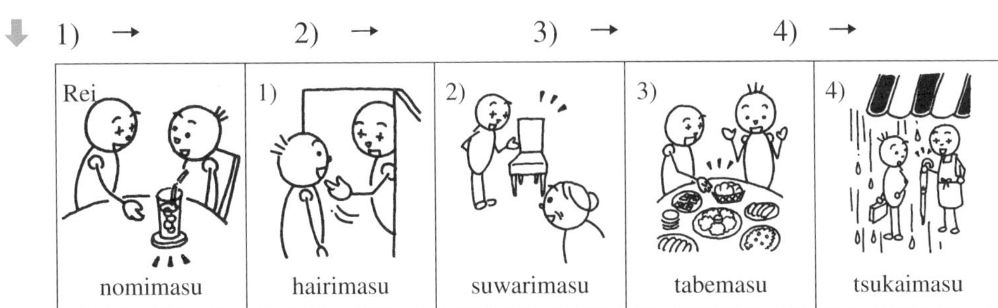

4. Rei 1 : denki o keshimasu (ē) → Denki o keshimashō ka.

    ……Ē, onegai-shimasu.

    Rei 2 : shio o torimasu (iie) → Shio o torimashō ka.

    ……Iie, kekkō desu.

    1) chizu o kakimasu (ē) →
    2) nimotsu o mochimasu (iie) →
    3) eakon o tsukemasu (ē) →
    4) eki made mukae ni ikimasu (iie) →

14

5. Rei : mado o akemasu (sukoshi) → Mado o akemashō ka.
……Ē, sukoshi akete kudasai.

1) kore o kopii-shimasu (5-mai) →
2) repōto o okurimasu (sugu) →
3) takushii o yobimasu (2-dai) →
4) ashita mo kimasu (10-ji) →

14

6. Rei : → Nani o shite imasu ka.
……Repōto o kaite imasu.

1) → 2) → 3) → 4) →

7. Rei : Karina-san wa nani o kaite imasu ka.
→ Hana o kaite imasu.

1) Yamada-san wa nani o shite imasu ka. →
2) Santosu-san wa doko de nete imasu ka. →
3) Wan-san wa nani o yonde imasu ka. →
4) Mirā-san wa dare to hanashite imasu ka. →
5) Shumitto-san wa tsuri o shite imasu ka. →
6) Ima ame ga futte imasu ka. →

Renshū C

1. A : Sumimasen.
   B : Hai.
   A : Chotto bōrupen o kashite kudasai.
   B : Hai dōzo.

2. A : Nimotsu ga ōi desu ne.
   Hitotsu mochimashō ka.
   B : Sumimasen. Onegai-shimasu.

3. A : Sā, ikimashō.
   Are? Mirā-san ga imasen ne.
   B : Achira de shashin o totte imasu.
   A : Sumimasen ga, yonde kudasai.

Mondai

1. CD50
   1) ______________________
   2) ______________________
   3) ______________________
   4) ______________________
   5) ______________________

2. CD51
   1) ① ②

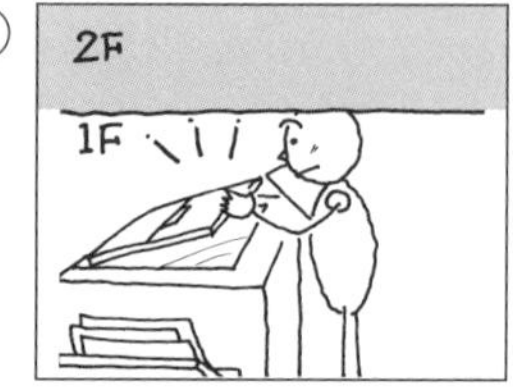

③

2) ① ②

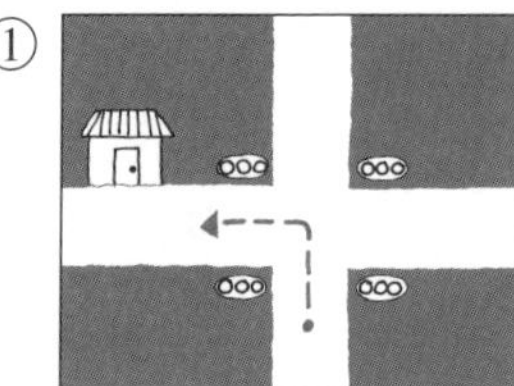

③

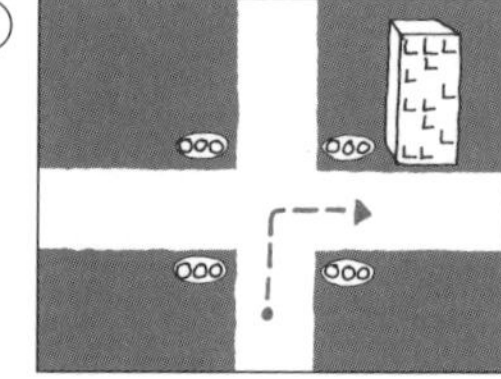

3. CD52 1) (   ) 2) (   ) 3) (   )

4.

Rei : kakimasu	kaite	7) kaimasu	
1) ikimasu		8) kashimasu	
2) isogimasu		9) tabemasu	
3) nomimasu		10) okimasu	
4) asobimasu		11) mimasu	
5) machimasu		12) benkyō-shimasu	
6) kaerimasu		13) kimasu	

5. Rei 1 : Sumimasen ga, bōrupen o (kashite) kudasai.
   Rei 2 : Samui desu ne. Mado o (shime) mashō ka.

~~shimemasu~~ ~~kashimasu~~ mochimasu kimasu isogimasu okurimasu

1) Jikan ga arimasen kara, (   ) kudasai.
2) Ima isogashii desu kara, mata ato de (   ) kudasai.

3) Nimotsu ga ōi desu ne. Hitotsu ( ) mashō ka.

……Sumimasen. Onegai-shimasu.

4) IMC ni kono repōto o ( ) mashō ka.

……Ē, sugu ( ) kudasai.

6. Rei : Yamada-san wa ima hirugohan o (tabete) imasu.

furimasu	oyogimasu	~~tabemasu~~	asobimasu	shimasu

1) Terēza-chan wa doko desu ka.

……2-kai desu. Tarō-chan to ( ) imasu yo.

2) Ame ga ( ) imasu ne. Takushii o yobimashō ka.

3) Santosu-san wa ima nani o ( ) imasu ka.

……Pūru de ( ) imasu.

7. Mēru

Maria-san

O-genki desu ka. Mainichi atsui desu ne. Watashi to Tarō wa ima ryōshin no uchi ni imasu. Ryōshin no uchi wa umi no chikaku ni arimasu. Tarō wa mainichi oyogi ni ikimasu. Tokidoki tsuri mo shimasu. Koko no sakana wa oishii desu. Shūmatsu ni otto mo kimasu.

Maria-san mo Joze-san, Terēza-chan to issho ni asobi ni kite kudasai. Eki made kuruma de mukae ni ikimasu. Itsu kimasu ka. Mēru o kudasai. Matte imasu.

Yamada Tomoko

A Yamada Tomoko B Yamada Tarō C Yamada Ichirō D Maria Santosu

Rei : Kono mēru o kakimashita. (A)

1) Kono mēru o moraimashita. ( )

2) Mainichi oyogimasu. ( )

3) Shūmatsu ni Tomoko-san no ryōshin no uchi e kimau. ( )

4) Maria-san to Joze-san to Terēza-chan o eki made mukae ni ikimasu. ( )

14

Dai 15 ka

15

Bunkei

1. Shashin o totte mo ii desu ka.
2. Santosu-san wa denshi-jisho o motte imasu.

Reibun

1. Kono katarogu o moratte mo ii desu ka.
   ……Ē, ii desu yo. Dōzo.

2. Kono jisho o karite mo ii desu ka.
   ……Sumimasen, chotto……. Ima tsukatte imasu.

3. Koko de asonde wa ikemasen.
   ……Hai.

4. Shiyakusho no denwa-bangō o shitte imasu ka.
   ……Iie, shirimasen.

5. Maria-san wa doko ni sunde imasu ka.
   ……Ōsaka ni sunde imasu.

6. Wan-san wa kekkon-shite imasu ka.
   ……Iie, dokushin desu.

7. O-shigoto wa nan desu ka.
   ……Kyōshi desu. Kōkō de oshiete imasu.

CD53 **Kaiwa**

Go-kazoku wa?

Kimura : Ii eiga deshita ne.

Mirā : Ē. Watashi wa kazoku o omoidashimashita.

Kimura : Sō desu ka. Mirā-san no go-kazoku wa?

Mirā : Ryōshin to ane ga hitori imasu.

Kimura : Dochira ni irasshaimasu ka.

Mirā : Ryōshin wa Nyūyōku no chikaku ni sunde imasu.
Ane wa Rondon de hataraite imasu.
Kimura-san no go-kazoku wa?

Kimura : 3-nin desu. Chichi wa ginkōin desu.
Haha wa kōkō de Eigo o oshiete imasu.

Renshū A

1.

Enpitsu de	kaite	mo ii desu ka.
Kono hotchikisu o	tsukatte	
Koko ni	suwatte	

2.

O-sake o	nonde	wa ikemasen.
Koko de shashin o	totte	
Koko ni kuruma o	tomete	

3.

Watashi wa	Kyōto ni	sunde	imasu.
	Maria-san o	shitte	
		kekkon-shite	

4.

Watashi wa	IMC de	hataraite	imasu.
	kaisha de Eigo o	oshiete	
	Nihon-go-gakkō de Nihon-go o	benkyō-shite	

15

Renshū B

1. Rei : pasokon o tsukaimasu → Pasokon o tsukatte mo ii desu ka.
   1) kaerimasu →
   2) terebi o keshimasu →
   3) jisho o karimasu →
   4) mado o akemasu →

15

2. Rei 1 : → Kono kasa o karite mo ii desu ka.
   ······Ē, ii desu yo. Dōzo.

   Rei 2 : → Shashin o totte mo ii desu ka.
   ······Sumimasen. Chotto······.

   1) → 2) → 3) → 4) →

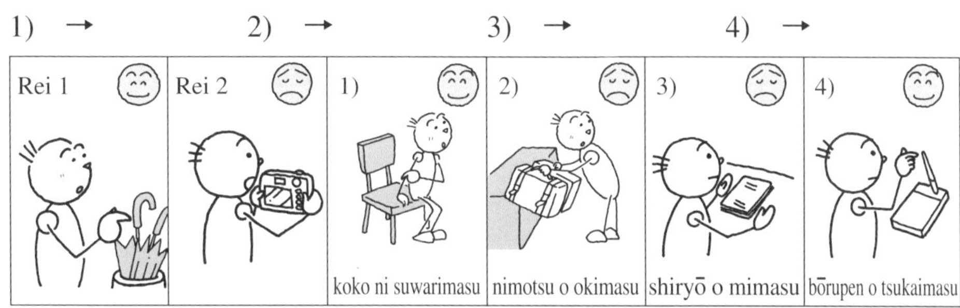

3. Rei : koko de → Koko de tabako o sutte wa ikemasen.
   1) koko de → 2) koko de →
   3) koko ni → 4) koko ni →

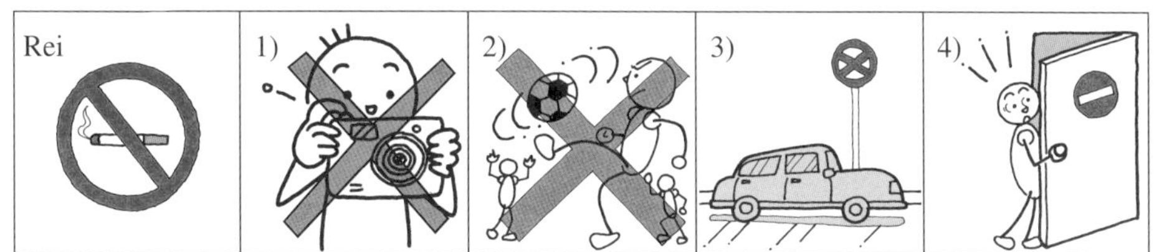

4. Rei 1 : Karina-san o shitte imasu ka. (hai)
→ Hai, shitte imasu.
Rei 2 : Kuruma o motte imasu ka. (iie)
→ Iie, motte imasen.
   1) Kekkon-shite imasu ka. (iie) →
   2) Ryō ni sunde imasu ka. (hai) →
   3) Jitensha o motte imasu ka. (hai) →
   4) Kimura-san no jūsho o shitte imasu ka. (iie) →

5. Rei : Doko de yasui denki-seihin o utte imasu ka. (Ōsaka no Nipponbashi)
→ Ōsaka no Nipponbashi de utte imasu.
   1) IMC wa nani o tsukutte imasu ka. (konpyūtā-sofuto) →
   2) Ano mise de nani o utte imasu ka. (furui fuku) →
   3) Sakura-daigaku wa doko no konpyūtā o tsukatte imasu ka. (Pawā-denki) →
   4) Doko de kono o-sake o tsukutte imasu ka. (Okinawa) →

6. Rei : Shumitto-san・doko・hatarakimasu (Pawā-denki)
→ Shumitto-san wa doko de hataraite imasu ka.
……Pawā-denki de hataraite imasu.
   1) Ii-san・nani・kenkyū-shimasu (keizai) →
   2) Yamada Tomoko-san・doko・hatarakimasu (Appuru-ginkō) →
   3) Karina-san・nani・benkyō-shimasu (bijutsu) →
   4) Watto-san・doko・oshiemasu (Sakura-daigaku) →

Renshū C

1. A : Chotto sumimasen.
   B : Hai.
   A : Kono katarogu, moratte mo ii desu ka.
   B : Ē, dōzo.
   A : Dōmo.

1)

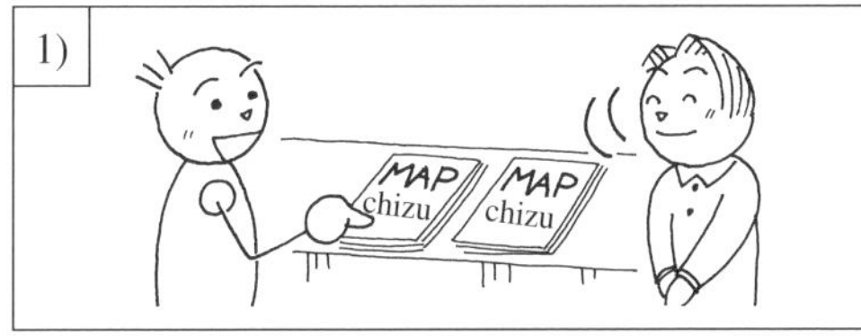

2)

2. A : Anō, ii haisha o shitte imasu ka.
   B : Ē.
   A : Sumimasen ga, oshiete kudasai.
   B : Ii desu yo.

1)

2)

3. A : Minasan, konnichiwa. "Minna no intabyū" no jikan desu. O-namae wa?
   B : Mirā desu. Amerika kara kimashita.
   A : O-shigoto wa?
   B : Kaishain desu. Konpyūtā-sofuto no kaisha de hataraite imasu.
   A : Yoroshiku onegai-shimasu.

Amerika

Mirā

1)

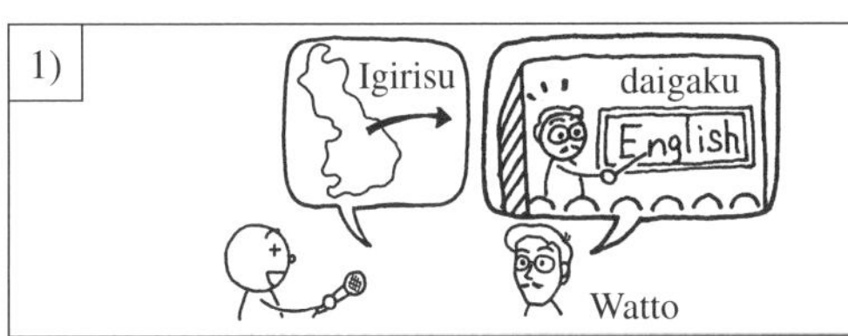

2)

Mondai

CD54 1. 1) ____________________

2) ____________________

3) ____________________

4) ____________________

5) ____________________

15

CD55 2. 1) (　　) 2) (　　) 3) (　　) 4) (　　) 5) (　　)

3.

Rei : tabete	tabemasu	5) karite	
1) yasunde		6) mukaete	
2) shokuji-shite		7) matte	
3) kite		8) hanashite	
4) kaite		9) tomete	

4. Rei : Ashita yasumitai desu. → Ashita yasunde mo ii desu ka.

1) Tabako o suitai desu. →

2) Bijutsukan de shashin o toritai desu. →

3) Kono katarogu ga hoshii desu. →

5. Rei : Mō kaette mo ii desu ka.

……Sumimasen, chotto (matte) kudasai.

tabemasu	tsukaimasu	~~machimasu~~	shimasu

1) Ano heya o tsukatte mo ii desu ka.

……Sumimasen, ima kaigi o (　　　　) imasu kara.

2) Koko de shokuji-shite mo ii desu ka.

……Sumimasen, soto de (　　　　) kudasai.

3) Kono panchi, karite mo ii desu ka.

……Sumimasen, ima (　　　　) imasu kara.

6. Rei : Erebētā de asonde imasu.

→ Erebētā de asonde wa ikemasen.

1) Toshokan de tabemono o tabete imasu. →
2) Shiken desu. Tonari no hito to hanashite imasu. →
3) Kōen de yakyū o shite imasu. →

7. Rei : Mirā-san wa IMC de (hataraite) imasu.

mochimasu	tsukurimasu	~~hatarakimasu~~	kekkon-shimasu	sumimasu

1) Mirā-san wa Ōsaka ni ( ) imasu.
2) IMC wa konpyūtā-sofuto o ( ) imasu.
3) Mirā-san wa ( ) imasen. Dokushin desu.
4) Mirā-san wa pasokon o ( ) imasu.

8. Watashi wa dare desu ka

Watashi wa totemo samui tokoro ni sunde imasu. Watashi wa akai fuku ga suki desu. Akai fuku wa atatakai desu. Watashi wa 1-nen ni 1-nichi dake hatarakimasu. 12-gatsu ni-ju yokka desu. Ni-ju yokka no yoru sutekina purezento o kodomo ni agemasu.

Watashi wa dokushin desu. Kodomo ga imasen ga, kodomo ga suki desu. Kodomo wa minna watashi o shitte imasu. Soshite, 12-gatsu ni-ju yokka no yoru watashi no purezento o matte imasu. Watashi no shigoto wa totemo tanoshii desu.

Rei : Kono hito no uchi wa donna tokoro ni arimasu ka.

……Samui tokoro ni arimasu.

1) Kono hito wa kekkon-shite imasu ka. ……
2) Kono hito wa itsu shigoto o shimasu ka. ……
3) Kono hito wa 12-gatsu ni-ju yokka no yoru ni nani o shimasu ka. ……
4) Kono hito no namae o shitte imasu ka. ……

Dai 16 ka

Bunkei

1. Asa jogingu o shite, shawā o abite, kaisha e ikimasu.
2. Konsāto ga owatte kara, resutoran de shokuji-shimashita.
3. Ōsaka wa tabemono ga oishii desu.
4. Kono heya wa hirokute, akarui desu.

Reibun

1. Kinō nani o shimashita ka.
   ……Toshokan e itte, hon o karite, sorekara tomodachi ni aimashita.
2. Daigaku made dōyatte ikimasu ka.
   ……Kyōto-eki kara 16-ban no basu ni notte, Daigaku-mae de orimasu.
3. Ima kara Ōsakajō o kengaku-shimasu ka.
   ……Iie. Hirugohan o tabete kara, kengaku-shimasu.
4. Maria-san wa dono hito desu ka.
   ……Ano kami ga nagai hito desu.
5. Tarō-chan no jitensha wa dore desu ka.
   ……Ano aokute, atarashii jitensha desu.
6. Nara wa donna machi desu ka.
   ……Shizuka de, kireina machi desu.
7. Ano hito wa dare desu ka.
   ……Karina-san desu. Indoneshia-jin de, Fuji-daigaku no ryūgakusei desu.

CD56 Kaiwa

Tsukai-kata o oshiete kudasai

Maria : Sumimasen ga, chotto tsukai-kata o oshiete kudasai.

Ginkōin : O-hikidashi desu ka.

Maria : Sō desu.

Ginkōin : Ja, mazu koko o oshite kudasai.

Maria : Hai.

Ginkōin : Tsugi ni kyasshu-kādo o koko ni irete, anshō-bangō o oshite kudasai.

Maria : Hai.
Oshimashita.

Ginkōin : Ja, kingaku o oshite kudasai.

Maria : 5-man-en desu ga, 5…….

Ginkōin : Kono "man" "en" o oshimasu.
Sorekara kono "kakunin"-botan o oshite kudasai.

Maria : Hai. Dōmo arigatō gozaimashita.

Renshū A

1.

Ashita Kōbe e	itte,	eiga o	mite,	kaimono-shimasu.
Kinō no ban hon o	yonde,	CD o	kiite,	nemashita.
Nichi-yōbi 10-ji goro	okite,		sanpo-shite,	shokuji-shimasu.

2.

Uchi e	kaette	kara,	bangohan o tabemasu.
Denwa o	kakete		tomodachi no uchi e ikimasu.
Shigoto ga	owatte		oyogi ni ikimashita.

3.

Karina-san wa	se	ga	takai	desu.
	me		ōkii	
	kami		mijikai	

4.

Mirā-san wa		wakakute,	genki desu.
	atama ga	yokute,	omoshiroi desu.
		hansamu de,	shinsetsu desu.
		28-sai de,	dokushin desu.

Renshū B

1. Rei : nichi-yōbi Umeda e ikimasu ・ tomodachi ni aimasu

   → Nichi-yōbi Umeda e itte, tomodachi ni aimasu.

   1) hiru 1-jikan yasumimasu ・ gogo 5-ji made hatarakimasu →
   2) Kyōto-eki kara JR ni norimasu ・ Ōsaka de chikatetsu ni norikaemasu →
   3) shiyakusho to ginkō e ikimashita ・ uchi e kaerimashita →
   4) sandoitchi o kaimashita ・ kōen de tabemashita →

16

2. Rei : → 6-ji ni okite, sanpo-shite, sorekara asagohan o tabemashita.

   1) → 2) → 3) →

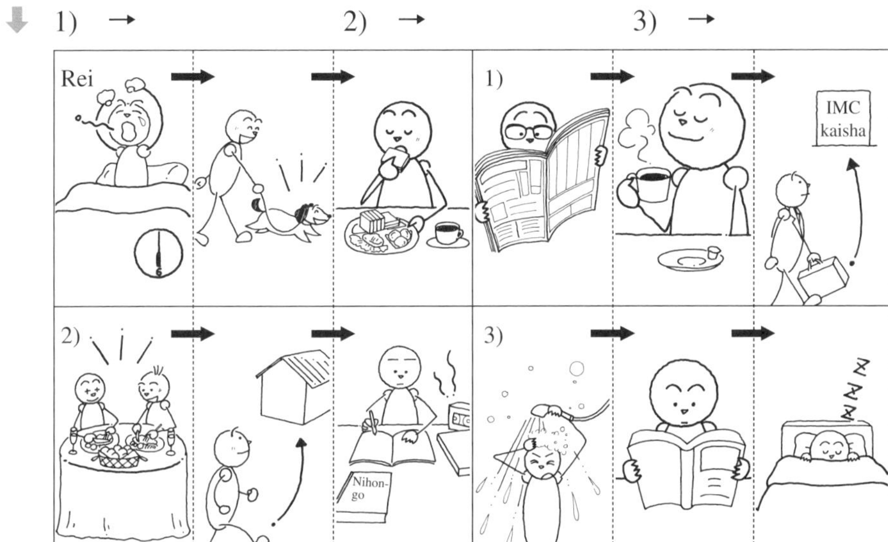

3. Rei : denwa o kakemasu ・ tomodachi no uchi e ikimasu

   → Denwa o kakete kara, tomodachi no uchi e ikimasu.

   1) okane o oroshimasu ・ kaimono ni ikimasu →
   2) kinō shigoto ga owarimashita ・ nomi ni ikimashita →
   3) Nihon e kimashita ・ Nihon-go no benkyō o hajimemashita →
   4) okane o iremasu ・ botan o oshite kudasai →

4. Rei : Mō repōto o dashimashita ka. (mō ichido yomimasu)

   → Iie, mada desu. Mō ichido yonde kara, dashimasu.

   1) Mō hirugohan o tabemashita ka. (kono shigoto ga owarimasu) →
   2) Mō IMC ni denwa-shimashita ka. (mēru o okurimasu)
   3) Mō kaigi no shiryō o kopii-shimashita ka. (Matsumoto-san ni misemasu) →
   4) Mō Pawā-denki e ikimashita ka. (gogo no kaigi ga owarimasu) →

5. Rei : yuki・ōi → Hokkaidō wa yuki ga ōi desu.
   1) hito・sukunai →
   2) fuyu・nagai →
   3) tabemono・oishii →
   4) yuki-matsuri・yūmei →

6. Rei 1 : kono kamera・ōkii・omoi → Kono kamera wa ōkikute, omoi desu.
   Rei 2 : Watto-san・shinsetsu・suteki
   → Watto-san wa shinsetsu de, suteki desu.
   1) watashi no heya・semai・kurai →
   2) Okinawa no umi・aoi・kirei →
   3) Tōkyō・nigiyaka・omoshiroi →
   4) Watto-san・45-sai・dokushin →

7. Rei 1 : Nara wa donna machi desu ka. (midori ga ōi・shizuka)
   → Midori ga ōkute, shizukana machi desu.
   Rei 2 : Kinō no pātii wa dō deshita ka. (nigiyaka・tanoshii)
   → Nigiyaka de tanoshikatta desu.
   1) Mirā-san wa donna hito desu ka. (atama ga ii・omoshiroi) →
   2) Santosu-san wa donna hito desu ka. (genki・shinsetsu) →
   3) Ryō no heya wa dō desu ka. (hiroi・akarui) →
   4) Hoteru wa dō deshita ka. (shizuka・sābisu ga ii) →

8. Rei 1 : Maria-san wa dono hito desu ka. (kami ga nagai・kirei)
   → Ano kami ga nagakute, kireina hito desu.
   Rei 2 : Maria-san no kaban wa dore desu ka. (shiroi・ōkii)
   → Ano shirokute, ōkii kaban desu.
   1) Mirā-san wa dono hito desu ka.
      (wakai・se ga takai) →
   2) Watto-san wa dono hito desu ka.
      (dansu ga jōzu・suteki) →
   3) Mirā-san no kaban wa dore desu ka. →
      (kuroi・furui) →
   4) Karina-san no kaban wa dore desu ka.
      (akai・chiisai) →

Renshū C

1. A : Kinō wa dokoka ikimashita ka.
   B : Ē, Kyōto e ikimashita.
   A : Sō desu ka. Kyōto de nani o shimashita ka.
   B : Tomodachi ni atte, shokuji-shite,
   sorekara o-tera o mimashita.

2. A : Nihon-go ga jōzu desu ne.
   Donokurai benkyō-shimashita ka.
   B : 1-nen gurai desu.
   Nihon e kite kara, hajimemashita.
   A : Sō desu ka. Sugoi desu ne.
   B : Iie, madamada desu.

3. A : Indoneshia no Bandon kara kimashita.
   B : Bandon? Donna tokoro desu ka.
   A : Sō desu ne. Midori ga ōkute, kireina tokoro desu.
   B : Sō desu ka.

Mondai

CD57 1. 1) ____________________

2) ____________________

3) ____________________

4) ____________________

5) ____________________

16

CD58 2. 1) ①

Ōsaka chikatetsu JR uchi kaisha

② Ōsaka basu JR uchi kaisha

③ Ōsaka chikatetsu uchi kaisha

① ② ③

CD59 3. 1) ( ) 2) ( ) 3) ( )

4. Rei : Mado o (shimete), denki o keshite, nemashita.

~~shimemasu~~ oroshimasu norimasu abimasu ikimasu norikaemasu

1) Depāto e ( ), kaimono-shite, sorekara eiga o mimasu.
2) Ginkō de okane o ( ) kara, kaimono ni ikimasu.
3) Kōshien kara densha ni ( ), Umeda de chikatetsu ni ( ), Nipponbashi de orimasu.
4) Shawā o ( ) kara, pūru ni haitte kudasai.

5. Rei : Nara wa midori ga (ōkute), kireina machi desu.

ii desu	~~ōi desu~~	karui desu	nigiyaka desu	gakusei desu

1) Karina-san wa Fuji-daigaku no ( ), bijutsu o benkyō-shite imasu.
2) Satō-san wa atama ga ( ), sutekina hito desu.
3) Atarashii pasokon wa ( ), benri desu.
4) Tōkyō wa ( ), omoshiroi machi desu.

6. Rei : Mirā-san wa se (ga) takai desu.
1) Kuni e kaette kara, daigaku ( ) haitte, keizai no kenkyū o shimasu.
2) Ōsaka-eki kara JR ( ) notte, Kyōto-eki ( ) orimasu.
3) Kyōto de furui o-tera ( ) kengaku-shimashita.
4) Nihon wa yama ( ) ōi desu.
5) Hokkaidō wa kirei de, tabemono ( ) oishii desu.
6) Koko ( ) okane ( ) irete kudasai.
7) Jogingu o shite, shawā ( ) abite, gakkō e ikimasu.
8) Daigaku ( ) dete kara, chichi no kaisha ( ) hatarakimashita.

7. Ōsaka, Kōbe, Kyōto, Nara

Ōsaka wa ōkikute, nigiyakana machi desu. Omoshiroi hito ga ōkute, tabemono ga oishii desu.

Kōbe to Kyōto to Nara wa Ōsaka kara chikai desu. Yottsu no machi no naka de Nara ga ichiban furui desu. Nara to Kyōto wa furui o-tera ya jinja ga ōi desu kara, gaikokujin mo asobi ni kimasu.

Kōbe wa sutekina machi desu. Mae ni umi ga atte, ushiro ni yama ga arimasu.

Wakai hito wa Kōbe ga suki desu.

Rei : Omoshiroi hito ga takusan imasu. (Ōsaka)
1) Chikaku ni yama to umi ga arimasu. ( )
2) Furui o-tera ya jinja ga takusan arimasu. ( )
3) Ichiban furui machi desu. ( )
4) Tabemono ga oishikute, nigiyaka desu. ( )

Fukushū D

1. Rei : Mirā-san wa Kimura-san (ni) denwa (o) kakete imasu.
   1) Watashi wa pasokon (   ) motte imasu ga, atarashii pasokon (   ) hoshii desu. Pawā-denki no pasokon (   ) kaitai desu.
   2) Kyō wa ame (   ) futte imasu ga, Nipponbashi (   ) pasokon o kai (   ) ikimasu. Sorekara resutoran (   ) shokuji-shimasu.
   3) Watashi wa kyonen Indoneshia no daigaku (   ) dete, Nihon (   ) bijutsu (   ) benkyō (   ) kimashita.
   4) Ima Nara (   ) sunde imasu. Nara wa o-tera (   ) ōkute, kirei desu. Maiasa kōen o sanpo-shite kara, daigau e ikimasu. Daigaku de Nihon no e (   ) kaki-kaka (   ) narrate imasu.
   5) Daigaku made dōyatte ikimasu ka. ……Kōen-mae (   ) 7-ban no basu (   ) notte, Daigaku-mae (   ) orimasu.
   6) Kinō benkyō (   ) owatte kara, nani o shimashita ka.
      ……Kissaten (   ) haitte, tomodachi (   ) hanashimashita.

2.

Rei : kaimasu	Rei : katte	yobimasu			abite
ikimasu			nonde	karimasu	
	isoide	kaerimasu		shimasu	
kashimasu		iremasu			sanpo-shite
	matte		ite	kimasu	

3. Rei : Chotto yasumimasen ka.
   ……(ⓐ. Ē, yasumimashō b. Ē, yasumimasen).
   1) Koko ni (a. suwarimashō ka b. suwatte mo ii desu ka).
      ……Ē, dōzo.
   2) Atsui desu ne. Eakon o tsukemashō ka.
      ……(a. Ē, tsukemasu b. Ē, tsukete kudasai).
   3) Kaigi o hajimemashō. A, Satō-san wa?
      ……Satō-san wa ima kopii o (a. shimasu b. shite imasu).
   4) Kaigi ga owarimashita ne. Shokuji ni ikimasen ka.
      ……Sumimasen. (a. Mēru o okutte kara
      b. Mēru o okutte), ikimasu.
   5) Ii resutoran o (a. shitte imasu ka b. shirimasu ka).
      ……Iie, (a. shitte imasen b. shirimasen).

4. Rei : Ima ikimasu kara, chotto (matte) kudasai.

1) Kono jisho o ( ) mo ii desu ka.
……Sumimasen. Ima ( ) imasu.

2) Kono kami ni namae o ( ) kudasai.
……Bōrupen ga arimasen. Sumimasen ga, ( ) kudasai.
Hai, dōzo.

3) Ii tenki desu ne. Dokoka ( ) ni
( ) masen ka. ……Ii desu ne. Sō shimashō.

asobimasu	ikimasu	kakimasu	kashimasu
karimasu	shimasu	tsukaimasu	~~machimasu~~

4) Chotto samui desu ne. Mado o ( ) mashō ka.
……Onegai-shimasu.

5) Wan-san wa ( ) imasu ka.
……Iie, dokushin desu. Ima hitori de Kōbe ni ( ) imasu.
O-shigoto wa? ……Isha desu. Kōbe-byōin de ( ) imasu.

6) Mō hirugohan o ( ) ka.
……Iie, mada desu. Tōkyō ni mēru o ( ) kara,
soto e ( ) ni ikimasu.

akemasu	okurimasu	kekkon-shimasu	shimemasu
shokuji-shimasu	sumimasu	tabemasu	hatarakimasu

7) Indoneshia no Bandon kara kimashita. ……Bandon? Donna tokoro desu ka.
Bandon wa midori ga ( ), ( )
machi desu.

8) E no sensei wa donna hito desu ka. ……Uta ga ( ),
itsumo ( ) hito desu.

ōi	karai	kirei	genki	jōzu

9) Ryokō wa dō deshita ka.
……Tenki ga ( ), totemo ( ).

10) Hoteru wa dō deshita ka.
……Heya ga ( ), amari ( ).

ii	semai	tanoshii	kantan	shizuka

D

Dai 17 ka

Bunkei

1. Shashin o toranai de kudasai.
2. Pasupōto o misenakereba narimasen.
   (misenai to ikemasen)
3. Nichi-yōbi wa hayaku okinakute mo ii desu.

Reibun

1. Soko ni kuruma o tomenai de kudasai.
   ……Sumimasen.

2. Mō 12-ji desu yo. Hitori de daijōbu desu ka.
   ……Ē, shinpai-shinai de kudasai. Takushii de kaerimasu kara.

3. Konban nomi ni ikimasen ka.
   ……Sumimasen. Ashita kara Honkon e shutchō-shinakereba narimasen. Desukara, hayaku kaerimasu.

4. Kodomo mo okane o harawanakereba narimasen ka.
   ……Iie, harawanakute mo ii desu.

5. Repōto wa itsu made ni dasanakereba narimasen ka.
   ……Kin-yōbi made ni dashite kudasai.

CD60 **Kaiwa**

Dō shimashita ka

Isha : Dō shimashita ka.

Matsumoto : Kinō kara nodo ga itakute, netsu mo sukoshi arimasu.

Isha : Sō desu ka. Chotto kuchi o akete kudasai.

....

Isha : Kaze desu ne. 2, 3-nichi yukkuri yasunde kudasai.

Matsumoto : Anō, ashita kara Tōkyō e shutchō-shinakereba narimasen.

Isha : Ja, kyō wa kusuri o nonde, hayaku nete kudasai.

Matsumoto : Hai.

Isha : Sorekara konban wa o-furo ni hairanai de kudasai ne.

Matsumoto : Hai, wakarimashita.

Isha : Ja, odaiji ni.

Matsumoto : Dōmo arigatō gozaimashita.

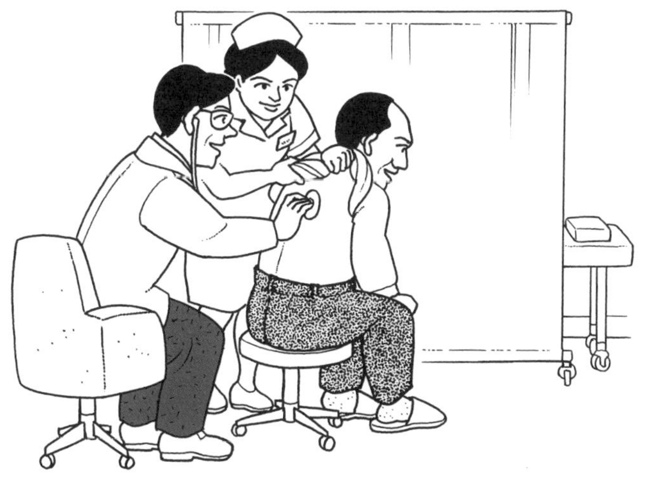

Renshū A

1.

	masu-kei			nai-kei		
I	su	i	masu	su	wa	nai
	i	ki	masu	i	ka	nai
	iso	gi	masu	iso	ga	nai
	hana	shi	masu	hana	sa	nai
	ma	chi	masu	ma	ta	nai
	yo	bi	masu	yo	ba	nai
	no	mi	masu	no	ma	nai
	kae	ri	masu	kae	ra	nai

	masu-kei		nai-kei	
II	tabe	masu	tabe	nai
	ire	masu	ire	nai
	i	masu	i	nai
	oki	masu	oki	nai
	abi	masu	abi	nai
	mi	masu	mi	nai
	kari	masu	kari	nai
	ori	masu	ori	nai

	masu-kei			nai-kei		
III		ki	masu		ko	nai
		shi	masu		shi	nai
	shinpai-	shi	masu	shinpai-	shi	nai

17

2.

Tabako o	suwa	nai de kudasai.
Koko ni	haira	
Kasa o	wasure	
	Shinpai-shi	

3.

Hon o	kaesa	nakereba narimasen.
Kusuri o	noma	
	Zangyō-shi	

4.

Namae o	kaka	nakute mo ii desu.
Kutsu o	nuga	
Ashita	ko	

5.

Repōto	wa	ashita kakimasu.
Shiryō		mēru de okutte kudasai.
Kopii		Matsumoto-san ni misenakereba narimasen.

Renshū B

1. Rei : koko ni → Koko ni jitensha o okanai de kudasai.

1) koko ni → 2) koko ni →

3) koko de → 4) koko de →

17

2. Rei : kin'en desu・tabako o suimasen

→ Kin'en desu kara, tabako o suwanai de kudasai.

1) abunai desu・oshimasen →

2) taisetsuna shiryō desu・nakushimasen →

3) toshokan no hon desu・nani mo kakimasen →

4) daijōbu desu・shinpai-shimasen →

3. Rei : hayaku uchi e kaerimasu → Hayaku uchi e kaeranakereba narimasen.

1) ashita byōin e ikimasu →

2) pasupōto o misemasu →

3) maiasa 5-ji ni okimasu →

4) do-yōbi made ni hon o kaeshimasu →

4. Rei : nan-ji made ni ryō e kaerimasu ka (12-ji)

→ Nan-ji made ni ryō e kaeranakereba narimasen ka.

……12-ji made ni kaeranakereba narimasen.

1) nan-yōbi made ni sono hon o kaeshimasu ka (sui-yōbi) →

2) nan-mai repōto o kakimasu ka (15-mai) →

3) 1-nichi ni nan-kai kusuri o nomimasu ka (3-kai) →

4) mainichi ikutsu kanji o oboemasu ka (muttsu) →

5. Rei : takushii o yobimasen → Takushii o yobanakute mo ii desu.
   1) isogimasen →
   2) kyō wa shokuji o tsukurimasen →
   3) ashita wa byōin e kimasen →
   4) kasa o motte ikimasen →

6. Rei 1 : yōji ga arimasu・dekakemasu
   → Yōji ga arimasu kara, dekakenakereba narimasen.
   Rei 2 : warui byōki ja arimasen・shinpai-shimasen
   → Warui byōki ja arimasen kara, shinpai-shinakute mo ii desu.
   1) netsu ga arimasu・byōin e ikimasu →
   2) ashita wa yasumi desu・hayaku okimasen →
   3) kaisha no hito wa Eigo ga wakarimasen・Nihon-go de hanashimasu →
   4) amari atsukunai desu・eakon o tsukemasen →

7. Rei 1 : Koko de kutsu o nuganakereba narimasen ka. (hai)
   → Hai, nuganakereba narimasen.
   Rei 2 : Repōto o dasanakereba narimasen ka. (iie)
   → Iie, dasanakute mo ii desu.
   1) Pasupōto o motte ikanakereba narimasen ka. (hai) →
   2) Namae o kakanakereba narimasen ka. (iie) →
   3) Ima okane o harawanakereba narimasen ka. (hai) →
   4) Ashita mo konakereba narimasen ka. (iie) →

8. Rei : Koko ni <u>nimotsu o</u> oite mo ii desu ka. (asoko)
   → Nimotsu wa asoko ni oite kudasai.
   1) Bōrupen de <u>kotae o</u> kaite mo ii desu ka. (enpitsu) →
   2) Koko de <u>tabako o</u> sutte mo ii desu ka. (soto) →
   3) Koko de <u>okane o</u> harawanakereba narimasen ka. (uketsuke) →
   4) Ashita mo <u>hokenshō o</u> motte konakereba narimasen ka. (raigetsu) →

Renshū C

1. A : Hai, owarimashita yo.
   2, 3-nichi o-furo ni hairanai de kudasai ne.
   B : Hai, wakarimashita. Arigatō gozaimashita.

17

2. A : Hirugohan o tabe ni ikimasen ka.
   B : Sumimasen.
   Korekara byōin e ikanakereba narimasen.
   A : Sō desu ka. Ja, mata.

3. A : Namae o kaite kudasai.
   Jūsho wa kakanakute mo ii desu.
   B : Hai.

Mondai

CD61 1. 1) ______

2) ______

3) ______

4) ______

5) ______

CD62 2. 1) ( ) 2) ( ) 3) ( ) 4) ( ) 5) ( )

17

3.

Rei : yomimasu	yomanai	8) wasuremasu	
1) ikimasu		9) oboemasu	
2) nugimasu		10) (6-ji ni) okimasu	
3) kaeshimasu		11) karimasu	
4) mochimasu		12) mimasu	
5) yobimasu		13) shimasu	
6) hairimasu		14) shinpai-shimasu	
7) haraimasu		15) (Nihon e) kimasu	

4. Rei : Koko wa kin'en desu kara, tabako o (suwanai de) kudasai.

akemasu ikimasu shinpai-shimasu ~~suimasu~~ nakushimasu hairimasu

1) Abunai desu kara, sochira e ( ) kudasai.
2) Kono shiryō wa taisetsu desu kara, ( ) kudasai.
3) Samui desu kara, mado o ( ) kudasai.
4) Netsu ga arimasu kara, o-furo ni ( ) kudasai.
5) Ryō no seikatsu wa tanoshii desu kara, ( ) kudasai.

5. Rei 1 : Kaisha o yasumimasu kara, denwa o (kakemasu → kakenakereba narimasen).

   Rei 2 : Do-yōbi wa yasumi desu kara, kaisha e (ikimasu → ikanakute mo ii desu).

   1) Niku ya sakana wa reizōko ni (iremasu →).
   2) Ashita wa byōin e (kimasu →).
      Asatte kite kudasai.
   3) Nihon no uchi de kutsu o (nugimasu →).
   4) Hon o (kaeshimasu →) kara,
      korekara toshokan e ikimasu.
   5) Repōto wa kyō (dashimasu →).
      Raishū no getsu-yōbi made ni dashite kudasai.

6.

Nihon-go no shiken

12-gatsu kokonoka (getsu-yōbi) gozen 9 : 00 ~ 12 : 00

① 8-ji 40-pun made ni kyōshitsu ni haitte kudasai.

② Tsukue no bangō o mite, anata no bangō no tokoro ni suwatte kudasai.

③ Enpitsu to keshigomu dake tsukue no ue ni oite kudasai.

④ "Mondai" wa zenbu de 9-mai arimasu. Ichiban ue no kami ni anata no bangō to namae o kaite kudasai.

⑤ Kotae wa enpitsu de kaite kudasai. Bōrupen wa tsukawanai de kudasai.

1) ( ) 8-ji 40-pun made ni kyōshitsu e konakereba narimasen.
2) ( ) Tsukue no bangō o kakunin-shite kara, suwarimasu.
3) ( ) Tsukue no ue ni kaban o oite mo ii desu.
4) ( ) " Mondai" no kami ni anata no bangō wa kakanakute mo ii desu.
5) ( ) Kotae wa enpitsu de kakanakereba narimasen.

Dai 18 ka

Bunkei

1. Mirā-san wa kanji o yomu koto ga dekimasu.
2. Watashi no shumi wa eiga o miru koto desu.
3. Neru mae ni, nikki o kakimasu.

Reibun

1. Kuruma no unten ga dekimasu ka.
   ······Hai, dekimasu.

2. Maria-san wa jitensha ni noru koto ga dekimasu ka.
   ······Iie, dekimasen.

3. Ōsakajō wa nan-ji made kengaku ga dekimasu ka.
   ······5-ji made desu.

4. Kādo de harau koto ga dekimasu ka.
   ······Sumimasen ga, genkin de onegai-shimasu.

5. Shumi wa nan desu ka.
   ······Furui tokei o atsumeru koto desu.

6. Nihon no kodomo wa gakkō ni hairu mae ni, hiragana o oboenakereba narimasen ka.
   ······Iie, oboenakute mo ii desu.

7. Shokuji no mae ni, kono kusuri o nonde kudasai.
   ······Hai, wakarimashita.

8. Itsu kekkon-shimashita ka.
   ······3-nen mae ni, kekkon-shimashita.

CD63 Kaiwa

Shumi wa nan desu ka

Yamada : Santosu-san no shumi wa nan desu ka.

Santosu : Shashin desu.

Yamada : Donna shashin o torimasu ka.

Santosu : Dōbutsu no shashin desu. Tokuni uma ga suki desu.

Yamada : Hē, sore wa omoshiroi desu ne.
Nihon e kite kara, uma no shashin o torimashita ka.

Santosu : Iie.
Nihon de wa nakanaka uma o miru koto ga dekimasen.

Yamada : Hokkaidō ni uma ga takusan imasu yo.

Santosu : Hontō desu ka.
Ja, natsu-yasumi ni zehi ikitai desu.

Renshū A

1.

	masu-kei			jisho-kei	
I	ka	i	masu	ka	u
	ka	ki	masu	ka	ku
	oyo	gi	masu	oyo	gu
	hana	shi	masu	hana	su
	ta	chi	masu	ta	tsu
	yo	bi	masu	yo	bu
	yo	mi	masu	yo	mu
	hai	ri	masu	hai	ru

	masu-kei		jisho-kei	
II	ne	masu	ne	ru
	tabe	masu	tabe	ru
	oki	masu	oki	ru
	mi	masu	mi	ru
	kari	masu	kari	ru

	masu-kei			jisho-kei	
III		ki	masu		kuru
		shi	masu		suru
	unten-	shi	masu	unten-	suru

18

2. Mirā-san wa

	Nihon-go		ga dekimasu.
	kuruma no unten		
kanji o	yomu	koto	
piano o	hiku	koto	

3. Koko de

	kopii		ga dekimasu.
	hoteru no yoyaku		
kippu o	kau	koto	
okane o	kaeru	koto	

4. Watashi no shumi wa

	supōtsu		desu.
	ryokō		
dōbutsu no shashin o	toru	koto	
uma ni	noru	koto	

5.

	Neru	mae ni,	hon o yomimasu.
Nihon e	kuru		Nihon-go o benkyō-shimashita.
	Shokuji no		te o araimasu.
	Kurisumasu no		purezento o kaimasu.
	5-nen		Nihon e kimashita.

Renshū B

1. Rei : tenisu → Mirā-san wa tenisu ga dekimasu.

   1) unten → 2) ryōri →

   3) sakkā → 4) dansu →

2. Rei 1 : → Hiragana o kaku koto ga dekimasu ka.

   ······Hai, dekimasu.

   Rei 2 : → Kanji o yomu koto ga dekimasu ka.

   ······Iie, dekimasen.

   1) → 2) → 3) → 4) →

3. Rei : donna gaikokugo o hanashimasu ka (Eigo)

   → Donna gaikokugo o hanasu koto ga dekimasu ka.

   ······Eigo o hanasu koto ga dekimasu.

   1) nan-mētoru gurai oyogimasu ka (100-mētoru gurai) →
   2) donna ryōri o tsukurimasu ka (tenpura) →
   3) kanji o ikutsu kakimasu ka (50 gurai) →
   4) Nihon no uta de nani o utaimasu ka ("Furusato") →

4. Rei 1 : kono kōen de sakkā (hai)

   → Kono kōen de sakkā ga dekimasu ka.

   ······Hai, dekimasu.

   Rei 2 : Kādo de haraimasu (iie)

   → Kādo de harau koto ga dekimasu ka.

   ······Iie, dekimasen.

   1) ryō no heya de ryōri (iie) →
   2) intānetto de hoteru no yoyaku (hai) →
   3) toshokan de jisho o karimasu (iie) →
   4) hoteru kara basu de kūkō e ikimasu (hai) →

5. Rei : doko de yasui kamera o kaimasu ka (Akihabara)

→ Doko de yasui kamera o kau koto ga dekimasu ka.

……Akihabara de kau koto ga dekimasu.

1) kono kuruma ni nan-nin norimasu ka (8-nin) →

2) itsu Hokkaidō de sakura o mimasu ka (5-gatsu) →

3) nan-nichi hon o karimasu ka (2-shūkan) →

4) nan-ji kara nan-ji made kaigishitsu o tsukaimasu ka (9-ji・6-ji) →

6. Rei : → Shumi wa nan desu ka.

……E o kaku koto desu.

1) → 2) → 3) → 4) →

7. Rei : → Neru mae ni, oinori o shimasu.

1) → 2) → 3) → 4) →

8. Rei : kono kusuri o nomimasu (nemasu) → Itsu kono kusuri o nomimasu ka.

……Neru mae ni, nomimasu.

1) jogingu o shimasu (kaisha e ikimasu) →

2) sono kamera o kaimashita (Nihon e kimasu) →

3) shiryō o kopii-shimasu (kaigi) →

4) kuni e kaerimasu (Kurisumasu) →

5) Nihon e kimashita (5-nen) →

6) nimotsu o okurimashita (mikka) →

Renshū C

1. A： Anō, koko de tabako o suu koto ga dekimasu ka.
   B： Sumimasen. Soto de onegai-shimasu.
   A： Wakarimashita.

2. A： Shumi wa nan desu ka.
   B： Eiga o miru koto desu.
   A： Donna eiga o mimasu ka.
   B： Furansu-eiga desu.
   A： Sō desu ka.

3. A： Kono shiryō, kopii-shimashō ka.
   B： A, chotto matte kudasai.
   Kopii-suru mae ni,
   buchō ni misete kudasai.
   A： Hai.

Mondai

CD64 1. 1) ______________________

2) ______________________

3) ______________________

4) ______________________

5) ______________________

CD65 2. 1) (　　　) 2) (　　　) 3) (　　　) 4) (　　　) 5) (　　　)

3.

Rei： oyogimasu	oyogu	8) atsumemasu	
1) hikimasu		9) sutemasu	
2) hanashimasu		10) mimasu	
3) mochimasu		11) abimasu	
4) asobimasu		12) shimasu	
5) nomimasu		13) unten-shimasu	
6) hairimasu		14) (Nihon e) kimasu	
7) utaimasu		15) motte kimasu	

4. Rei： Watashi wa piano o (hiku) koto ga dekimasu.

kakimasu	kaemasu	norimasu	~~hikimasu~~	yoyaku-shimasu

1) Watashi wa jitensha ni (　　　　) koto ga dekimasen.
2) Denwa de hikōki no chiketto o (　　　　) koto ga dekimasu.
3) Shumi wa e o (　　　　) koto desu.
4) Doko de okane o (　　　　) koto ga dekimasu ka.

5. Rei 1： Tomodachi no uchi e (ikimasu → iku mae ni), denwa o kakemasu.

Rei 2： Shigoto ga (owarimasu → owatte kara), nomi ni ikimasu.

1) Asa uchi de kōhii o (nomimasu → 　　　　), kaisha e ikimasu.
2) Ryōri o (hajimemasu → 　　　　), te o araimasu.
3) Yoru (nemasu → 　　　　), nikki o kakimasu.

4) Ginkō de okane o (oroshimasu →), kaimono ni ikimashita.

6. Rei : 100-mētoru (×) oyogu koto (ga) dekimasu.

1) Kuruma ( ) unten ( ) dekimasu.
2) Kanji ( ) 50 gurai kaku koto ( ) dekimasu.
3) Kaigi ( ) mae ni, shiryō o kopii-shinakereba narimasen.
4) 2-nen ( ) mae ni, daigaku o demashita.

7. Kodomo-toshokan

Hon no kari-kata
- Uketsuke de kādo o tsukutte kudasai.
- Uketsuke e hon o motte kite, kādo o misete kudasai.
- Hon wa 2-shūkan kariru koto ga dekimasu.
- Jisho to shinbun to atarashii zasshi wa kariru koto ga dekimasen.

Kopii ga dekimasu. (1-mai 10-en)
- Toshokan no hon o kopii-suru koto ga dekimasu.
- Kopii wa uketsuke de shimasu kara, hon o uketsuke e motte kite kudasai.

Kyō wa 4-gatsu futsuka desu. Terēza-chan ga shitsumon-shimasu. Oshiete kudasai.

Rei : Dōyatte hon o kariru koto ga dekimasu ka.
……Mazu kādo o tsukutte kudasai. Sorekara hon to kādo o uketsuke e motte kite kudasai.

1) Kyō hon o karimasu. Itsu made ni kaesanakereba narimasen ka. ……
2) Jisho o kariru koto ga dekimasu ka. ……
3) Hon o jibun de kopii-shite mo ii desu ka. ……
4) 4-mai kopii-shimashita. Ikura desu ka. ……

Dai 19 ka

Bunkei

1. Sumō o mita koto ga arimasu.
2. Yasumi no hi wa tenisu o shitari, sanpo ni ittari shimasu.
3. Korekara dandan atsuku narimasu.

Reibun

1. Hokkaidō e itta koto ga arimasu ka.
   ……Hai, ichido arimasu. 2-nen mae ni, tomodachi to ikimashita.

2. Uma ni notta koto ga arimasu ka.
   ……Iie, ichido mo arimasen. Zehi noritai desu.

3. Fuyu-yasumi wa nani o shimashita ka.
   ……Kyōto no o-tera ya jinja o mitari, tomodachi to pātii o shitari shimashita.

4. Nihon de nani o shitai desu ka.
   ……Ryokō-shitari, ocha o narattari shitai desu.

5. Karada no chōshi wa dō desu ka.
   ……Okagesama de yoku narimashita.

6. Nihon-go ga jōzu ni narimashita ne.
   ……Arigatō gozaimasu. Demo, madamada desu.

7. Terēza-chan wa nan ni naritai desu ka.
   ……Isha ni naritai desu.

CD66 **Kaiwa**

Daietto wa ashita kara shimasu

Mina	:	Kanpai.
Matsumoto yoshiko	:	Maria-san, amari tabemasen ne.
Maria	:	Ē. Kinō kara daietto o shite imasu.
Matsumoto yoshiko	:	Sō desu ka. Watashi mo daietto o shita koto ga arimasu.
Maria	:	Donna daietto desu ka.
Matsumoto yoshiko	:	Mainichi ringo dake tabetari, mizu o takusan nondari shimashita. Demo, murina daietto wa karada ni yokunai desu ne.
Maria	:	Sō desu ne.
Matsumoto yoshiko	:	Maria-san, kono aisukuriimu, oishii desu yo.
Maria	:	Sō desu ka. ……. Daietto wa mata ashita kara shimasu.

19

Renshū A

1.

	masu-kei			ta-kei		
I	ka	ki	masu	ka	i	ta
	i	ki	masu	*i	t	ta
	iso	gi	masu	iso	i	da
	no	mi	masu	no	n	da
	yo	bi	masu	yo	n	da
	toma	ri	masu	toma	t	ta
	ka	i	masu	kat	t	ta
	ma	chi	masu	ma	t	ta
	hana	shi	masu	hana	shi	ta

	masu-kei		ta-kei	
II	tabe	masu	tabe	ta
	dekake	masu	dekake	ta
	oki	masu	oki	ta
	abi	masu	abi	ta
	deki	masu	deki	ta
	mi	masu	mi	ta

	masu-kei		ta-kei	
III	ki	masu	ki	ta
	shi	masu	shi	ta
	sentaku-shi	masu	sentaku-shi	ta

2.

Watashi wa	Okinawa e	itta	koto ga arimasu.
	Fujisan ni	nobotta	
	sushi o	tabeta	

3.

Maiban	terebi o	mita	ri,	hon o	yonda	ri shimasu.
	tegami o	kaita		ongaku o	kiita	
	Nihon-go o	benkyō-shita		pasokon de	asonda	

4.

Terēza-chan wa	se ga taka	ku	narimashita.
	genki	ni	
	10-sai	ni	

Renshū B

1. Rei : → Hiroshima e itta koto ga arimasu.

   1) → 2) → 3) → 4) →

19

2. Rei : karaoke ni ikimasu (iie)

   → Karaoke ni itta koto ga arimasu ka.

   ……Iie, arimasen.

   1) ocha o naraimasu (hai) →
   2) Tōkyō Sukaitsurii ni noborimasu (iie) →
   3) Nihon-jin no uchi ni tomarimasu (hai) →
   4) Indoneshia-ryōri o tabemasu (iie, ichido mo) →

3. Rei : nichi-yōbi → Nichi-yōbi wa sōji-shitari, sentaku-shitari shimasu.

   1) yoru → 2) yasumi no hi →
   3) kinō → 4) kyonen no natsu-yasumi →

4. Rei : Do-yōbi wa nani o shimasu ka. (sanpo-shimasu ・ e o kakimasu)

→ Sanpo-shitari, e o kaitari shimasu.

1) Yasumi no hi wa nani o shimasu ka.
(gorufu no renshū o shimasu ・ uchi de hon o yomimasu) →

2) Kyōto de nani o shimashita ka.
(o-tera o mimasu ・ Nihon-ryōri o tabemasu) →

3) Fuyu-yasumi wa nani o shitai desu ka.
(sukii ni ikimasu ・ tomodachi to pātii o shimasu) →

4) Shutchō no mae ni, nani o shinakereba narimasen ka.
(shiryō o tsukurimasu ・ hoteru o yoyaku-shimasu) →

19

5. Rei 1 : → Samuku narimashita.

Rei 2 : → Genki ni narimashita.

1) → 2) → 3) →

4) → 5) → 6) →

Renshū C

1. A : Fujisan ni nobotta koto ga arimasu ka.
   B : Ē, sengetsu noborimashita.
   A : Dō deshita ka.
   B : Tanoshikatta desu. Demo, taihen deshita.
   A : Sō desu ka.

2. A : Mōsugu natsu-yasumi desu ne.
   B : Ē.
   A : Natsu-yasumi wa nani o shimasu ka.
   B : Sō desu ne. Uma ni nottari,
   tsuri o shitari shitai desu.
   A : Ii desu ne.

3. A : Suzushiku narimashita ne.
   B : Ē. Mō aki desu ne.
   A : Kotoshi wa zehi
   momiji o mi ni ikitai desu ne.
   B : Sō desu ne.

Mondai

CD67 1. 1) ______
2) ______
3) ______
4) ______

CD68 2. 1) ( ) 2) ( ) 3) ( ) 4) ( ) 5) ( )

19

3.

Rei : kakimasu	kaita	8) norimasu	
1) ikimasu		9) keshimasu	
2) hatarakimasu		10) tabemasu	
3) oyogimasu		11) nemasu	
4) nomimasu		12) mimasu	
5) asobimasu		13) orimasu	
6) mochimasu		14) sanpo-shimasu	
7) kaimasu		15) kimasu	

4. Rei : Nihon wa hajimete desu ka.
……Iie, 3-nen mae ni, ichido (kita) koto ga arimasu.

sōji-shimasu	~~kimasu~~	kikimasu	kaimono ni ikimasu
kakimasu	mimasu	ikimasu	

1) Mirā-san, iki-kata ga wakarimasu ka.
……Ē, ichido ( ) koto ga arimasu kara, daijōbu desu.
2) Tarō-chan wa uchi no shigoto o tetsudaimasu ka.
……Ē, ( ) ri, ( ) ri shimasu yo.
3) Shumi wa nan desu ka.
……E o ( ) ri, ongaku o ( ) ri suru koto desu.
4) Kabuki wa omoshiroi desu ka.
……Wakarimasen. Kabuki wa ( ) koto ga arimasen kara.

5. Rei : (Atsuku) narimashita ne. Eakon o tsukemashō ka.

kirei	kurai	~~atsui~~	ame	nemui

1) Sōji-shimashita kara, heya ga ( ) narimashita.
2) Nihon wa fuyu 5-ji goro ( ) narimasu.
3) Mō 12-ji desu. ( ) narimashita.
4) Asa wa ii tenki deshita ga, gogo kara ( ) narimashita.

6. Rei : Mirā-san wa Nihon-go (ga) jōzu ni narimashita.
1) Okinawa e itta koto ( ) arimasu ka.
2) Kotoshi 18-sai ( ) narimasu.
3) Hoteru wa takai desu kara, tomodachi no uchi ( ) tomarimasu.
4) Tabako wa karada ( ) yokunai desu.

7. Fujisan

Fujisan o mita koto ga arimasu ka. Fujisan wa 3,776 mētoru de, Nihon de ichiban takai yama desu. Shizuoka-ken to Yamanashi-ken no aida ni arimasu. Fuyu wa yuki ga furimasu kara, shiroku narimasu. Natsu mo yama no ue ni yuki ga arimasu. 7-gatsu to 8-gatsu dake Fujisan ni noboru koto ga dekimasu. Natsu wa yama no ue ni yūbinkyoku ga arimasu kara, tegami o dashitari, denwa o kaketari suru koto ga dekimasu.

Natsu to aki, ii tenki no asa Fujisan wa akaku narimasu. Totemo kirei desu kara, Nihon-jin wa shashin o tottari, e o kaitari shimasu. Katsushika Hokusai no akai Fujisan no e wa yūmei desu.

○ desu ka, × desu ka.

8. Anata no kuni no yūmei na tokoro wa doko desu ka. Donna tokoro desu ka. Kaite kudasai.

Fukushū E

1. Rei：Byōin (e) ikimashita.

   1) A：2, 3-nichi o-furo (　　　) hairanai de kudasai ne.
      B：Hai. Anō, shawā o abite mo ii desu ka.
      A：Shawā (　　　) abite mo ii desu yo.

   2) A：Kusuri wa kore to kore desu.
      B：Hai.
      A：Kono shiroi kusuri (　　　) 1-nichi ni 3-kai
      shokuji (　　　) mae ni, nonde kudasai.

   3) A：Anō, kādo (　　　) harau koto (　　　) dekimasu ka.
      B：Hai, dekimasu yo.

   4) A：Fujisan (　　　) noboritai desu.
      B：7-gatsu to 8-gatsu ni noboru koto (　　　) dekimasu yo.
      A：Nobotta koto (　　　) arimasu ka.
      B：Ē, 5-nen mae (　　　), noborimashita.
      A：Doko (　　　) tomarimashita ka.
      B：Tomodachi no uchi desu.

   5) A：Raishū Fujisan e ikimasu.
      B：Sō desu ka. Daigaku wa mō natsu-yasumi (　　　) narimashita ka.
      A：Iie, raishū kara desu.

E

2.

Rei：kakanai	kakimasu	kaku	kaite	kaita
ikanai				
	isogimasu			
		nomu		
			asonde	
				totta
	kaimasu			
tatanai				
			hanashite	
	oboemasu			
		miru		
	benkyō-shimasu			
				kita

3. Rei : Piano o (hiite) imasu.

1) Shumi wa e o ( ) koto desu.

2) Yasumi no hi wa bijutsukan de e o ( ) ri, bijutsu no hon o ( ) ri shimasu.

3) Yamato-bijutsukan e 3-kai ( ) koto ga arimasu.

4) E ga ( ) naritai desu.

ikimasu	kakimasu	~~hikimasu~~	mimasu
yomimasu	kirei desu	jōzu desu	

5) Koko wa Yamato-bijutsukan desu. Bijutsukan e ( ) mae ni, eki de chiketto o kaimashita. Asoko de chiketto o ( ) nakereba narimasen.

6) Bijutsukan no naka de shashin o ( ) nai de kudasai.

7) Kutsu wa ( ) nakute mo ii desu.

8) Naka no resutoran de ( ) koto ga dekimasu.

9) Mō 5-ji desu. ( ) narimashita. Kaerimashō.

kimasu	shokuji-shimasu	torimasu	nugimasu
misemasu	furui desu	kurai desu	

E

4. Rei : Ima isha to { a. hanashimasu. (b). hanashite imasu }

1) A : Ano byōin e { a. itta koto ga arimasu ka. / b. iku koto ga dekimasu ka. }

B : Ē. Shinsetsu de, ii byōin desu yo.

2) A : Anō, o-sake o nonde mo ii desu ka.

B : O-sake wa { a. nomanakute mo ii desu. / b. nomanai de kudasai. }

3) A : Ashita mo konakereba narimasen ka.

B : { a. Iie, ashita wa konakute mo ii desu. / b. Iie, ashita wa kuru koto ga dekimasen. }

Raishū no getsu-yōbi ni kite kudasai.

A : Anō, getsu-yōbi kara sui-yōbi made shutchō ni { a. iku koto ga dekimasu. b. ikanakereba narimasen. }

B : Ja, moku-yōbi ni { a. kuru koto ga dekimasu ka. / b. kite mo ii desu ka. }

A : Hai.

Dai 20 ka

20

Bunkei

1. Santosu-san wa pātii ni konakatta.
2. Tōkyō wa hito ga ōi.
3. Okinawa no umi wa kirei datta.
4. Kyō wa boku no tanjōbi da.

Reibun

1. Aisukuriimu [o] taberu?
   ······Un, taberu.

2. Soko ni hasami [ga] aru?
   ······Uun, nai.

3. Kinō Kimura-san ni atta?
   ······Uun, awanakatta.

4. Sono karē [wa] oishii?
   ······Un, karai kedo, oishii.

5. Ashita minna de Kyōto [e] ikanai?
   ······Un, ii ne.

6. Nani [o] tabetai?
   ······Ima onaka [ga] ippai da kara, nani mo tabetakunai.

7. Ima hima?
   ······Un, hima. Nani?
   Chotto tetsudatte.

8. Jisho [o] motte [i]ru?
   ······Uun, motte [i]nai.

CD69 **Kaiwa**

Issho ni ikanai?

Kobayashi	:	Natsu-yasumi wa kuni e kaeru?
Tawapon	:	Uun. Kaeritai kedo, …….
Kobayashi	:	Sō.
		Tawapon-kun, Fujisan ni nobotta koto aru?
Tawapon	:	Uun, nai.
Kobayashi	:	Ja, yokattara, issho ni ikanai?
Tawapon	:	Un. Itsu goro?
Kobayashi	:	8-gatsu no hajime goro wa dō?
Tawapon	:	Ii yo.
Kobayashi	:	Ja, iroiro shirabete, mata denwa-suru yo.
Tawapon	:	Arigatō. Matteru yo.

Renshū A

1.

teinei-kei	futsū-kei
kakimasu	kaku
kakimasen	kakanai
kakimashita	kaita
kakimasendeshita	kakanakatta
arimasu	aru
arimasen	* nai
arimashita	atta
arimasendeshita	* nakatta
ōkii desu	ōkii
ōkikunai desu	ōkikunai
ōkikatta desu	ōkikatta
ōkikunakatta desu	ōkikunakatta
kirei desu	kirei da
kirei ja (dewa) arimasen	kirei ja (dewa) nai
kirei deshita	kirei datta
kirei ja (dewa) arimasendeshita	kirei ja (dewa) nakatta
ame desu	ame da
ame ja (dewa) arimasen	ame ja (dewa) nai
ame deshita	ame datta
ame ja (dewa) arimasendeshita	ame ja (dewa) nakatta

2. Watashi wa

raishū Tōkyō e	iku.
mainichi	isogashii.
ashita	hima da.
IMC no	shain da.
Fujisan ni	noboritai.
Ōsaka ni	sunde iru.
shiyakusho e	ikanakereba naranai.
kyō	zangyō-shinakute mo ii.
Doitsu-go o	hanasu koto ga dekiru.
Doitsu e	itta koto ga aru.

Renshū B

1. Rei : Mainichi kare ni denwa-shimasu. → Mainichi kare ni denwa-suru.
   1) Ashita mata kimasu. →
   2) Kyō wa nani mo kaimasen. →
   3) Sukoshi tsukaremashita. →
   4) Kinō nikki o kakimasendeshita. →

2. Rei : Kimono wa takai desu. → Kimono wa takai.
   1) Nihong-go no benkyō wa omoshiroi desu. →
   2) Kono jisho wa yokunai desu. →
   3) Kesa wa atama ga itakatta desu. →
   4) Kinō no pātii wa tanoshikunakatta desu. →

3. Rei : Konbini wa benri desu. → Konbini wa benri da.
   1) Karina-san wa e ga jōzu desu. →
   2) Kyō wa yasumi ja arimasen. →
   3) Kinō wa ame deshita. →
   4) Senshū no do-yōbi wa hima ja arimasendeshita. →

4. Rei : Sochira e itte wa ikemasen. → Sotchi e itte wa ikenai.
   1) Mō ichido kabuki o mitai desu. →
   2) Denwa-bangō o shirabenakereba narimasen. →
   3) Kinō wa eiga o mitari, ongaku o kiitari shimashita. →
   4) Kono denwa o tsukatte mo ii desu. →
   5) Wan-san wa Kōbe-byōin de hataraite imasu.
   6) Kanji o yomu koto ga dekimasen. →
   7) Ashita madc ni repōto o dasanakute mo ii desu. →
   8) Fujisan o mita koto ga arimasen. →

5. Rei : Ashita uchi ni imasu ka. (un) → Ashita uchi ni iru?
……Un, iru.

1) Biza ga irimasu ka. (uun) →
2) Kesa shinbun o yomimashita ka. (un) →
3) Nichi-yōbi dokoka ikimashita ka. (uun, doko mo) →
4) Itsu Kimura-san ni aimasu ka. (kongetsu no owari goro) →

6. Rei : Biiru to wain to dochira ga ii desu ka. (wain)
→ Biiru to wain to dotchi ga ii?
……Wain no hō ga ii.

1) Tōkyō wa Ōsaka yori hito ga ōi desu ka. (un, zutto) →
2) Ano mise wa sābisu ga ii desu ka. (uun, amari) →
3) Eiga wa omoshirokatta desu ka. (uun, zenzen) →
4) Ryokō de doko ga ichiban tanoshikatta desu ka. (Itaria) →

7. Rei : Genki desu ka. (un) → Genki?
……Un, genki.

1) Ima nan-ji desu ka. (5-ji 40-pun) →
2) Kyō depāto wa yasumi desu ka. (uun) →
3) Inu to neko to dochira ga suki desu ka. (neko) →
4) Fujisan wa dō deshita ka. (kirei) →

8. Rei : Jisho o motte imasu ka. (uun) → Jisho o motte iru?
……Uun, motte inai.

1) Ima ame ga futte imasu ka. (un) →
2) Satō-san no jūsho o shitte imasu ka. (uun) →
3) Kyūshū e itta koto ga arimasu ka (uun) →
4) Jitensha o shūri-suru koto ga dekimasu ka. (un) →
5) Ashita mo konakereba narimasen ka. (uun) →
6) Nani o tabe ni ikimashita ka. (Tai-ryōri) →
7) Doko ni sunde imasu ka. (Kyōto) →
8) Itsu made ni hon o kaesanakereba narimasen ka. (raishū no moku-yōbi) →

Renshū C

1. A： Kinō hajimete sukiyaki [o] tabeta yo.
   B： Hē, doko de?
   A： Tanaka-san no uchi de.
   B： Dō datta?
   A： Amakatta kedo, oishikatta.

2. A： Kōhii [ga] suki?
   B： Un.
   A： Burajiru no kōhii [ga] aru kedo, nomanai?
   B： Ii ne.

3. A： Tanaka-kun no jūsho [o] shitte [i]ru?
   B： Un.
   A： Ja, chotto oshiete.
   B： Ii yo.

Mondai

CD70 1. 1) ______

2) ______

3) ______

4) ______

5) ______

CD71 2. 1) (　　) 2) (　　) 3) (　　) 4) (　　) 5) (　　)

3.

Rei : ikimasu	iku	ikanai	itta	ikanakatta
oyogimasu			oyoida	
kashimasu	kasu			
machimasu		matanai		
asobimasu				asobanakatta
nomimasu		nomanai		
arimasu	aru			
kaimasu				kawanakatta
nemasu			neta	
karimasu	kariru			
shimasu			shita	
kimasu		konai		
samui desu	samui			
ii desu			yokatta	
hima desu				hima ja nakatta
ii tenki desu			ii tenki datta	

4. Rei : Toshokan de hon o karimasu. (kariru)

1) Kinō kazoku ni denwa o kakemashita ka. (　　)

2) Watashi wa Ōsaka ni sunde imasu. (　　)

3) Mō kaette mo ii desu ka. (　　)

4) Tōkyō e asobi ni ikimasu. (　　)

5) Biza o morawanakereba narimasen. (　　)

6) Koko de tabako o sutte wa ikemasen. (　　)

7) Kanji o yomu koto ga dekimasen. (　　)

8) Sashimi o tabeta koto ga arimasen. ( )

9) Jikan to okane ga hoshii desu. ( )

10) Koko wa kireina umi deshita. ( )

5. Rei : Are wa nani? (nan desu ka)

1) Ano hito wa kekkon-shite iru? ( )

……Uun, dokushin da. ( )

2) Kinō pātii ni itta? ( )

……Uun, ikanakatta. ( )

Atama ga itakatta kara. ( )

3) Mirā-san, itsumo genki ne. ( )

……Un,wakai kara. ( )

6. Nikki

1-gatsu tsuitachi kin-yōbi kumori

Tanaka-kun, Takahashi-kun to issho ni Kyōto no jinja e itta.
Furukute, ōkii jinja datta. Hito ga ōkute, nigiyaka datta. Kimono no onna no hito ga takusan ita. Totemo kirei datta.
Tanaka-kun to Takahashi-kun wa jinja no mae no hako ni okane o ireta.
Sorekara minna de shashin o tottari, o-miyage o kattari shita.
Tenki wa amari yokunakatta ga, atatakakatta. Uchi e kaette kara, Amerika no kazoku ni denwa o kaketa. Minna genki datta.

Mirā-san wa Kimura-san ni mēru o okurimashita.

Kimura-san
Mainichi samui desu ne. O-shōgatsu wa dō deshita ka.
Watashi wa 1-gatsu tsuitachi ni tomodachi to Rei) (Kyōto no jinja e ikimashita).
Tenki wa amari yokunakatta desu ga, (①). Jinja wa hito ga ōkute,
(②). Kimono no onna no hito o takusan mimashita. Totemo
(③). Jinja de shashin o (④) kara, okurimasu.
Mirā

7. Kinō no nikki o kaite kudasai.

Dai 21 ka

Bunkei

1. Watashi wa ashita ame ga furu to omoimasu.
2. Watashi wa chichi ni ryūgaku-shitai to iimashita.
3. Tsukareta deshō?

Reibun

1. Mirā-san wa doko desu ka.
   ……Tabun mō kaetta to omoimasu.

2. Mirā-san wa kono nyūsu o shitte imasu ka.
   ……Iie, shiranai to omoimasu.

3. Shigoto to kazoku to dochira ga taisetsu desu ka.
   ……Dochira mo taisetsu da to omoimasu.

4. Nihon ni tsuite dō omoimasu ka.
   ……Bukka ga takai to omoimasu.

5. Shokuji no mae ni, oinori o shimasu ka.
   ……Iie, shimasen ga, "Itadakimasu" to iimasu.

6. Kaguyahime wa "Tsuki e kaeranakereba narimasen" to iimashita. Soshite, tsuki e kaerimashita. Owari.
   ……Owari? Okāsan, watashi mo tsuki e ikitai.

7. Kaigi de nanika iken o iimashita ka.
   ……Hai. Mudana kopii ga ōi to iimashita.

8. 7-gatsu ni Kyōto de o-matsuri ga aru deshō?
   ……Ē, arimasu.

CD72 **Kaiwa**

Watashi mo sō omoimasu

Matsumoto : A, Santosu-san, hisashiburi desu ne.
Santosu : A, Matsumoto-san, o-genki desu ka.
Matsumoto : Ē. Chotto biiru demo nomimasen ka.
Santosu : Ii desu ne.

....

Santosu : Konban 10-ji kara Nihon to Burajiru no sakkā no shiai ga arimasu ne.
Matsumoto : Ā, sō desu ne.
Santosu-san wa dochira ga katsu to omoimasu ka.
Santosu : Mochiron Burajiru desu yo.
Matsumoto : Sō desu ne. Demo, saikin Nihon mo tsuyoku narimashita yo.
Santosu : Ē, watashi mo sō omoimasu ga, …….
A, mō kaeranai to…….
Matsumoto : Ē, kaerimashō.

Renshū A

1\.

Watashi wa	ashita ame ga	furu	to omoimasu.
	Satō-san wa gorufu o	shinai	
	Yamada-san wa mō	kaetta	
	ashita	samui	
	ashita mo	ii tenki da	

2\.

Watashi wa	uma wa	yaku ni tatsu	to omoimasu.
	kodomo wa soto de	asobanakereba naranai	
	manga wa	omoshiroi	
	kētai wa	benri da	
	kare no hanashi wa	hontō da	

3\.

Watashi wa kachō ni	kaisha o	yameru	to iimashita.
	kuruma o	motte inai	
	mō shiryō o	tsukutta	
	yasumi ga	hoshii	
	tsuri ga	suki da	

4\.

Ashita pātii ni	kuru	deshō?
O-tera de konsāto ga	atta	
Ōsaka wa tabemono ga	oishii	
Ashita wa	yasumi	

Renshū B

1. Rei : Mirā-san wa kaigishitsu ni imasu
   → Mirā-san wa kaigishitsu ni iru to omoimasu.
   1) Mirā-san wa 9-ji ni kimasu →
   2) Maria-san wa unten-shimasen →
   3) nichi-yōbi wa hito ga ōi desu →
   4) "Tsuruya" wa ashita yasumi desu →

2. Rei : Buchō wa jimusho ni imasu ka. (iie)
   → Iie, inai to omoimasu.
   1) Buchō wa mō kaerimashita ka. (hai) →
   2) Ano konbini de kusuri o utte imasu ka. (iie, tabun) →
   3) Ashita wa "Yōnen" to "Akikkusu" to dochira ga kachimasu ka. (kitto "Yōnen") →
   4) Kagi wa doko desu ka. (ano hako no naka) →

3. Rei : kanji no benkyō wa omoshiroi desu
   → Kanji no benkyō wa omoshiroi to omoimasu.
   1) Yamada-san wa hontō ni yoku hatarakimasu →
   2) Pawā-denki no seihin wa dezain ga ii desu →
   3) Mirā-san wa jikan no tsukai-kata ga jōzu desu →
   4) Kōbe-byōin wa ii byōin desu →

4. Rei : Atarashii sofuto wa benri desu ka. (hai)
   → Hai, benri da to omoimasu.
   1) Sumō wa omoshiroi desu ka. (iie amari) →
   2) Watto-san wa ii sensei desu ka. (hai, totemo) →
   3) Inu to neko to dochira ga yaku ni tachimasu ka. (inu) →
   4) Nihon de doko ga ichiban kirei desu ka. (Nara) →

5. Rei : Nihon no jidōsha (totemo ii desu)

→ Nihon no jidōsha ni tsuite dō omoimasu ka.

……Totemo ii to omoimasu.

1) Nihon no anime (omoshiroi desu) →
2) Nihon no daigaku (yasumi ga ōi desu) →
3) kimono (totemo kirei desu) →
4) Nihon (kōtsū ga benri desu) →

6. Rei : → Kingu-bokushi wa yume ga aru to iimashita.

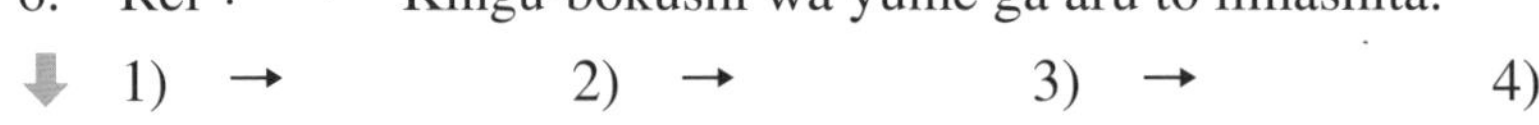

7. Rei : Ashita wa yasumi desu → Ashita wa yasumi deshō?

1) Okinawa wa umi ga kirei desu →
2) Watto-san no hanashi wa omoshiroi desu →
3) Kimura-san wa Ii-san o shirimasen →
4) Kinō sakkā no shiai ga arimashita →

8. Rei 1 : Nihon wa tabemono ga takai deshō? (ē) → Ē, takai desu.

Rei 2 : Sono kamera wa takakatta deshō? (iie, sonnani)

→ Iie, sonnani takakunakatta desu.

1) Koko wa fuyu yuki ga sugoi deshō? (ē, hontō ni) →
2) Shigoto wa taihen deshō? (iie, sonnani) →
3) Hokkaidō wa samukatta deshō? (iie, amari) →
4) Nodo ga kawaita deshō? (ē) →

Renshū C

1. A : Intānetto ni tsuite dō omoimasu ka.
   B : Sō desu ne. Benri desu ga, tsukai-kata ni ki o tsukenakereba naranai to omoimasu.
   A : Watto-san wa dō omoimasu ka.
   C : Watashi mo sō omoimasu.

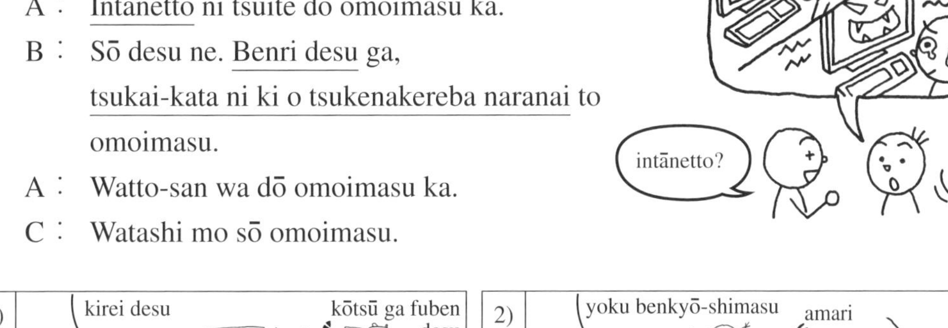

21

2. A : Ima hōsō ga arimashita ne. Nan to iimashita ka.
   B : Kyō wa 9-ji han kara naka ni hairu koto ga dekiru to iimashita.
   A : Sō desu ka. Arigatō gozaimasu.

3. A : Nichi-yōbi Ōsaka e Tenjin-matsuri o mi ni ikimashita.
   B : Nigiyaka datta deshō?
   A : Ē, hontō ni nigiyaka deshita.

Mondai

CD73 1. 1) ______________________

2) ______________________

3) ______________________

4) ______________________

5) ______________________

CD74 2. 1) (　　　) 2) (　　　) 3) (　　　) 4) (　　　) 5) (　　　)

21

3. Rei : Kanojo wa kimasu ka.

……Iie, kyō wa (konai) to omoimasu.

oishii desu	kaerimasu	~~kimasu~~	jōzu desu	yaku ni tachimasu

1) Ano resutoran no ryōri wa dō desu ka.

……Amari (　　　　　　) to omoimasu.

2) Suzuki-san wa Eigo ga dekimasu ka.

……Ē, (　　　　　　) to omoimasu. Amerika ni 3-nen imashita kara.

3) Sono jisho wa ii desu ka.

……Ē, totemo (　　　　　　) to omoimasu.

4) Tanaka-san wa imasu ka.

……Kaban ga arimasen kara, mō uchi e (　　　　　　) to omoimasu.

4. Rei : A : Ashita wa hima desu ka.

B : Ashita wa kaisha e ikanakereba narimasen.

→ B-san wa ashita wa kaisha e ikanakereba naranai to iimashita.

1) A : Sakura no kisetsu desu ne. Dokoka o-hanami ni ikimasu ka.

B : Ē, nichi-yōbi kazoku to Yoshino-yama e ikimasu.

→ B-san wa ______________________ to iimashita.

2) A : Kono hon, omoshiroi desu yo.

B : Sō desu ka. Ja, kashite kudasai.

→ A-san wa kono hon wa ______________________ to iimashita.

3) A : Pātii wa nigiyaka deshita ka.

B : Ē, totemo nigiyaka deshita.

→ B-san wa pātii wa ______________________ to iimashita.

4) A : Sumimasen. Nichi-yōbi no shiai o mi ni iku koto ga dekimasen.

B : Sō desu ka. Zannen desu.

→ A-san wa nichi-yōbi ________________________ to iimashita.

5. Rei : Onaka ga (suita) deshō? Nanika tabemasen ka.

arimasu	atsui desu	~~sukimashita~~	shiken desu	tsukaremashita

1) Raigetsu Kyōto de yūmeina o-matsuri ga (   ) deshō?

2) (   ) deshō? Sukoshi yasumimashō.

3) (   ) deshō? Eakon o tsukemashō ka.

4) Ashita wa (   ) deshō? Hayaku kaerimashō.

6. **Kangarū**

Kono dōbutsu no namae o shitte imasu ka. "Kangarū" desu.

Kangarū no namae ni tsuite omoshiroi hanashi ga arimasu. 1770-nen ni Igirisu no Kyaputen Kukku wa fune de Ōsutoraria e ikimashita. Soshite, hajimete kono dōbutsu o mimashita. Kukku wa Ōsutoraria no hito ni kono dōbutsu no namae o shiritai to iimashita. Ōsutoraria no hito wa Ōsutoraria no kotoba de "kangarū (wakaranai)" to iimashita. Desukara, Kukku wa kono dōbutsu no namae wa "kangarū" da to omoimashita. Sorekara kono dōbutsu no namae wa "kangarū" ni narimashita.

Omoshiroi desu ne. Hontō da to omoimasu ka.

1) (   ) Kyaputen Kukku wa Ōsutoraria e iku mae ni, kangarū o mita koto ga arimasendeshita.

2) (   ) Ōsutoraria no hito wa Kukku ni dōbutsu no namae o oshiemashita.

3) (   ) Kukku wa Ōsutoraria no hito no kotoba ga wakarimasendeshita.

7. Namae ni tsuite omoshiroi hanashi ga arimasu ka. Hanashite kudasai.

Dai 22 ka

Bunkei

1. Kore wa Mirā-san ga tsukutta kēki desu.
2. Asoko ni iru hito wa Mirā-san desu.
3. Kinō naratta kotoba o wasuremashita.
4. Kaimono ni iku jikan ga arimasen.

Reibun

1. Kore wa Banri no chōjō de totta shashin desu.
   ……Sō desu ka. Sugoi desu ne.

2. Karina-san ga kaita e wa dore desu ka.
   ……Are desu. Ano umi no e desu.

3. Ano kimono o kite iru hito wa dare desu ka.
   ……Kimura-san desu.

4. Yamada-san, okusan ni hajimete atta tokoro wa doko desu ka.
   ……Ōsakajō desu.

5. Kimura-san to itta konsāto wa dō deshita ka.
   ……Totemo yokatta desu.

6. Dō shimashita ka.
   ……Kinō katta kasa o nakushimashita.

7. Donna uchi ga hoshii desu ka.
   ……Hiroi niwa ga aru uchi ga hoshii desu.

8. Nichi-yōbi sakkā o mi ni ikimasen ka.
   ……Sumimasen. Nichi-yōbi wa chotto tomodachi ni au yakusoku ga arimasu.

CD75 **Kaiwa**

Donna heya o o-sagashi desu ka

Fudōsan-ya	:	Donna heya o o-sagashi desu ka.
Wan	:	Sō desu ne. Yachin wa 8-man-en gurai de, eki kara tōkunai tokoro ga ii desu.
Fudōsan-ya	:	Dewa, kochira wa ikaga desu ka. Eki kara 10-pun de, yachin wa 83,000-en desu.
Wan	:	Dainingu-kitchin to washitsu desu ne. Sumimasen. Koko wa nan desu ka.
Fudōsan-ya	:	Oshiire desu. Futon o ireru tokoro desu yo.
Wan	:	Sō desu ka. Kono heya, kyō miru koto ga dekimasu ka.
Fudōsan-ya	:	Ē. Ima kara ikimashō ka.
Wan	:	Ē, onegai-shimasu.

Renshū A

1.

Kodomo ga	yomu	hon
	yomanai	
Kinō	yonda	
	yomanakatta	
Asagohan o	taberu	hito
	tabenai	
	tabeta	
	tabenakatta	
Ima	sunde iru	tokoro
Dare mo	sunde inai	
Chichi ga	sunde ita	
Dare mo	sunde inakatta	

2.

Kore	wa	onna no hito ga yomu zasshi	desu.
Mirā-san		kasa o motte iru hito	
Koko		jitensha o oku tokoro	

3.

Haha ga yoku tsukuru ryōri	wa	karē desu.
Kare ga motte iru pasokon		atarashii desu.
Raishū tomaru hoteru		umi no chikaku ni arimasu.

4.

Watashi wa	pasokon o ireru kaban	o	kaimashita.
	ano megane o kakete iru hito		shitte imasu.

5.

Watashi wa	hon o yomu hito	ga	suki desu.
	pūru ga aru uchi		hoshii desu.

6.

Watashi wa	terebi o	miru	jikan	ga arimasen.
	kaimono ni	iku	yakusoku	ga arimasu.

22

Renshū B

1. Rei : ⟨Pari de kaimashita⟩ bōshi
   → Kore wa Pari de katta bōshi desu.
   1) ⟨haha ni moraimashita⟩ kōto →
   2) ⟨Kyōto de torimashita⟩ shashin →
   3) ⟨Maria-san ga tsukurimashita⟩ kēki →
   4) ⟨Karina-san ga kakimashita⟩ e →

2. Rei : Mirā → Mirā-san wa dono hito desu ka.
   ⇨ ……Denwa-shite iru hito desu.
   1) Satō →
   2) Matsumoto →
   3) Guputa →
   4) Yamada →

3. Rei : kimono (Watanabe) → Kimono o kite iru hito wa dare desu ka.
   ⇨ ……Watanabe-san desu.
   1) akai kutsu (Hayashi) →
   2) akai nekutai (Suzuki) →
   3) megane (Takahashi) →
   4) bōshi (Nakamura) →

4. Rei： 〈otōto ga umaremashita〉 tokoro・Hokkaidō desu
   → Otōto ga umareta tokoro wa Hokkaidō desu.
   1) 〈hajimete shujin ni aimashita〉 tokoro・daigaku no toshokan desu →
   2) 〈senshū kengaku-shimashita〉 o-tera・Kinkakuji desu →
   3) 〈Wan-san ga hataraite imasu〉 byōin・Kōbe ni arimasu →
   4) 〈Kimura-san ga maiasa o-bentō o kaimasu〉 konbini・eki no mae ni arimasu →

5. Rei： 〈Santosu-san ni moraimashita〉 kōhii wa totemo oishii desu.
   → Santosu-san ni moratta kōhii wa totemo oishii desu.
   1) 〈watashi ga itsumo kaimono-shimasu〉 sūpā wa yasai ga yasui desu →
   2) 〈yoku nemasu〉 kodomo wa genki desu →
   3) 〈kinō mimashita〉 eiga wa totemo yokatta desu →
   4) 〈kinō watashitachi ga ikimashita〉 o-tera wa kirei de, shizuka deshita →

6. Rei： 〈kare ni agemasu〉 o-miyage o kaimasu
   → Kare ni ageru o-miyage o kaimasu.
   1) 〈Nara de torimashita〉 shashin o misete kudasai →
   2) 〈irimasen〉 mono o sutemasu →
   3) 〈byōin de moraimashita〉 kusuri o nomanakereba narimasen →
   4) 〈Ii-san no tonari ni suwatte imasu〉 hito o shitte imasu ka →

7. Rei： 〈soto de shimasu〉 supōtsu ga suki desu
   → Soto de suru supōtsu ga suki desu.
   1) 〈yūmoa ga arimasu〉 hito ga suki desu →
   2) 〈ryōri o tsukurimasu〉 robotto ga hoshii desu →
   3) 〈kaisha no hito ga hanashimasu〉 Nihon-go ga wakarimasen →
   4) 〈pātii de kimasu〉 fuku ga irimasu. →

8. Rei： Hirugohan o tabemashita ka. (tabemasu・jikan ga arimasendeshita)
   → Iie. Taberu jikan ga arimasendeshita.
   1) Ashita wa tsugō ga ii desu ka. (shiyakusho e ikimasu・yōji ga arimasu) →
   2) Karaoke ni ikimasu ka.
      (buchō to shokuji-shimasu・yakusoku ga arimasu) →
   3) Kesa nyūsu o mimashita ka.
      (terebi o mimasu・jikan ga arimasendeshita) →
   4) Yoku hon o kaimasu ka. (hon o yomimasu・jikan ga arimasen) →

Renshū C

1. A : Ano hito wa dare desu ka.
   B : Do no hito desu ka.
   A : Akai sētā o kite iru hito desu.
   B : Ā, Satō-san desu. IMC no hito desu yo.

2. A : Tanaka-san ni moratta katarogu wa
   doko ni arimasu ka.
   B : Ēto, ano tsukue no ue ni
   arimasu yo.
   A : A, sō desu ka. Dōmo.

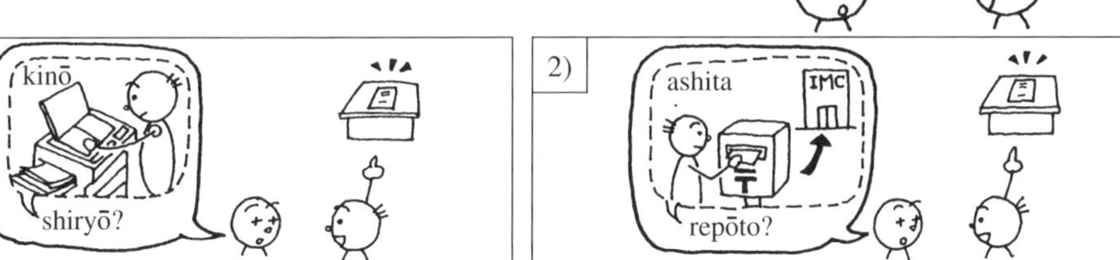

3. A : Omedetō gozaimasu.
   B : Arigatō gozaimasu.
   A : Donna shigoto o shitai desu ka.
   B : Sō desu ne.
   Nihon-go o tsukau shigoto o shitai desu.

2)
tomodachi
ga ōi desu
yūmoa ga
arimasu
yūmoa

Mondai

CD76 1. 1) ______________________________
2) ______________________________
3) ______________________________
4) ______________________________
5) ______________________________

CD77 2. 1) (   ) 2) (   ) 3) (   ) 4) (   ) 5) (   )

22

3. Rei : Yoku neru hito wa genki desu.

~~yoku nemasu~~	toshokan de karimashita	o-sake o nomimasen
Maria-san kara kimashita	niwa ga arimasu	

1) Watashi wa ______________ uchi ga hoshii desu.
2) Watashi wa ______________ hito ga suki desu.
3) ______________ hon o nakushimashita.
4) ______________ tegami wa tsukue no ue ni arimasu.

4. Rei : Ano kuroi shatsu o kite iru hito wa (dare) desu ka.
……Mirā-san desu.

1) Koko ni atta shinbun wa (   ) desu ka.
……Terebi no ue ni arimasu.
2) Maria-san ga tsukutta kēki wa (   ) deshita ka.
……Totemo oishikatta desu.
3) Kinkakuji e iku basu wa (   ) desu ka.
……Are desu.

5. Rei : Doko de torimashita ka. → Kore wa doko de totta shashin desu ka.

1) Itsu kaimashita ka.
2) Dare ga tsukurimashita ka.
3) Dare ni moraimashita ka.

6. Rei : Ginkō e iku jikan ga arimasen.

1) Nichi-yōbi wa ________________ yakusoku ga arimasu.
2) ________________ yōji ga arimasu.
3) ________________ jikan ga arimasen.

7.

Konbini e nani o shi ni ikimasu ka.	
① O-bentō o kaimasu.	56.9%
② Jūsu ya ocha o kaimasu.	50.2%
③ O-kashi o kaimasu.	26.6%
④ Mizu ya denki no okane o haraimasu.	23.9%
⑤ ATM de okane o oroshimasu.	23.7%
⑥ Nimotsu o okurimasu.	13.7%
⑦ Toire o karimasu.	7.7%

Ikura tsukaimasu ka.	
① 501-en ～ 1,000-en	45.6%
② 0-en ～ 500-en	35.2%
③ 1,001-en ～ 2,000-en	9.5%

2010-nen 9-gatsu 28-nichi ～ 10-gatsu yokka

Minna no ankēto

Konbini e (Rei : iku) hito no 50% gurai wa o-bentō ya ocha o kaimasu. ATM de okane o (①) ri, toire o (②) ri suru hito mo imasu. Nimotsu o (③) koto mo dekimasu. Demo, 2,000-en (④) hito wa totemo sukunai desu.

8. Anata no kuni ni konbini ga arimasu ka. Nani o suru koto ga dekimasu ka.

Fukushū F

1.

Mirā	:	Tadaima.
Kanrinin	:	Okaerinasai.
Mirā	:	Kyō wa Kyōto e sakura o mi ni ikimashita.
Kanrinin	:	Sō desu ka. Dō deshita ka.
Mirā	:	Hontō ni kirei deshita. Demo, sugoi hito deshita yo.
Kanrinin	:	Nihon-jin wa sakura ga suki desu kara ne.
Mirā	:	Sakura no shita de minna de o-bentō o tabetari, utattari shimashita.
Kanrinin	:	Yokatta desu ne.
Mirā	:	Ē. Totemo tanoshikatta desu. Rainen mo mata ikitai desu.

Mirā-san no nikki

4-gatsu tsuitachi ☀
Kyō wa totemo ii (Rei : tenki datta). Kyōto e sakura o mi ni
(   ). Sakura wa hontō ni (   ) ga,
sugoi (   ).
Minna de sakura no shita de o-bentō o tabetari, (   ).
Totemo (   ). Rainen mo mata (   ).

2. Rei : Tomoko : Kesa shinbun, yonda?
Ichirō : Un, yonda yo. (yomimashita).

1) Tarō : Okāsan, kono kēki, ________? (tabete mo ii desu ka)
Tomoko : Te o ____________? (araimashita ka)
Tarō : Un, ____________. (araimashita)
Kyō gakkō de atarashii kanji o _____ yo. (naraimashita)
Tomoko : Sō. ____________? (dō deshita ka)
Tarō : ____________. (muzukashikatta desu)

2) Tomoko : Chotto megane, __________. (totte kudasai)
Ichirō : ____________? (doko desu ka)
Tomoko : Tsukue no ue ni aru to ______ kedo……. (omoimasu)
Ichirō : ____________ yo. (arimasen)

3) Kobayashi : Tawapon-kun, nichi-yōbi ___________? (hima desu ka)
Tawapon : Un, ______________________________ yo. (hima desu)
Kobayashi : Ja, uchi e ___________________? (asobi ni kimasen ka)
Tawapon : Arigatō.
Kobayashi : Ja, 1-ji goro. ____________________ yo. (matte imasu)

3. 1) Watashi wa kyonen IMC o yamete, robotto o (Rei : tsukutte iru) kaisha ni hairimashita. Ima Tōkyō ni sunde imasu ga, ( ) tokoro wa Ōsaka desu. Shumi wa e o ( ) koto desu. Demo, saikin wa bijutsukan e ( ) jikan ga amari arimasen. Kazoku wa 3-nin desu. Tsuma to 10-sai no kodomo ga imasu.

~~tsukutte imasu~~	mimasu	irimasu	ikimasu	umaremashita

F

2) Watashi no shumi wa dansu desu. Dansu no renshū ga ( ) heya ga hoshii desu. Kyonen otto wa IMC o ( ) to iimashita. Watashi wa ( ) to iimashita. Otto wa ima hito no kotoba ga ( ) robotto o tsukutte imasu. Totemo yume ga aru ( ) to omoimasu.

wakarimasu	dekimasu	hanashimasu
yamete mo ii desu	shigoto desu	yametai desu

3) Kore wa natsu-yasumi ni ( ) shashin desu. Kono megane o ( ) hito wa Itō-sensei desu. Itō-sensei no tonari ni ( ) otoko no ko wa Sasaki-kun desu. Bōshi o ( ) onna no ko wa Yoshida-san desu. Watashi wa Yoshida-san no ushiro ni imasu. Minna ii tomodachi desu.

torimashita	kakete imasu	kabutte imasu
tatte imasu	haite imasu	

Dai 23 ka

Bunkei

1. Toshokan de hon o kariru toki, kādo ga irimasu.
2. Kono botan o osu to, otsuri ga demasu.

Reibun

1. Yoku terebi o mimasu ka.
   ……Sō desu ne. Yakyū no shiai ga aru toki, mimasu.
2. Reizōko ni nani mo nai toki, dō shimasu ka.
   ……Chikaku no resutoran e tabe ni ikimasu.
3. Kaigishitsu o deru toki, eakon o keshimashita ka.
   ……Hai, keshimashita.
4. Santosu-san wa doko de fuku ya kutsu o kaimasu ka.
   ……Kuni e kaetta toki, kaimasu. Nihon no wa chiisai desu kara.
5. Sore wa nan desu ka.
   ……"Genki-cha" desu. Karada no chōshi ga warui toki, nomimasu.
6. Himana toki, uchi e asobi ni kimasen ka.
   ……Ē, arigatō gozaimasu.
7. Gakusei no toki, arubaito o shimashita ka.
   ……Ē, tokidoki shimashita.
8. O-yu ga demasen.
   ……Soko o osu to, demasu yo.
9. Sumimasen. Shiyakusho wa doko desu ka.
   ……Kono michi o massugu iku to, hidari ni arimasu. Furui tatemono desu.

CD78 **Kaiwa**

Dōyatte ikimasu ka

Toshokan no hito	:	Hai, Midori-toshokan desu.
Karina	:	Anō, sochira made dōyatte ikimasu ka.
Toshokan no hito	:	Honda-eki kara 12-ban no basu ni notte, Toshokan-mae de orite kudasai. Mittu-me desu.
Karina	:	Mittu-me desu ne.
Toshokan no hito	:	Ē. Oriru to, mae ni kōen ga arimasu. Toshokan wa kōen no naka no shiroi tatemono desu.
Karina	:	Wakarimashita. Sorekara hon o kariru toki, nanika irimasu ka.
Toshokan no hito	:	O-namae to go-jūsho ga wakaru mono o motte kite kudasai.
Karina	:	Hai. Dōmo arigatō gozaimashita.

Renshū A

1.

Michi o	wataru	toki,	kuruma ni ki o tsukemasu.
Shinbun o	yomu		megane o kakemasu.
Tsukai-kata ga	wakaranai		watashi ni kiite kudasai.

2.

Uchi e	kaeru	toki,	kēki o kaimasu.
Uchi e	kaetta		"Tadaima" to iimasu.
Kaisha e	kuru		eki de buchō ni aimashita.
Kaisha e	kita		uketsuke de shachō ni aimashita.

3.

Nemu	i	toki,	kōhii o nomimasu.
Hima	na		hon o yomimasu.
26-sai	no		kekkon-shimashita.

4.

Kore o	mawasu	to,	oto ga ōkiku narimasu.
Koko o	osu		o-yu ga demasu.
Migi e	magaru		yūbinkyoku ga arimasu.

Renshū B

1. Rei： shinbun o yomimasu・megane o kakemasu
   → Shinbun o yomu toki, megane o kakemasu.
   1) byōin e ikimasu・hokenshō o wasurenai de kudasai →
   2) dekakemasu・itsumo kasa o motte ikimasu →
   3) kanji ga wakarimasen・kono jisho o tsukaimasu →
   4) jikan ga arimasen・asagohan o tabemasen →

2. Rei 1： "Itte kimasu"
   → Dekakeru toki, "Itte kimasu" to iimasu.
   Rei 2： "Tadaima"
   → Uchi e kaetta toki, "Tadaima" to iimasu.
   1) "Oyasuminasai" →
   2) "Ohayō gozaimasu" →
   3) "Arigatō gozaimasu" →
   4) "Shitsurei-shimasu" →

3. Rei： sabishii desu・kazoku ni denwa o kakemasu
   → Sabishii toki, kazoku ni denwa o kakemasu.
   1) atama ga itai desu・kono kusuri o nomimasu →
   2) hima desu・bideo o mimasu →
   3) tsuma ga byōki desu・kaisha o yasumimasu →
   4) bangohan desu・wain o nomimasu →

23

4. Rei : muzukashii kanji o oboemasu (nan-kai mo kakimasu)

→ Muzukashii kanji o oboeru toki, dō shimasu ka.

……Nan-kai mo kakimasu.

1) kaze desu (kusuri o nonde, nemasu) →

2) michi ga wakarimasen (kētai de shirabemasu) →

3) nemui desu (kao o araimasu) →

4) ashita no tenki o shiritai desu (intānetto de mimasu) →

5. Rei : kono botan o oshimasu・kippu ga demasu

→ Kono botan o osu to, kippu ga demasu.

1) kore o hikimasu・isu ga ugokimasu →

2) kore ni sawarimasu・mizu ga demasu →

3) kore o hidari e mawashimasu・oto ga chiisaku narimasu →

4) kore o migi e mawashimasu・denki ga akaruku narimasu →

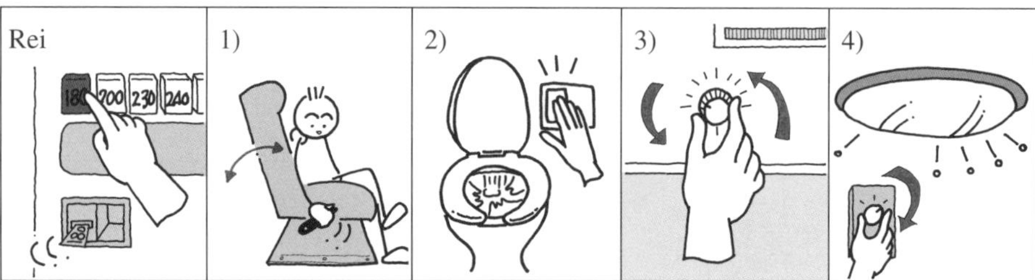

6. Rei : ginkō → Ginkō wa doko desu ka.

……Ano kōsaten o migi e magaru to, hidari ni arimasu.

1) shiyakusho →

2) bijutsukan →

3) chūshajō →

4) konbini →

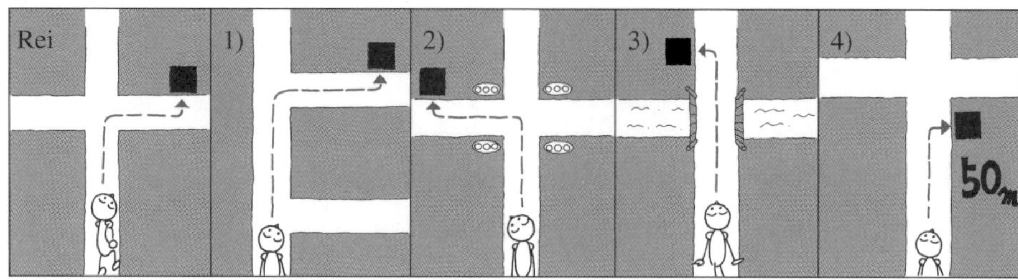

Renshū C

1. A : Sumimasen.
   B : Nan desu ka.
   A : Tomodachi ga kaisha ni haitta toki,
   donna mono o agemasu ka.
   B : Sō desu ne. Nekutai ya kaban nado desu ne.
   A : Sō desu ka.

1) 

2) 

23

2. A : Sumimasen.
   Kami no saizu o kaetai toki,
   dō shimasu ka.
   B : Kono botan o oshimasu.
   A : Wakarimashita. Dōmo.

1) 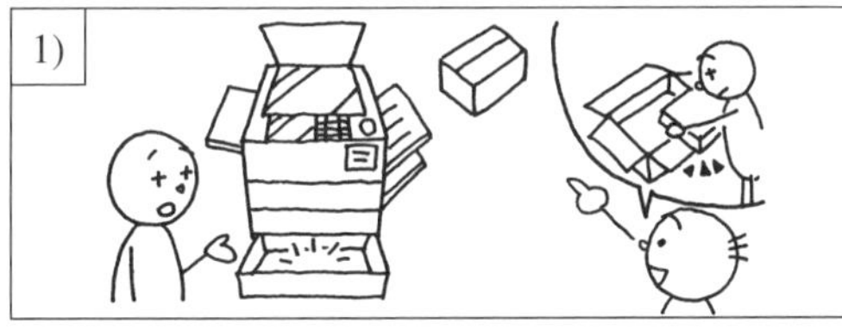

2) 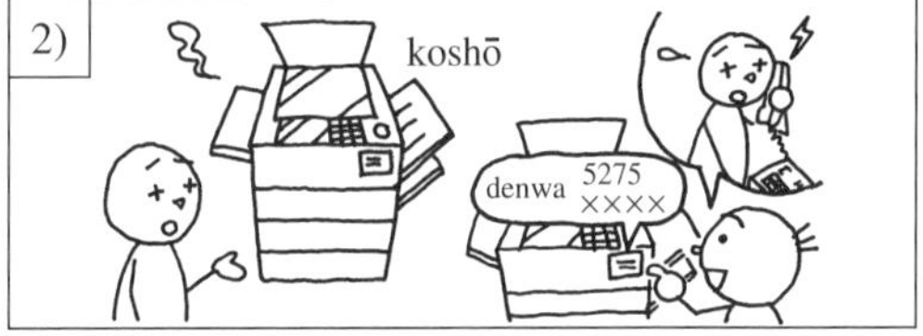

3. A : Chotto sumimasen.
   Chikaku ni ginkō ga arimasu ka.
   B : Ginkō desu ka. Asoko ni shingō ga
   arimasu ne.
   A : Ē.
   B : Asoko o watatte, massugu iku to,
   migi ni arimasu yo.
   A : Dōmo.

1) 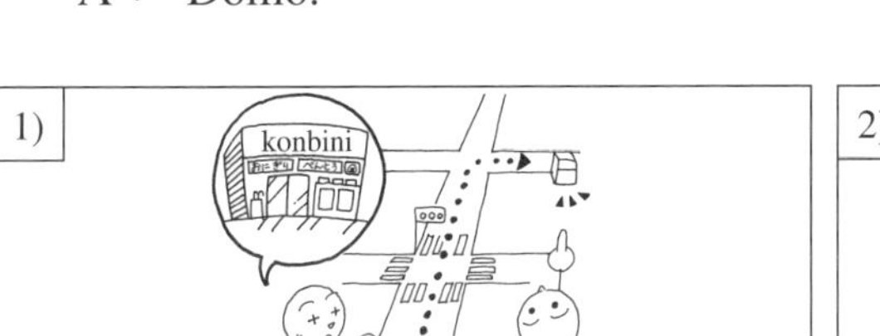

2) 

Mondai

CD79 1. 1) ____________________
2) ____________________
3) ____________________
4) ____________________
5) ____________________

CD80 2. 1) ① ② ③

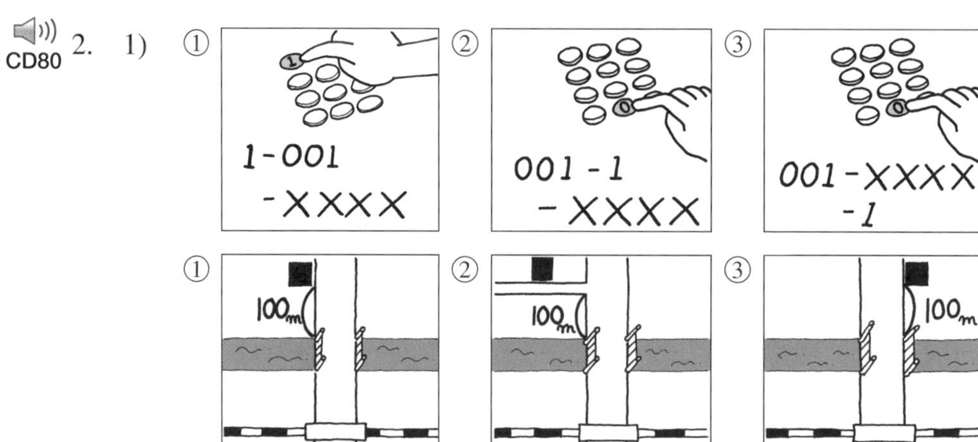

CD81 3. 1) ( ) 2) ( ) 3) ( )

4. Rei 1 : Kaimono ni (iku) toki, kādo o motte ikimasu.
Rei 2 : Tsuma ga (inai) toki, resutoran de hitori de shokuji-shimasu.

arimasu	~~imasu~~	karimasu	~~ikimasu~~	watarimasu	demasu

1) Toshokan de hon o ( ) toki, kādo ga irimasu.
2) Michi o ( ) toki, hidari to migi o yoku minakereba narimasen.
3) Jikan ga ( ) toki, asagohan o tabemasen.
4) Otsuri ga ( ) toki, kono botan o oshite kudasai.

5. Rei : Uchi e (kaeru, (kaetta)) toki, "Tadaima" to iimasu.
   1) (Tsukareru, Tsukareta) toki, atsui o-furo ni haitte, hayaku nemasu.
   2) Uchi o (deru, deta) toki, denki o keshimasendeshita.
   3) Asa (okiru, okita) toki, kazoku no shashin ni "Ohayō" to iimasu.
   4) Kinō no yoru (neru, neta) toki, sukoshi o-sake o nomimashita.

6. Rei : (nemui desu → nemui) toki, kao o araimasu.
   1) (hima desu →) toki, asobi ni kite kudasai.
   2) (dokushin desu →) toki, yoku ryokō o shimashita.
   3) Haha wa (wakai desu →) toki, totemo kirei deshita.

7. Rei : Kono ocha o (nomu) to, genki ni narimasu.
   1) Ano kōsaten o hidari e ( ) to, ginkō ga arimasu.
   2) Kore o migi e ( ) to, oto ga ōkiku narimasu.
   3) Kono ryōri wa sukoshi o-sake o ( ) to, oishiku narimasu.

8. Shōtokutaishi

Shōtokutaishi wa 574-nen ni Nara de umaremashita. Kodomo no toki, benkyō ga suki de, supōtsu mo dekite, tomodachi ga takusan imashita.

20-sai ni natta toki, kuni no shigoto o hajimemashita. Nihon-jin o Chūgoku ni okutte, Chūgoku kara kanji ya machi no tsukuri-kata nado iroiro naraimashita. Soshite, o-tera o tsukuttari, hon o kaitari shimashita.

Shōtokutaishi ga tsukutta Hōryūji wa Nara ni arimasu. Sekai no ki no tatemono no naka de ichiban furui tatemono desu.

   1) ( ) Shōtokutaishi wa 600-nen gurai mae ni, umaremashita.
   2) ( ) Shōtokutaishi wa ōkiku natte kara, Chūgoku e itte, iroiro naraimashia.
   3) ( ) Sekai de ichiban furui ki no tatemono wa Hōryūji desu.

9. Anata no kuni no yūmei na hito ni tsuite kaite kudasai.

Dai 24 ka

Bunkei

1. Satō-san wa watashi ni chokorēto o kuremashita.
2. Watashi wa Yamada-san ni repōto o naoshite moraimashita.
3. Haha wa watashi ni sētā o okutte kuremashita.
4. Watashi wa Kimura-san ni hon o kashite agemashita.

Reibun

1. Tarō-kun wa obāchan ga suki desu ka.
   ……Hai, suki desu. Obāchan wa itsumo o-kashi o kuremasu.

2. Oishii wain desu ne.
   ……Ē, Satō-san ga kuremashita. Furansu no wain desu.

3. Mirā-san, kinō no pātii no ryōri wa zenbu jibun de tsukurimashita ka.
   ……Iie, Wan-san ni tetsudatte moraimashita.

4. Densha de ikimashita ka.
   ……Iie. Yamada-san ga kuruma de okutte kuremashita.

5. Tarō-kun wa Haha no hi ni okāsan ni nani o shite agemasu ka.
   ……Piano o hiite agemasu.

CD82 Kaiwa

Tetsudai ni ikimashō ka

Karina : Wan-san, nichi-yōbi hikkoshi desu ne.
Tetsudai ni ikimashō ka.

Wan : Arigatō gozaimasu.
Ja, sumimasen ga, 9-ji goro onegai-shimasu.

Karina : Hoka ni dare ga tetsudai ni ikimasu ka.

Wan : Yamada-san to Mirā-san ga kite kuremasu.

Karina : Kuruma wa?

Wan : Yamada-san ni kashite moraimasu.

Karina : Hirugohan wa dō shimasu ka.

Wan : Ēto…… .

Karina : Watashi ga o-bentō o motte ikimashō ka.

Wan : Sumimasen. Onegai-shimasu.

Karina : Ja, nichi-yōbi ni.

Renshū A

1.

Mirā-san wa watashi ni	wain	o kuremashita.
	hana	
	kādo	

2.

Kore wa	Burajiru no kōhii	desu.	Santosu-san	ga kuremashita.
	Indoneshia no bōshi		Karina-san	
	Chūgoku no ocha		Wan-san	

3.

Watashi wa Yamada-san ni	ryokō no shashin o	misete	moraimashita.
	Ōsakajō e	tsurete itte	
	hikkoshi o	tetsudatte	

4.

Yamada-san wa	ryokō no shashin o	misete	kuremashita.
	Ōsakajō e	tsurete itte	
	hikkoshi o	tetsudatte	

5.

Watashi wa	Karina-san ni CD o	kashite	agemashita.
	Karina-san o eki made	okutte	
	Karina-san no jitensha o	shūri-shite	

Renshū B

1. Rei : Santosu-san wa kōhii o kuremashita.

1) Maria-san →
2) Ii-san →
3) Shumitto-san →
4) Mirā-san →

2. Rei : Burajiru

→ Burajiru no kōhii desu ne.

……Ē. Santosu-san ga kuremashita.

1) suteki →
2) atarashii →
3) sakkā →
4) kirei →

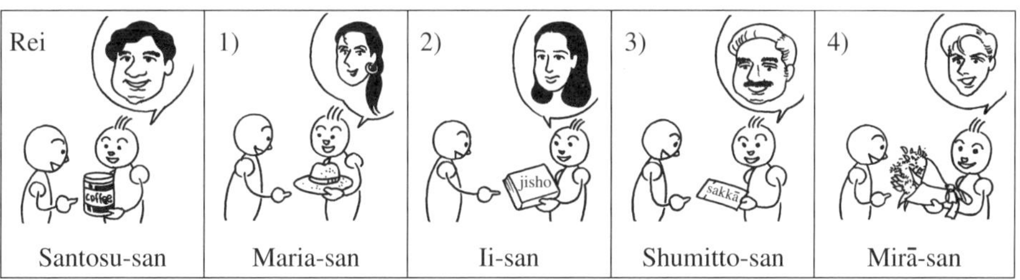

3. Rei : → Watashi wa Satō-san ni kasa o kashite moraimashita.

1) → 2) → 3) → 4) →

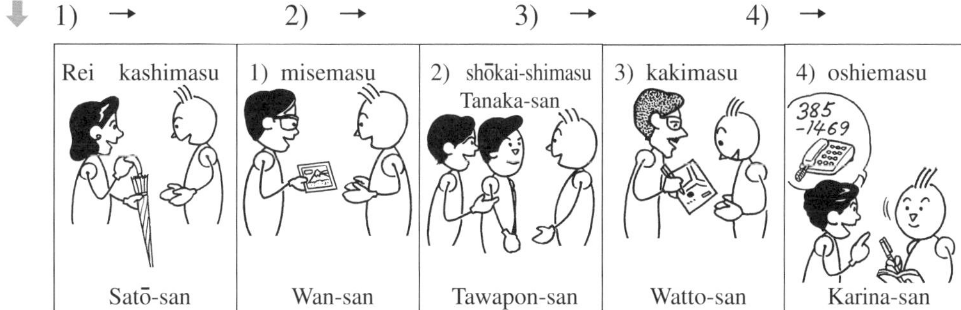

24

4. Rei : Dare ni sukiyaki o tsukutte moraimashita ka.

……Matsumoto-san ni tsukutte moraimashita.

1) → 2) → 3) → 4) →

5. Rei : kasa o kashimasu → Satō-san wa kasa o kashite kuremashita.

1) sētā o okurimasu → 2) Ōsakajō e tsurete ikimasu →

3) eki made okurimasu → 4) nimotsu o mochimasu →

6. Rei : kasa o kashimasu → Dare ga kasa o kashite kuremashita ka.

……Satō-san ga kashite kuremashita.

1) okane o haraimasu → 2) chiketto o yoyaku-shimasu →

3) shashin o torimasu → 4) hikkoshi o tetsudaimasu →

7. Rei : ojiisan・michi o oshiemasu

→ Watashi wa ojiisan ni michi o oshiete agemashita.

1) Tawapon-san・tomodachi o shōkai-shimasu →

2) Tarō-kun・hikōki no zasshi o misemasu →

3) obāsan・byōin e tsurete ikimasu →

4) Terēza-chan・jitensha o shūri-shimasu →

Renshū C

1. A : Sutekina kaban desu ne.
   B : Arigatō gozaimasu.
   Daigaku ni haitta toki, ane ga kuremashita.
   A : Ii desu ne.

2. A : Mō pātii no junbi o shimashita ka.
   B : Hai.
   A : Namae no kādo wa?
   B : Satō-san ni kaite moraimashita.

3. A : Hōmusutei wa dō deshita ka.
   B : Tanoshikatta desu.
   Okāsan wa o-sushi o tsukutte kuremashita.
   A : O-sushi desu ka.
   B : Otōsan wa machi o annai-shite kuremashita.
   A : Sō desu ka. Yokatta desu ne.

Mondai

CD83 1. 1) ____________________
2) ____________________
3) ____________________
4) ____________________
5) ____________________

CD84 2. 1) (　　) 2) (　　) 3) (　　) 4) (　　) 5) (　　)

3. Rei : Tarō-chan wa Terēza-chan ni hana o ((agemashita), kuremashita).
   1) Watto-san wa watashi ni Eigo no jisho o (agemashita, kuremashita).
   2) Watashi wa Karina-san ni daigaku o annai-shite (kuremashita, moraimashita).
   3) Yasumi no hi otto wa yoku ryōri o tsukutte (agemasu, kuremasu).
   4) Eki de tomodachi ni komakai okane o kashite (moraimashita, kuremashita).

24

4. Rei : Mirā : Sumimasen. Shio o totte kudasai.
   Watashi : Hai, dōzo.
   ★Watashi wa Mirā-san ni shio o totte agemashita. (○)

   1) Guputa : A, komakai okane ga nai.
   Watashi : A, arimasu yo. Ikura desu ka.
   Guputa : Sumimasen. Ja, 100-en onegai-shimasu.
   ★Watashi wa Guputa-san ni okane o kashite agemashita. (　　)

   2) Otoko no hito : Omoi deshō? Mochimashō ka.
   Watashi : Arigatō gozaimasu.
   ★Otoko no hito wa watashi no nimotsu o motte kuremashita. (　　)

   3) (erebētā de)
   Mirā : Sumimasen. 6-kai onegai-shimasu.
   Watashi : Hai.
   ★Watashi wa Mirā-san ni erebētā no botan o oshite moraimashita.
   (　　)

5. Rei : Watashi wa Mirā-san (ni) chokorēto o agemashita.

   1) Chichi wa tanjōbi ni tokei ( ) kuremashita.
   2) Oishii wain desu ne.
      ······Ē. Santosu-san ( ) kuremashita.
   3) Watashi wa Yamada-san ( ) eki made, okutte moraimashita.
   4) Watashi wa kare ( ) ryokō no hon o okutte agemashita.

6. Boku no obāchan

Boku no obāchan wa 72-sai de, genki desu. Hitori de sunde imasu.

Tenki ga ii toki, obāchan wa byōin e tomodachi ni ai ni ikimasu. Byōin ni tomodachi ga takusan imasu kara. Tenki ga warui toki, ashi no chōshi ga yokunai desu kara, dekakemasen.

Obāchan ga boku no uchi e kita toki, boku wa gakkō de naratta uta o utatte agemasu. Obāchan wa boku ni furui Nihon no o-hanashi o shite kuremasu. Soshite, pan ya o-kashi o tsukutte kuremasu.

Obāchan ga uchi e kuru to, uchi no naka ga totemo nigiyaka ni narimasu.

   1) ( ) Obāchan wa boku no kazoku to issho ni sunde imasu.
   2) ( ) Obāchan wa ashi no chōshi ga warui toki, byōin e ikimasu.
   3) ( ) Obāchan wa pan ya o-kashi o tsukurimasu.
   4) ( ) Boku wa obāchan ga suki desu.

7. Anata no ojiisan ya obāsan o shōkai-shite kudasai.

Dai 25 ka

Bunkei

1. Ame ga futtara, dekakemasen.
2. Ame ga futte mo, dekakemasu.

Reibun

1. Moshi 1-oku-en attara, nani o shitai desu ka.
   ······Gakkō o tsukuritai desu.

2. Densha ya basu ga ugokanakattara, dō shimasu ka.
   ······Aruite kaerimasu.

3. Ano atarashii kutsu-ya wa ii kutsu ga takusan arimasu yo.
   ······Sō desu ka. Yasukattara, kaitai desu.

4. Ashita mo konakereba narimasen ka.
   ······Muri dattara, raishū kite kudasai.

5. Mō kodomo no namae o kangaemashita ka.
   ······Ē, otoko no ko dattara, "Hikaru" desu.
   Onna no ko dattara, "Aya" desu.

6. Daigaku o detara, sugu hatarakimasu ka.
   ······Iie, 1-nen gurai iroirona kuni o ryokō-shitai desu.

7. Sensei, kono kotoba no imi ga wakarimasen.
   ······Jisho o mimashita ka.
   Ē. Mite mo, wakarimasen.

8. Atsui toki, eakon o tsukemasu ka.
   ······Iie, atsukute mo, tsukemasen. Karada ni yokunai to omoimasu.

CD85 **Kaiwa**

Iroiro osewa ni narimashita

Kimura : Tenkin, omedetō gozaimasu.
Mirā : Arigatō gozaimasu.
Kimura : Mirā-san ga Tōkyō e ittara, sabishiku narimasu ne.
Satō : Sō desu ne.
Kimura : Tōkyō e itte mo, Ōsaka no koto o wasurenai de kudasai ne.
Mirā : Mochiron. Minasan, hima ga attara, zehi Tōkyō e asobi ni kite kudasai.
Santosu : Mirā-san mo Ōsaka e kitara, denwa o kudasai.
Issho ni nomimashō.
Mirā : Ē, zehi.
Minasan, hontō ni iroiro osewa ni narimashita.
Satō : Ganbatte kudasai. O-karada ni ki o tsukete.
Mirā : Hai. Minasan mo dōzo o-genki de.

Renshū A

1.

nomimasu	non	da	ra	non	de	mo
machimasu	mat	ta	ra	mat	te	mo
tabemasu	tabe	ta	ra	tabe	te	mo
mimasu	mi	ta	ra	mi	te	mo
kimasu	ki	ta	ra	ki	te	mo
shimasu	shi	ta	ra	shi	te	mo
atsui desu	atsu	katta	ra	atsu	kute	mo
ii desu	yo	katta	ra	yo	kute	mo
suki desu	suki	datta	ra	suki	de	mo
kantan desu	kantan	datta	ra	kantan	de	mo
byōki desu	byōki	datta	ra	byōki	de	mo
ame desu	ame	datta	ra	ame	de	mo

2.

Ame ga	futta	ra,	ikimasen.
Jikan ga	nakatta		eiga o mimasen.
	Yasukatta		ano mise de kaimasu.
	Hima datta		asobi ni ikimasu.
	Ii tenki datta		sanpo-shimasu.

3.

Mirā-san ga	kita	ra,	dekakemashō.
Uchi e	kaetta		sugu shawā o abimasu.
Natsu-yasumi ni	natta		inaka e kaeritai desu.

4.

	Kangaete	mo,	wakarimasen.
Okane ga	nakute		mainichi tanoshii desu.
	Takakute		kono uchi o kaitai desu.
	Benri de		kuruma wa tsukaimasen.
	Yasumi no hi de		hayaku okimasu.

Renshū B

1. Rei : okane ga arimasu ・ pasokon o kaitai desu

   → Okane ga attara, pasokon o kaitai desu.

   1) eki made arukimasu ・ 30-pun kakarimasu →
   2) kono kusuri o nomimasu ・ genki ni narimasu →
   3) basu ga kimasen ・ takushii de ikimasu →
   4) iken ga arimasen ・ owarimashō →

2. Rei 1 : yasui desu ・ pasokon o kaimasu

   → Yasukattara, pasokon o kaimasu.

   Rei 2 : ame desu ・ dekakemasen → Ame dattara, dekakemasen.

   1) eki ga chikai desu ・ benri desu →
   2) atsui desu ・ eakon o tsukete kudasai →
   3) tsukai-kata ga kantan desu ・ kaimasu →
   4) kōkūbin desu ・ raishū tsukimasu →

25

3. Rei 1 : nichi-yōbi ame desu ・ nani o shimasu ka.

   → Nichi-yōbi ame dattara, nani o shimasu ka.

   ……Uchi de, ongaku o kikimasu.

   Rei 2 : kētai ga koshō-shimasu ・ dō shimasu ka

   → Kētai ga koshō-shitara, dō shimasu ka.

   ……Atarashii no o kaimasu.

   1) nichi-yōbi tenki ga ii desu ・ nani o shimasu ka →
   2) yasumi ga 1-kagetsu arimasu ・ nani o shimasu ka →
   3) kaigi no toki, nemuku narimasu ・ dō shimasu ka →
   4) kaimono no toki, okane ga tarimasen ・ dō shimasu ka →

4. Rei : hirugohan o tabemasu ・ eiga o mi ni ikimasen ka

→ Hirugohan o tabetara, eiga o mi ni ikimasen ka.

1) eki ni tsukimasu ・ denwa o kudasai →

2) shigoto ga owarimasu ・ shokuji ni ikimashō →

3) kōkō o demasu ・ ryūgaku-shitai desu →

4) 60-sai ni narimasu ・ shigoto o yamemasu →

5. Rei : kangaemasu ・ wakarimasen

→ Kangaete mo, wakarimasen.

1) oboemasu ・ sugu wasuremasu →

2) botan o oshimasu ・ mizu ga demasen →

3) kekkon-shimasu ・ issho ni sumimasen →

4) jisho de shirabemasu ・ wakarimasen →

6. Rei 1 : yasui desu ・ kaimasen → Yasukute mo, kaimasen.

Rei 2 : kirai desu ・ tabemasu → Kirai de mo, tabemasu.

1) nemui desu ・ repōto o kakanakereba narimasen →

2) ryokō ni ikitai desu ・ jikan ga arimasen →

3) uta ga heta desu ・ karaoke wa tanoshii desu →

4) byōki desu ・ byōin e ikimasen →

7. Rei 1 : Dezain ga yokattara, kaimasu ka.

→ Iie, dezain ga yokute mo kaimasen.

Rei 2 : Takakute mo, kaimasu ka.

→ Iie, takakattara, kaimasen.

1) Chansu ga attara, gaikoku ni sumitai desu ka. →

2) Hima dattara, ryokō ni ikimasu ka. →

3) Toshi o totte mo, hatarakitai desu ka. →

4) Karada no chōshi ga warukute mo, benkyō-shimasu ka. →

Renshū C

1. A : Ashita hima dattara, jazu o kiki ni ikimasen ka.
   B : Ii desu ne. Doko e ikimasu ka.
   A : Kōbe ni ii tokoro ga arimasu yo.
   B : Kōbe desu ka. Ii desu ne.

2. A : Moshi moshi, Satō-san desu ka.
   B : Hai, Satō desu.
   A : Mirā desu ga, ima kaigishitsu ni imasu. Akikkusu no Makino-san ga kitara, oshiete kudasai.
   B : Hai, wakarimashita.

3. A : Raishū no sakkā no renshū, ame de mo, arimasu ka.
   B : Iie, ame dattara, arimasen.
   A : Sō desu ka.

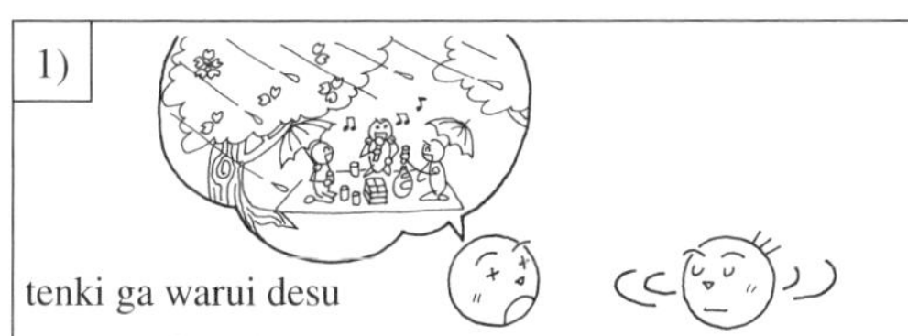

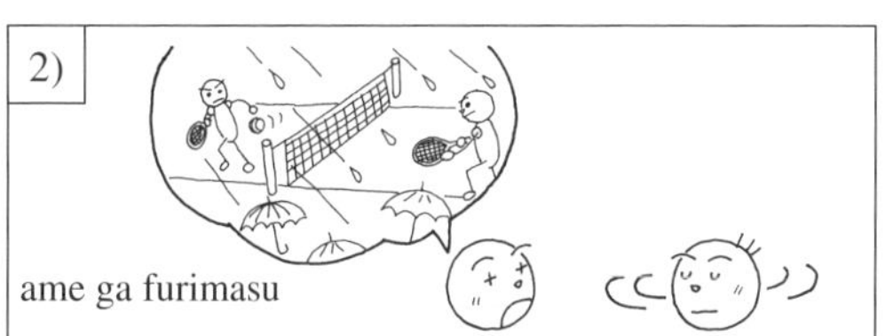

25

Mondai

CD86 1. 1) ______

2) ______

3) ______

4) ______

5) ______

CD87 2. 1) (   ) 2) (   ) 3) (   ) 4) (   ) 5) (   )

3. Rei : Ame ga (furimasu → futta) ra, dekakemasen.

1) Mainichi Nihon-go o (tsukaimasu →   ) ra, jōzu ni narimasu.

2) Basu ga (kimasen →   ) ra, takushii de ikimashō.

3) Getsu-yōbi ga (muri desu →   ) ra, ka-yōbi ni repōto o dashite kudasai.

4) Nichi-yōbi tenki ga (ii desu →   ) ra, gorufu ni ikimasen ka.

5) (Kangaemasu →   ) mo, wakarimasen.

6) Kuruma wa takai desu kara, (benri desu →   ) mo, kaimasen.

4. Rei : Jikan ga attara, (d)

1) Okane ga atte mo, (   )

2) Atsukattara, (   )

3) Shigoto ga isogashikute mo, (   )

4) Ii kaisha dattara, (   )

5) Ame de mo, (   )

a. eakon o tsukete kudasai.

b. sakkā no shiai ga arimasu.

c. nani mo kaimasen.

~~d. asobi ni ikimashō.~~

e. maiban Nihon-go o benkyō-shimasu.

f. hairitai desu.

5. Rei : Itsu ryokō ni ikimasu ka. (natsu-yasumi ni narimasu)

……Natsu-yasumi ni nattara, sugu ikimasu.

1) Nan-ji ni Pawā-denki e ikimasu ka. (kaigi ga owarimasu)

……

2) Itsu kekkon-shitai desu ka. (daigaku o demasu)

……

3) Nan-ji goro dekakemashō ka. (hirugohan o tabemasu)

……

4) Itsu goro atarashii shigoto o hajimemasu ka. (kuni e kaerimasu)

……

6. Watashi ga hoshii mono

Iroirona hito ni ichiban hoshii mono o kikimashita.

① "Jikan" desu. Kaisha e itte, hataraite, uchi e kaettara, 1-nichi ga owarimasu. 1-nichi ga mijikai desu. 1-nichi 36-jikan gurai hoshii desu. (onna no hito, 25-sai)

② "Boku no ginkō" ga hoshii desu. Ginkō o motte itara, sukina toki, okane o oroshite, sukina mono o kau koto ga dekimasu. (otoko no ko, 10-sai)

③ "Wakaku naru kusuri" desu. Watashi wa wakai toki, amari benkyō-shimasendeshita. Mō ichido wakaku nattara, benkyō-shite, ii shigoto o shitai desu. (onna no hito, 60-sai)

④ "Yūmoa" ga hoshii desu. Watashi ga hanashi o suru to, tsuma wa sugu "Ashita mo ishogashii deshō? Hayaku nete kudasai." to iimasu. Kodomo wa "Otōsan, mō 3-kai gurai kiita yo." to iimasu. Watashi wa omoshiroi hito ni naritai desu. (otoko no hito, 43-sai)

⑤ "Watashi" ga mō hitori hoshii desu. Watashi wa mainichi gakkō de benkyō-shinakereba narimasen. "Watashi" ga futari itara, hitori ga gakkō de benkyō-shite iru toki, mō hitori no "watashi" wa sukina koto ga dekimasu. Watashi wa futari ni naritai desu. (onna no ko, 14-sai)

Rei)	otoko no ko, 10-sai •	• mainichi totemo isogashii •	• yūmoa
1)	onna no ko, 14-sai •	• sukina koto o shitai •	• boku no ginkō
2)	onna no hito, 25-sai •	• benkyō-shitai •	• watashi
3)	otoko no hito, 43-sai •	• sukina mono o kaitai •	• wakaku naru kusuri
4)	onna no hito, 60-sai •	• watashi no hanashi wa omoshirokunai •	• jikan

7. Anata ga ima ichiban hoshii mono wa nan desu ka.

25

Fukushū G

1. Rei : Santosu-san, "Konbanwa" wa Porutogaru-go (de) nan desu ka.
   ……"Boa noite" desu.
   ★Santosu-san ga Porutogaru-go o oshiete kuremashita.

   1) Sumimasen, yūbinkyoku wa doko desu ka.
   ……Ano kōsaten (   ) migi (   ) magaru (   ), arimasu yo.
   Dōmo arigatō gozaimashita.
   ……Michi (   ) wataru toki, kuruma (   ) ki o tsukete kudasai ne.
   ★Aruite iru hito ga michi o oshiete ________.

   2) Sumimasen, doko ni CD o iremasu ka.
   ……Koko (   ) irete, oshite kudasai.
   Hai. Are? Oto (   ) chiisai desu.
   ……Kono botan o osu (   ), oto (   ) ōkiku narimasu yo.
   CD o dōyatte dashimasu ka.
   ……Koko (   ) sawaru (   ), CD (   ) demasu.
   ★Mise no hito ni tsukai-kata o oshiete ________.

   3) Moshi moshi, kore kara densha (   ) norimasu.
   ……Mukae (   ) ikimasu kara, eki (   ) tsuitara, matte ite kudasai.
   Ja, onegai-shimasu.
   ★Watashi wa tomodachi o eki e mukae ni itte ________.

   4) Sutekina e desu ne. Dare (   ) kono e o kakimashita ka.
   ……Chichi (   ) kakimashita. Kyonen koko e hikkoshi-shita toki, kuremashita.
   ★Kyonen chichi ni e o ________.

   5) A, mō 9-ji desu ne. Kyō (   ) gochisōsama deshita. Sorosoro shitsurei-shimasu.
   ……Sō desu ka. Ja, osoi desu kara, kuruma (   ) okurimashō ka.
   Sumimasen, onegai-shimasu.
   ★Watashi wa tomodachi o eki made okutte ________.

2. Rei : Chotto (matte) kudasai.

1) Yasumi no hi tenki ga ( ) ra, watashi wa yama e ikimasu. Yama ni ( ) toki, itsumo kamera o motte ikimasu. Shashin o ( ) ra, pasokon ni irete, mimasu. Okane to jikan ga ( ) ra, sekai no iroirona yama ni noboritai desu.

suki desu	ii desu	~~machimasu~~	noborimasu	torimasu	arimasu

2) Watashi wa hitori de sunde imasu kara, ( ) toki, taihen desu. Atama ga ( ) mo, yukkuri yasumu koto ga dekimasen. Netsu ga ( ) mo, jibun de uchi no shigoto o shinakereba narimasen.

itai desu	byōki desu	tabemasu	arimasu

3) Inaka e o-matsuri o mi ni kimashita. Ojiisan ga eki made mukae ni ( ) kuremashita. O-matsuri wa ashita desu.
( ) ra, o-matsuri wa arimasen.
Demo, obāsan ni ( ) moratta oishii ryōri o tabemasu.

ame desu	tsukurimasu	naraimasu	kimasu

4) Ojiisan wa atarashii kētai no tsukai-kata ga wakarimasen.
Desu kara ( ) agemashita.
Ojiisan wa "( ) toki, renshū-suru yo." to iimashita.
Watashi wa "( ) ra, mata kiite ne." to iimashita.

wakarimasu	hima desu	oshiemasu	tsukaimasu

3. Rei : Ima nani mo (a. tabetai desu (b). tabetakunai desu).

1) O-sake o (a. nomu b. nonda) toki, "Kanpai" to iimasu.
2) (a. Tsukareru b. Tsukareta) toki, yukkuri o-furo ni hairimasu.
3) Takushii ni (a. noru b. notta) okane ga arimasen.
4) Migi e magaru to, (a. ginkō e ikimasu b. ginkō ga arimasu).
5) Senshū no do-yōbi Tanaka-san ni Ōsakajō e tsurete itte
(a. kuremashita b. moraimashita).
6) Hirugohan o (a. tabeta toki b. tabetara), sugu dekakemasu.
7) (a. Nemukute mo b. Nemukattara), benkyō-shimasu.

G

Fukushi, setsuzokushi, kaiwa-hyōgen no matome II

1. Rei : Sumimasen. Kippu no kai-kata o oshiete kudasai.
   ……Hai. (a. Sugu b. Tsugi ni ⓒ. Mazu) koko o oshite kudasai.

   1) Nihon-go ga amari wakarimasen. Sumimasen ga, (a. ato de b. mata c. yukkuri) hanashite kudasai.
      ……A, sumimasen.
   2) Hokkaidō e itta koto ga arimasu ka.
      ……(a. Ichido b. Ichido mo c. Mōsugu) arimasu. Fuyu ni ikimashita. Yokatta desu yo.
   3) Ashita mo (a. korekara b. mata c. tsugi ni) kaigi desu ne.
      ……Ē, kongetsu wa kaigi ga ōi desu ne.
   4) Osokatta desu ne.
      ……Sumimasen. Basu ga (a. dandan b. nakanaka c. yukkuri) kimasendeshita.
   5) (a. Yoku b. Daitai c. Amari) terebi o mimasu ka.
      ……Sō desu ne. Yakyū no shiai ga aru toki, mimasu.
   6) Nihon wa bukka ga takai deshō?
      ……Ē, (a. sonna ni b. hontō ni c. hoka ni) takai to omoimasu.
   7) (a. Korekara b. Tsugi ni c. Saikin) pasokn no chōshi ga warui desu.
      ……Atarashii no o kawanai to…….
   8) Mirā-san wa kimasu ka.
      ……Ē, (a. kitto b. zehi c. daitai) kuru to omoimasu.
   9) Ano konbini de kusuri o utte imasu ka.
      ……(a. Tabun b. Yoku c. Zutto) utte inai to omoimasu.
   10) Shukudai wa (a. dandan b. zenbu c. jibun de) owarimashita.
      ……Hayai desu ne.
   11) Tōkyō e itte mo, watashitachi no koto o wasurenai de kudasai ne.
      ……(a. Zehi b. Mochiron c. Tabun) wasuremasen yo.
   12) Bangohan wa soto de tabemasu ka.
      ……Iie, (a. kitto b. jibun de c. tabun) tsukutte, uchi de tabemasu.

2. 1) Ashita no asa Tōkyō de kaigi ga arimasu kara, konban Tōkyō e ikimasu.
   (a. Sorekara b. Desukara c. Demo), 7-ji made ni kaisha o denakereba narimasen.
   ……Mō 6-ji desu ne. Isoganai to…….
   2) Sukoshi semakute mo, eki kara chikai tokoro ga ii desu.
   ……(a. Sorekara b. Demo c. Dewa), kochira wa ikaga desu ka.

3. 1) Dō shimashita ka.
   ……(a. Netsu ga arimasu b. Totemo genki desu
   c. Ii tenki ni narimashita).
   2) Atama ga itai desu kara, kyō wa hayaku kaerimasu.
   ……Sō desu ka. (a. Odaiji ni b. Tadaima c. Okaerinasai).
   3) Sushi to tenpura desu ne. 2,500-en de gozaimasu.
   ……(a. Shōshō omachi kudasai b. Betsubetsu ni onegai-shimasu
   c. Go-chūmon wa?).
   Hai. Sushi wa 1,500-en desu.
   ……(a. Kore de onegai-shimasu. b. 5,000-en onegai-shimasu.
   c. Yoroshiku onegai-shimasu.)
   Hai. 3,500-en no otsuri desu. Arigatō gozaimashita.
   4) Matsumoto-san, konbanwa.
   ……A, Santosu-san, (a. hisashiburi desu ne b. sō desu ne
   c. zannen desu ne).
   5) Ashita wa shiai desu.
   ……(a. Ja, onegai-shimasu b. Tsukaremashita ne
   c. Ganbatte kudasai).
   6) Raishū kuni e kaerimasu. Minasan, hontō ni (a. shitsurei-shimasu
   b. taihen desu ne c. osewa ni narimashita).
   ……(a. Dōzo yoroshiku b. Dōzo o-genki de c. Hai, dōzo).
   7) Kēki o tsukurimashita. Tabemasen ka.
   ……Sumimasen. (a. Onaka ga sukimashita b. Onaka ga ippai desu
   c. Kēki ga suki desu) kara, ima wa chotto…….
   8) Raigetsu kekkon-shimasu.
   ……(a. Onegai-shimasu b. Arigatō gozaimasu
   c. Omedetō gozaimasu).

Sō-fukushū

1. Rei : Ohayō-terebi desu. Shitsurei desu ga, [o-ikutsu] desu ka.
   ……39-sai desu.

   1) Kazoku wa [ ] desu ka.
      ……3-nin desu. Tsuma to kodomo ga hitori imasu.
      [ ] kekkon-shimashita ka.
      ……10-nen mae ni, kekkon-shimashita.
      Hajimete okusan ni atta tokoro wa [ ] desu ka.
      ……Daigaku desu.
   2) Shumi wa [ ] desu ka. ……Eiga o miru koto desu.
      [ ] eiga o mimasu ka. ……Anime ga suki desu.
      Anime to manga to [ ] ga omoshiroi desu ka.
      ……Mochiron anime no hō ga omoshiroi desu.
      Nihon de eiga wa 1,800-en desu. Anata no kuni de [ ] desu ka.
      ……300-en gurai desu.
   3) Takusan shashin ga arimasu ne. [ ] ga torimashita ka.
      ……Watashi desu.
      [ ] shashin ga ichiban suki desu ka.
      ……Kono hikōki no shashin desu. 
   4) Fuyu-yasumi wa [ ] o shimasu ka.
      ……Okinawa e ryokō ni ikitai desu.
      [ ] Okinawa e ikitai desu ka.
      ……Fuyu no Okinawa wa atatakai desu kara.
      Okinawa made [ ] ikimasu ka.
      ……Kōbe made kuruma de itte, fune ni norimasu.
      Fune de [ ] kakarimasu ka.
      ……Tabun futsuka gurai kakaru to omoimasu.
   5) Nihon ni tsuite [ ] omoimasu ka.
      ……Chotto bukka ga takai to omoimasu.
      Sō desu ka. Dōmo arigatō gozaimashita.

2. Rei : Watashi (no) ojiisan wa 69-sai desu.
   1) Ojiisan wa se ( ) takakute, hansamu desu.
      4-nen mae ni, shigoto ( ) yamemashita.

2) Maiasa 6-ji ( ) okite, shinbun ( ) yukkuri yomimasu. Gogo sukoshi nete kara, inu ( ) kōen ( ) sanpo-shitari, tomodachi ( ) attari shimasu. Yoru wa nani ( ) shimasen.

3) Ojiisan wa ryōri ( ) jōzu desu. Watashi wa ojiisan ( ) tsukuru ryōri no naka ( ) karē ( ) ichiban oishii ( ) omoimasu.

4) Ojiisan wa uma ( ) noru koto ( ) dekimasu. Gakusei ( ) toki, Doitsu ( ) narai ( ) itta koto ( ) arimasu. Ojiisan wa watashi ( ) 18-sai ( ) nattara, uma ( ) nori-kata o oshiete kureru ( ) iimashita.

5) 7-gatsu ni Kyōto ( ) yūmeina o-matsuri ( ) arimasu. Ojiisan wa Kyōto no daigaku ( ) demashita. ( ), Kyōto ( ) tomodachi ( ) takusan imasu. 1-nen ( ) 1-kai minna de aimasu.

3. Rei : Toshokan wa hon o (yomu) tokoro desu yo. Hanashite wa ikemasen.
……Hai, sumimasen.

1) Terēza-chan no yume wa nan desu ka.
……Isha ni ( ) koto desu.

2) Burajiru no hito wa gohan o ( ) toki, nan to iimasu ka.
……Nani mo iimasen.

3) Tomodachi ga uso o ( ) ra, dō shimasu ka.
……"Hontō no koto o itte" to iimasu.

4) Maiban ( ) mae ni, nani o shimasu ka.
……Oinori o shimasu.

nemasu	iimasu	~~yomimasu~~	tabemasu	narimasu	kikimasu

5) Sensei, kono kanji no imi o ( ) kudasai.
……Jisho de shirabemashita ka.
( ) mo, wakarimasen.

6) Tarō, ashita shiken ga ( ) deshō? Benkyō-shinai to……
……Nemui yo. Muri da yo.
( ) mo, ( ) nakereba narimasen.

oshiemasu	benkyō-shimasu	kakimasu
shirabemasu	arimasu	nemui desu

7) 7-gatsu desu ne. (   ) narimashita ne.
……Sō desu ne. Mōsugu Gion-matsuri desu ne.
Gion-matsuri no toki, Kyōto wa (   ) deshō?
……Ē. Moshi (   ) ra, Kyōto e
(   ) ni kimasen ka.
Arigatō gozaimasu.

hima desu	nigiyaka desu	asobimasu	atsui desu	akarui desu

4. Rei : Takushii o yobimashō ka.
……Ē, (ⓐ. 2-dai yonde kudasai   b. 2-dai yobimashita).

1) Uchi e (a. kaettara   b. kaeru to), te o aratte kudasai.
……Hai, wakarimashita.

2) Mizu ga demasen.
……Migi no botan o (a. osu to   b. osu toki), demasu yo.

3) Nichi-yōbi kūkō e hikōki o mi ni ikimasu. Chichi ga tsurete itte (a. moraimasu   b. kuremasu). Kūkō wa umi no ue ni arimasu kara, kūkō e (a. iku   b. itta) toki, nagai hashi o wataranakereba narimasen.

4) Sengetsu Tai o ryokō-shita toki, zō ni (a. notta koto ga arimasu   b. norimashita). Zō wa totemo ōkikatta desu.

5) Raigetsu kekkon-shimasu. Kekkon-shitara, Kōbe ni (a. sunde imasu   b. sumimasu).
Tomodachi ni hikkoshi o tetsudatte (a. moraimasu   b. agemasu).

6) Ano bōshi o (a. haite iru   b. kabutte iru) hito wa dare desu ka.
……(a. Shitte imasen   b. Shirimasen).

7) Do-yōbi issho ni tenisu o (a. shimasu ka   b. shimasen ka).
……Sumimasen. Do-yōbi wa (a. chōshi   b. tsugō) ga warui desu.

8) Saikin no kodomo wa amari hon o yomanai to omoimasu.
……Watashi mo (a. sō omoimasu   b. sō da to omoimasu).

5. Rei : (Kudamono) de mikan ga ichiban oishii to omoimasu.

1) Nihon wa (   ) ga yottsu arimasu. Haru, natsu, aki, fuyu desu.

2) Shumi wa (   ) no shashin o toru koto desu. Tokuni neko o torimasu.

3) Kono jidō-hanbaiki wa mizu ya ocha nado (   ) o utte

imasu.

4) Watashi wa ( ) ga futari imasu. Ani to imōto desu.

5) ( ) wa dō deshita ka. ……Ame deshita.

6. Rei : A : Kōhii, mō ippai ikaga desu ka.

B : Iie, (a. ii desu ⓑ. kekkō desu c. ippai desu).

1) A : Ii o-tenki desu ne.

B : Ē, (a. sō desu yo b. sō desu ka c. sō desu ne).

2) A : Kyō wa (a. chotto b. sukoshi c. amari) tabemasen ne.

B : Ē. Kinō kara daietto o shite imasu.

3) A : Igirisu wa itsu ga ichiban ii desu ka.

B : Sō desu ne. Natsu ga ii desu yo. Rainen wa (a. zehi b. tabun c. totemo) Igirisu e kite kudasai.

A : Igirisu no natsu wa Ōsaka yori suzushii desu ka.

B : Ē, (a. zutto b. ichiban c. mō) suzushii desu yo.

4) A : Daigaku no ryō ni sunde imasu ka.

B : Iie, heya o karite, (a. jibun de b. hitori de c. zenbu de) sunde imasu.

A : Yachin ga takai deshō.

B : Iie, (a. hontō ni b. sonnani c. totemo) takakunai desu.

5) A : Kuni no koto o omoidashimasu ka.

B : Hai. (a. Takusan b. Totemo c. Yoku) omoidashimasu. (a. Hoka ni b. Tokuni c. Ato de) haha no koto o omoidashimasu.

6) A : Daigaku o detara, (a. sugu b. mōsugu c. hayaku) hatarakimasu ka.

B : Iie, 1-nen (a. daitai b. goro c. gurai) sekai o ryokō-shite, (a. tsugi ni b. desukara c. sorekara) kuni e kaette, hatarakimasu.

7) A : Kekkon-shitara, ryōshin to sumimasu ka.

B : Iie, (a. betsubetsu ni b. hitori de c. issho ni) sumimasu. Shūmatsu dake (a. zenbu b. minna c. minna de) shokuji-shimasu.

8) A : A, 10-ji desu ne. (a. Dandan b. Nakanaka c. Sorosoro) shitsurei-shimasu. Ashita wa shutchō desu kara.

B : Sō desu ka. (a. Demo b. Ja c. Soshite), kaerimashō.

Dōshi no fōmu

	13 ka		18 ka	17 ka		19 ka	14 ka
	masu-kei		jisho-kei	nai-kei		ta-kei	te-kei
I	kaki	masu	kaku	kaka	nai	kaita	kaite
	iki	masu	iku	ika	nai	itta	itte
	isogi	masu	isogu	isoga	nai	isoida	isoide
	yasumi	masu	yasumu	yasuma	nai	yasunda	yasunde
	yobi	masu	yobu	yoba	nai	yonda	yonde
	shini	masu	shinu	shina	nai	shinda	shinde
	tsukuri	masu	tsukuru	tsukura	nai	tsukutta	tsukutte
	tsukai	masu	tsukau	tsukawa	nai	tsukatta	tsukatte
	mochi	masu	motsu	mota	nai	motta	motte
	naoshi	masu	naosu	naosa	nai	naoshita	naoshite
II	tabe	masu	taberu	tabe	nai	tabeta	tabete
	mi	masu	miru	mi	nai	mita	mite
III	shi	masu	suru	shi	nai	shita	shite
	ki	masu	kuru	ko	nai	kita	kite
	-mashō (6) -masen ka (6) -ni ikimasu (13) -tai desu (13) -mashō ka (14, 22)		-koto ga dekimasu (18) -koto desu (18) -mae ni (18) -to (23)	-nai de kudasai (17) -nakereba narimasen (17) -nakute mo ii desu (17)		-koto ga arimasu (19) -ri, -ri shimasu (19) -ra (25)	-imasu (14, 15) -kudasai (14) -mo ii desu (15) -wa ikemasen (15) -kara (16) -agemasu (24) -moraimasu (24) -kuremasu (24) -mo (25)

	20 ka	
	futsū-kei	
I	kaku kakanai kaita kakanakatta	-to omoimasu (21) -to iimasu (21) -deshō? (21) -toki (23)
II	taberu tabenai tabeta tabenakatta	
III	suru shinai shita shinakatta kuru konai kita konakatta	

Gakushū-kōmoku ichiran

ka	Gakushū-kōmoku	Bunkei	Reibun	Renshū A	Renshū B	Renshū C
1	Watashi wa Maiku Mirā desu	1	1	1	1, 2	1
	Watashi wa Kāru Shumitto ja arimasen	2	2, 3	2	3	
	Ano hito wa Kimura-san desu ka	3		3	4	2
	Watashi wa IMC no shain desu		4	4	5	3
	Maria-san mo Burajiru-jin desu	4	5	5	6	
	Terēza-chan wa 9-sai desu		6	6	7	
2	Kore wa tsukue desu	1	1, 2, 3	1	1, 2, 3	1
	Sore wa bōrupen desu ka, shāpu-penshiru desu ka		4	2	4	
	Kore wa kuruma no hon desu		5	3	5	2
	Are wa watashi no kaban desu	2	6	4	6	
	Are wa watashi no desu		7	5	7	
	Kono techō wa watashi no desu	3	8	6	8	3
3	Koko wa kyōshitsu desu	1	1	1	1	
	Uketsuke wa koko desu	2	2	2	2	1
	Jidō-hanbaiki wa 2-kai desu		3	3	3	
	Erebētā wa kochira desu		4	4	4	
	Kuni wa Furansu desu		5	5	5, 6	2
	Kore wa Nihon no kuruma desu		6	6	7	3
	Kono nekutai wa 1,500-en desu		7	7	8	
4	Ima 4-ji 5-fun desu	1	1	1	1, 2	
	Yasumi wa sui-yōbi desu		2	2	3	
	Hiruyasumi wa 12-ji kara 1-ji made desu		3	3	4	1
	Watashi wa maiasa 6-ji ni okimasu	2	4	4	5	2
	Watashi wa 9-ji kara 5-ji made hatarakimasu		5	5	6	3
	-masu/masen/mashita/masendeshita	3	6, 7	6, 7	7, 8, 9	
5	Watashi wa sūpā e ikimasu	1	1, 2	1	1, 2	1
	Watashi wa basu de kaisha e ikimasu	2	3	2	3	2
	Watashi wa Mirā-san to Nihon e kimashita	3	4	3	4	
	Watashi wa 7-gatsu 15-nichi ni kuni e kaerimasu		5	4	5, 6, 7	3
	Tanjōbi wa 6-gatsu 13-nichi desu		6		8	
6	Watashi wa pan o tabemasu	1	1, 2, 3	1	1, 2, 3	1
	Anata wa nani o shimasu ka		4	2	4	
	Watashi wa depāto de kōcha o kaimashita	2	5	3	5, 6	2
	Issho ni Kyōto e ikimasen ka	3	6	4	7	3
	Asoko de yasumimashō	4	7	5		

ka	Gakushū-kōmoku	Bunkei	Reibun	Renshū A	Renshū B	Renshū C
7	Watashi wa hashi de gohan o tabemasu	1	1, 2	1, 2	1	
	"Arigatō" wa Eigo de "Thank you" desu		3	3	2	1
	Watashi wa Satō-san ni chokorēto o agemasu	2	4	4	3, 5, 6	
	Watashi wa Watto-san ni hon o moraimashita	3	5	5	4, 5, 6	2
	Mō nimotsu o okurimashita ka ……Iie mada desu	4	6, 7	6	7	3
8	Kono machi wa kirei desu	1	1, 2	1, 2	1, 2, 4, 5	
	Kono machi wa omoshiroi desu	2	3, 4		1, 3, 4, 5	1
	Nara wa yūmeina machi desu	3	5	3	6, 7, 8	2, 3
	Nara wa furui machi desu	4	6			
9	Watashi wa eiga ga suki desu	1	1, 2	1	1, 2	1
	Santosu-san wa sakkā ga jōzu desu		3	2	3	
	Watashi wa hiragana ga wakarimasu	2	4	3	4	
	Watashi wa okane ga arimasu		5	4	5, 6	2
	Isogashii desu kara, terebi o mimasen	3	6, 7	5	7, 8	3
10	Asoko ni denwa ga arimasu	1	1	1	1	
	Asoko ni Yamada-san ga imasu	2	2, 3	2		
	Sūpā no tonari ni kissaten ga arimasu		4	3	2, 3	1
	Mirā-san no uchi wa Ōsaka ni arimasu	3	5	4	4, 5	2
	Mirā-san wa asoko ni imasu	4	6	5		3
11	Mikan ga itsutsu arimasu	1	1	1	1	1
	80-en no kitte o 1-mai kaimashita		2	2	2, 3	
	Kono kurasu ni ryūgakusei ga hitori imasu		3, 4	3	4	2
	1-shūkan ni 1-kai eiga o mimasu		5	4	5	
	Kuni de 5-shūkan Nihon-go o benkyō-shimashita	2	6	5	6, 7	
	Watashi no kuni kara Nihon made hikōki de 4-jikan kakarimasu		7	6		3
12	Kyōto wa kirei deshita	1	1, 3	1, 2	1, 3, 4	
	Kyōto wa samukatta desu	2	2		2, 3, 4	1
	Tōkyō wa Ōsaka yori ōkii desu	3	4	3	5	
	Sakkā to yakyū to dochira ga omoshiroi desu ka ……Sakkā no hō ga omoshiroi desu		5, 6	4	6	2
	Supōtsu de nani ga ichiban omoshiroi desu ka	4	7	5	7	3

ka	Gakushū-kōmoku	Bunkei	Reibun	Renshū A	Renshū B	Renshū C
13	Watashi wa kuruma ga hoshii desu	1	1	1	1, 2	1
	Watashi wa kamera o kaitai desu	2	2, 3	2, 3	3, 4	2
	Watashi wa Kyōto e asobi ni ikimasu	3	4, 5, 6	4	5, 6, 7, 8	3
14	Mondai o yonde kudasai	1	1, 2	1, 2	1, 2, 3	1
	Tetsudaimashō ka	2	3, 4	3	4, 5	2
	Mirā-san wa ima repōto o yonde imasu	3	5, 6	4	6, 7	3
15	Enpitsu de kaite mo ii desu ka	1	1, 2	1	1, 2	1
	O-sake o nonde wa ikemasen		3	2	3	
	Watashi wa Kyōto ni sunde imasu	2	4, 5, 6	3	4	2
	Watashi wa IMC de hataraite imasu		7	4	5, 6	3
16	Ashita Kōbe e itte, eiga o mite, kaimono-shimasu	1	1, 2	1	1, 2	1
	Uchi e kaette kara, bangohan o tabemasu	2	3	2	3, 4	2
	Karina-san wa se ga takai desu	3	4	3	5	
	Mirā-san wa wakakute, genki desu	4	5, 6, 7	4	6, 7, 8	3
17	Tabako o suwanai de kudasai	1	1, 2	1, 2	1, 2	1
	Hon o kaesanakereba narimasen	2	3	3	3, 4, 6, 7	2
	Namae o kakanakute mo ii desu	3	4	4	5, 6, 7	
	Repōto wa ashita kakimasu		5	5	8	3
18	Mirā-san wa { Nihon-go / kanji o yomu koto } ga dekimasu	1	1, 2	1, 2	1, 2, 3	
	Koko de { kopii / kippu o kau koto } ga dekimasu		3, 4	3	4, 5	1
	Watashi no shumi wa { supōtsu / dōbutsu no shashin o toru koto } desu	2	5	4	6	2
	Neru mae ni, hon o yomimasu	3	6, 7, 8	5	7, 8	3
19	Watashi wa Okinawa e itta koto ga arimasu	1	1, 2	1, 2	1, 2	1
	Maiban terebi o mitari, hon o yondari shimasu	2	3, 4	3	3, 4	2
	Terēza-chan wa se ga takaku narimashita	3	5, 6, 7	4	5	3

ka	Gakushū-kōmoku	Bunkei	Reibun	Renshū A	Renshū B	Renshū C
20	Watashi wa raishū Tōkyō e iku	1	1, 2, 3	1, 2	1, 5	1
	Watashi wa mainichi isogashii	2	4		2, 6	
	Watashi wa ashita hima da	3			3, 7	
	Watashi wa IMC no shain da	4				
	Watashi wa shiyakusho e ikanakereba naranai		5, 6, 7, 8	2	4, 8	2, 3
21	Watashi wa ashita ame ga furu to omoimasu	1	1, 2	1	1, 2	
	Watashi wa uma wa yaku ni tatsu to omoimasu		3, 4	2	3, 4, 5	1
	Watashi wa kachō ni kaisha o yameru to iimashita	2	5, 6, 7	3	6	2
	Ashita pātii ni kuru deshō?	3	8	4	7, 8	3
22	Kore wa onna no hito ga yomu zasshi desu	1	1	1, 2	1, 2	
	Haha ga yoku tsukuru ryōri wa karē desu	2	2, 3, 4, 5	3	3, 4, 5	1, 2
	Watashi wa pasokon o ireru kaban o kaimashita	3	6	4	6	3
	Watashi wa hon o yomu hito ga suki desu		7	5	7	
	Watashi wa terebi o miru jikan ga arimasen	4	8	6	8	
23	Michi o wataru toki, kuruma ni ki o tsukemasu	1	1, 2	1	1, 4	
	Uchi e kaetta toki, "Tadaima" to iimasu		3, 4	2	2, 4	1
	Nemui toki, kōhii o nomimasu		5	3	3, 4	2
	Himana toki, hon o yomimasu		6			
	26-sai no toki, kekkon-shimashita		7			
	Kore o mawasu to, oto ga ōkiku narimasu	2	8, 9	4	5, 6	3
24	Mirā-san wa watashi ni wain o kuremashita	1	1	1	1	
	Santosu-san ga kuremashita		2	2	2	1
	Watashi wa Yamada-san ni ryokō no shashin o misete moraimashita	2	3	3	3, 4	2
	Yamada-san wa ryokō no shashin o misete kuremashita	3	4	4	5, 6	3
	Watashi wa Karina-san ni CD o kashite agemashita	4	5	5	7	
25	Ame ga futtara, ikimasen	1	1, 2, 3, 4, 5	1, 2	1, 2, 3	1
	Mirā-san ga kitara, dekakemashō		6	3	4	2
	Kangaete mo, wakarimasen	2	7, 8	4	5, 6, 7	3

Index

— **E** —

— **F** —

— **G** —

— **H** —

— **I** —

— M —

— N —

— O —

— **P** —

— **R** —

— s —

— T —

— **U** —

— **W** —

— **Y** —

— **Z** —

監修
鶴尾能子　石沢弘子

執筆協力
田中よね　澤田幸子　重川明美　牧野昭子　御子神慶子

音声監修
江崎哲也　岡田祥平

本文イラスト
佐藤夏枝　向井直子

声の出演
大山尚雄　北大輔　水沢有美　水原英里

装丁・本文デザイン
山田武

みんなの日本語　初級Ⅰ　第２版
本冊　ローマ字版

2000 年 10 月 15 日　初版第 1 刷発行
2013 年　2 月 20 日　第 2 版第 1 刷発行
2022 年　8 月 25 日　第 2 版第 8 刷発行

編著者　スリーエーネットワーク
発行者　藤嵜政子
発　行　株式会社スリーエーネットワーク
〒102-0083　東京都千代田区麹町 3 丁目 4 番
トラスティ麹町ビル 2F
電話　営業　03（5275）2722
編集　03（5275）2725
https://www.3anet.co.jp/
印　刷　株式会社シナノ

ISBN978-4-88319-634-0 C0081

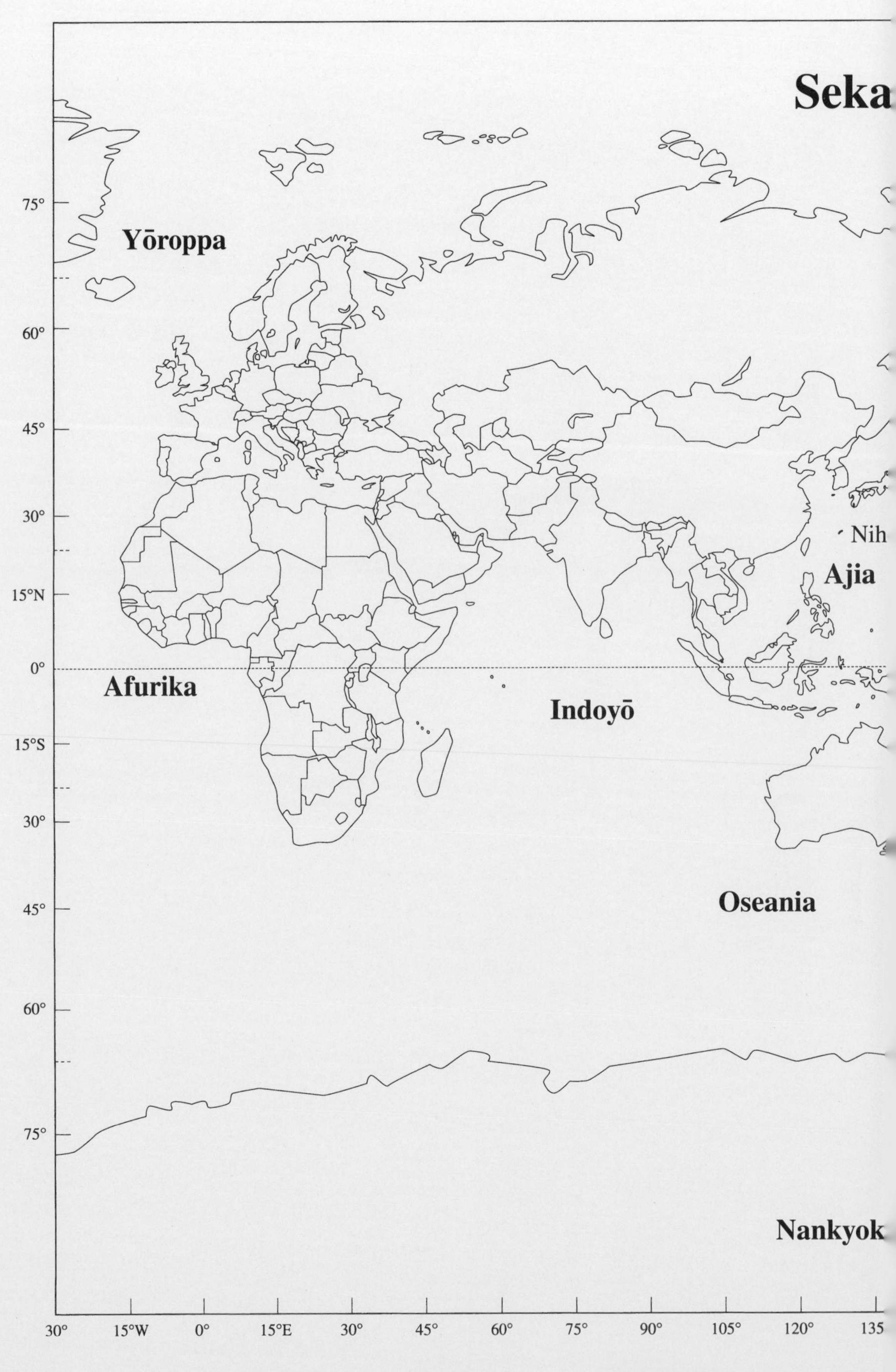
Seka
Yōroppa
Afurika
Indoyō
Ajia
Nih
Oseania
Nankyok
75°
60°
45°
30°
15°N
0°
15°S
30°
45°
60°
75°
30°
15°W
0°
15°E
30°
45°
60°
75°
90°
105°
120°
135

みんなの日本語
初級Ⅰ 第2版
本冊ローマ字版

Minna no Nihongo

Romanized Version

Elementary Japanese I Second Edition Main Textbook

Example answers and scripts for the listening parts of the practice questions

スリーエーネットワーク

Renshū B・C　Kaitō-rei (Example answers for Exercises B and C)

Dai 1 ka

Renshū B

1. 1) Yamada-san wa Nihon-jin desu.　2) Watto-san wa Igirisu-jin desu.
   3) Tawapon-san wa Tai-jin desu.　4) Shumitto-san wa Doitsu-jin desu.
2. 1) Yamada-san wa ginkōin desu.　2) Watto-san wa sensei desu.
   3) Tawapon-san wa gakusei desu.　4) Shumitto-san wa kaishain desu.
3. 1) Yamada-san wa gakusei ja arimasen.
   2) Watto-san wa Doitsu-jin ja arimasen.
   3) Tawapon-san wa sensei ja arimasen.
   4) Shumitto-san wa Amerika-jin ja arimasen.
4. 1) Yamada-san wa ginkōin desu ka. ……Hai, ginkōin desu.
   2) Watto-san wa kaishain desu ka. ……Iie, kaishain ja arimasen.
   3) Tawapon-san wa sensei desu ka. ……Iie, sensei ja arimasen.
   4) Shumitto-san wa Doitsu-jin desu ka. ……Hai, Doitsu-jin desu.
5. 1) Ano kata wa donata desu ka. ……Ii-san desu. AKC no kenkyūsha desu.
   2) Ano kata wa donata desu ka. ……Wan-san desu. Kōbe-byōin no isha desu.
   3) Ano kata wa donata desu ka. ……Karina-san desu. Fuji-daigaku no gakusei desu.
   4) Ano kata wa donate desu ka. ……Santosu-san desu. Burajiru-eā no shain desu.
6. 1) Yamada-san wa ginkōin desu. Ii-san mo ginkōin desu ka.
   ……Iie, Ii-san wa ginkōin ja arimasen.
   2) Watto-san wa sensei desu. Wan-san mo sensei desu ka.
   ……Iie, Wan-san wa sensei ja arimasen.
   3) Tawapon-san wa gakusei desu. Karina-san mo gakusei desu ka.
   ……Hai, Karina-san mo gakusei desu.
   4) Shumitto-san wa Doitsu-jin desu. Santosu-san mo Doitsu-jin desu ka.
   ……Iie, Santosu-san wa Doitsu-jin ja arimasen.
7. 1) Yamada-san wa nan-sai desu ka. ……38-sai desu.
   2) Watto-san wa nan-sai desu ka. ……45-sai desu.
   3) Tawapon-san wa nan-sai desu ka. ……19-sai desu.
   4) Shumitto-san wa nan-sai desu ka. ……52-sai desu.

Renshū C

1. 1) Joze Santosu/Burajiru　2) Karina/Indoneshia
2. 1) Santosu/Santasu/Santosu　2) Tawapon/Tanapon/Tawapon
3. 1) Santosu/Santosu/Burajiru-eā　2) Shumitto/Shumitto/Pawā-denki

Dai 2 ka

Renshū B

1. 1) Sore wa kaban desu.　2) Kore wa kagi desu.　3) Are wa terebi desu.
2. 1) Kore wa tokei desu ka. ……Hai, tokei desu.

2) Kore wa rajio desu ka. ……Iie, kamera desu.
3) Kore wa enpitsu desu ka. ……Iie, shāpu-penshiru (bōrupen) desu.
4) Kore wa isu desu ka. ……Hai, isu desu.

3. 1) Kore wa nan desu ka. ……Tokei desu.
2) Kore wa nan desu ka. ……Kamera desu.
3) Kore wa nan desu ka. ……Shāpu-penshiru (bōrupen) desu.
4) Kore wa nan desu ka. ……Isu desu.

4. 1) Kore wa hon desu ka, zasshi desu ka. ……Hon desu.
2) Kore wa "い(i)" desu ka, "り(ri)" desu ka. ……"り(ri)" desu.
3) Kore wa "1" desu ka, "7" desu ka. ……"7" desu.
4) Kore wa "シ(shi)" desu ka, "ツ(tsu)" desu ka. …… "シ(shi)" desu.

5. 1) Sore wa nan no zasshi desu ka. ……Kuruma no zasshi desu.
2) Sore wa nan no CD desu ka. ……Nihon-go no CD desu.
3) Sore wa nan no zasshi desu ka. ……Kamera no zasshi desu.
4) Sore wa nan no hon desu ka. ……Nihon-go no hon desu.

6. 1) Kore wa dare no kaban desu ka. ……Yamada-san no kaban desu.
2) Kore wa dare no kamera desu ka. ……Santosu-san no kamera desu.
3) Kore wa dare no kasa desu ka. ……Satō-san no kasa desu.
4) Kore wa dare no techō desu ka. ……Mirā-san no techō desu.

7. 1) Kore wa Wan-san no desu ka. ……Iie, Wan-san no ja arimasen.
2) Kore wa Santosu-san no desu ka. ……Hai, Santosu-san no desu.
3) Kore wa Satō-san no desu ka. ……Hi, Satō-san no desu.
4) Kore wa Watto-san no desu ka. ……Iie, Watto-san no ja arimasen.

8. 1) Kono kaban wa dare no desu ka. ……Yamada-san no desu.
2) Kono kamera wa dare no desu ka. ……Santosu-san no desu.
3) Kono kasa wa dare no desu ka. ……Satō-san no desu.
4) Kono techō wa dare no desu ka. ……Mirā-san no desu.

Renshū C

1. 1) Chokorēto 2) Bōrupen
2. 1) Byōin no kādo 2) Kuruma no kagi
3. 1) nōto 2) enpitsu

Dai 3 ka

Renshū B

1. 1) Koko wa uketsuke desu. 2) Koko wa jimusho desu.
3) Koko wa kaigishitsu desu. 4) Koko wa toire (otearai) desu.

2. 1) Kaigishitsu wa doko desu ka. ……Koko desu.
2) Jidō-hanbaiki wa doko desu ka. ……Soko desu.
3) Yamada-san wa doko desu ka. ……Asoko desu.

3. 1) Toire wa doko desu ka. ……1-kai desu.

2) Terēza-chan wa doko desu ka. ……Kyōshitsu desu.

3) Shokudō wa doko desu ka. ……Chika desu.

4) Kaigishitsu no kagi wa doko desu ka. ……Jimusho desu.

4. 1) Esukarētā wa dochira desu ka. ……Sochira desu.

2) Denwa wa dochira desu ka. ……Kochira desu.

3) Karina-san no heya wa dochira desu ka. ……3-gai desu.

4) Uchi wa dochira desu ka. ……Ōsaka desu.

5. 1) Santosu-san no o-kuni wa dochira desu ka. ……Burajiru desu.

2) Watto-san no o-kuni wa dochira desu ka. ……Igirisu desu.

3) Shumitto-san no o-kuni wa dochira desu ka. ……Doitsu desu.

4) Karina-san no o-kuni wa dochira desu ka. ……Indoneshia desu.

6. 1) Santosu-san no kaisha wa dochira desu ka. ……Burajiru-eā desu.

2) Watto-san no daigaku wa dochira desu ka. ……Sakura-daigaku desu.

3) Shumitto-san no kaisha wa dochira desu ka. ……Pawā-denki desu.

4) Karina-san no daigaku wa dochira desu ka. ……Fuji-daigaku desu.

7. 1) Kore wa doko no wain desu ka. ……Furansu no wain desu.

2) Kore wa doko no kamera desu ka. ……Nihon no kamera desu.

3) Kore wa doko no konpyūtā desu ka. ……Amerika no konpyūtā desu.

4) Kore wa doko no kuruma desu ka. ……Doitsu no kuruma desu.

8. 1) Kono wain wa ikura desu ka. ……3,200 (san-zen ni-hyaku)-en desu.

2) Kono kamera wa ikura desu ka. ……25,800 (ni-man go-sen hap-pyaku)-en desu.

3) Kono konpyūtā wa ikura desu ka. ……143,000 (jū yon-man san-zen)-en desu.

4) Kono kuruma wa ikura desu ka. ……4,500,000 (yon-hyaku go-jū-man)-en desu.

Renshū C

1. 1) Erebētā 2) Kaban-uriba

2. 1) Doitsu/Berurin 2) Indoneshia/Jakaruta

3. 1) nekutai/Itaria/7,300 (nana-sen san-byaku)-en

2) tokei/Suisu/188,000 (jū hachi-man has-sen)-en

Dai 4 ka

Renshū B

1. 1) 7-ji han desu. 2) 12-ji 15-fun desu. 3) 2-ji 45-fun desu. 4) 10-ji 20-pun desu.

2. 1) Pekin wa ima nan-ji desu ka. ……Gogo 5-ji desu.

2) Bankoku wa ima nan-ji desu ka. ……Gogo 4-ji desu.

3) Rondon wa ima nan-ji desu ka. ……Gozen 9-ji desu.

4) Rosanzerusu wa ima nan-ji desu ka. ……Gozen 1-ji desu.

3. 1) Ashita wa nan-yōbi desu ka. ……Sui-yōbi desu.

2) Kaigi wa nan-yōbi desu ka. ……Kin-yōbi desu.

3) Shiken wa nan-yōbi desu ka. ……Moku-yōbi desu.

4) Yasumi wa nan-yōbi desu ka. ……Do-yōbi to nichi-yōbi desu.

4. 1) Yūbinkyoku wa nan-ji kara nan-ji made desu ka. ······9-ji kara 5-ji made desu.
   2) Depāto wa nan-ji kara nan-ji made desu ka. ······10-ji kara 8-ji han made desu.
   3) Toshokan wa nan-ji kara nan-ji made desu ka. ······9-ji kara 6-ji han made desu.
   4) Kaisha wa nan-ji kara nan-ji made desu ka. ······9-ji 15-fun kara 5-ji 45-fun made desu.
5. 1) Maiban nan-ji ni nemasu ka. ······11-ji ni nemasu.
   2) Ashita nan-ji ni okimasu ka. ······6-ji han ni okimasu.
   3) Konban nan-ji ni nemasu ka. ······12-ji ni nemasu.
   4) Nichi-yōbi nan-ji ni okimasu ka. ······10-ji ni okimasu.
6. 1) Mainichi nan-ji kara nan-ji made hatarakimasu ka.
   ······9-ji han kara 5-ji han made hatarakimasu.
   2) Hiru nan-ji kara nan-ji made yasumimasu ka. ······12-ji kara 1-ji made yasumimasu.
   3) Do-yōbi nan-ji kara nan-ji made hatarakimasu ka. ······9-ji kara 2-ji made hatarakimasu.
   4) Maiasa nan-ji kara nan-ji made benkyō-shimasu ka. ······7-ji kara 8-ji made benkyō-shimasu.
7. 1) Mainichi benkyō-shimasu. 2) Kinō no ban hatarakimashita.
   3) Asatte benkyō-shimasu. 4) Ototoi hatarakimashita.
8. 1) Iie, hatarakimasen. 2) Hai, benkyō-shimasu. 3) Hai, benkyō-shimashita.
   4) Iie, hatarakimasendeshita.
9. 1) Maiban nan-ji ni nemasu ka. ······11-ji ni nemasu.
   2) Kesa nan-ji ni okimashita ka. ······7-ji han ni okimashita.
   3) Mainichi nan-ji kara nan-ji made hatarakimasu ka.
   ······10-ji kara 6-ji made hatarakimasu.
   4) Kinō no ban nan-ji kara nan-ji made benkyō-shimashita ka.
   ······7-ji kara 8-ji han made benkyō-shimashita.

Renshū C

1. 1) Yūbinkyoku/9-ji kara 4ji made/Do-yōbi to nichi-yōbi
   2) Midori-toshokan/9-ji kara 6-ji made/Moku-yōbi
2. 1) Kaigi/1-ji/2-ji han 2) Eiga/4-ji/6-ji
3. 1) 1-ji han/2-ji 2) 2-ji/2-ji han

Dai 5 ka

Renshū B

1. 1) Yūbinkyoku e ikimasu. 2) Depāto e ikimasu.
   3) Ginkō e ikimasu. 4) Bijutsukan e ikimasu.
2. 1) Sengetsu doko e ikimashita ka. ······Amerika e ikimashita.
   2) Kinō no gogo doko e ikimashita ka. ······Toshokan e ikimashita.
   3) Raishū no getsu-yōbi doko e ikimasu ka. ······Pawā-denki e ikimasu.
   4) Senshū no nichi-yōbi doko e ikimashita ka.
   ······Doko [e] mo ikimasendeshita.
3. 1) Nan de gakkō e ikimasu ka. ······Jitensha de ikimasu.
   2) Nan de Tōkyō e ikimasu ka. ······Hikōki de ikimasu.

3) Nan de Kyūshū e ikimasu ka. ……Fune de ikimasu.

4) Nan de eki e ikimasu ka. ……Aruite ikimasu.

4. 1) Dare to bijutsukan e ikimasu ka. ……Kanojo to ikimasu.

2) Dare to Hiroshima e ikimasu ka. ……Kaisha no hito to ikimasu.

3) Dare to Hokkaidō e ikimasu ka. ……Kazoku to ikimasu.

4) Dare to Furansu e ikimasu ka. ……Hitori de ikimasu.

5. 1) Itsu Sakura-daigaku e ikimasu ka. ……9-gatsu jū yokka ni ikimasu.

2) Itsu Amerika e ikimasu ka. ……Rainen no 3-gatsu ni ikimasu.

3) Itsu Hiroshima e ikimasu ka. ……Raigetsu ikimasu.

4) Itsu byōin e ikimasu ka. ……Konshū no sui-yōbi [ni] ikimasu.

6. 1) Hitori de kimashita. 2) Kankoku e ikimashita. 3) Fune de ikimashita.

4) Rainen [no] 12-gatsu ni kaerimasu.

7. 1) Basu to densha de ikimasu. 2) 8-ji ni kaerimasu.

3) Kimura-san to ikimashita. 4) Doko [e] mo ikimasen.

8. 1) Yamada-san no tanjōbi wa itsu desu ka. ……3-gatsu 27-nichi desu.

2) Karina-san no tanjōbi wa itsu desu ka. ……4-gatsu tōka desu.

3) Santosu-san no tanjōbi wa itsu desu ka. ……11-gatsu kokonoka desu.

4) Maria-san no tanjōbi wa itsu desu ka. ……9-gatsu tsuitachi desu.

Renshū C

1. 1) bijutsukan/Yasumimasu 2) Kyōto/Hatarakimasu

2. 1) kazoku/Kuruma 2) kanojo/Hikōki

3. 1) Indoneshia/Sengetsu no tōka 2) Tai/Senshū no getsu-yōbi

Dai 6 ka

Renshū B

1. 1) Mizu o nomimasu. 2) Hon o yomimasu. 3) Tegami o kakimasu.

4) Shashin o torimasu.

2. 1) Iie, nomimasen. 2) Hai, benkyō-shimasu. 3) Hai, yomimashita.

4) Iie, mimasendeshita.

3. 1) Nani o benkyō-shimasu ka. ……Nihon-go o benkyō-shimasu.

2) Nani o nomimasu ka. ……Jūsu o nomimasu.

3) Nani o tabemashita ka. ……Sakana o tabemashita.

4) Nani o kaimashita ka. ……Zasshi to CD o kaimashita.

4. 1) Kyō no gogo nani o shimasu ka. ……Repōto o kakimasu.

2) Konban nani o shimasu ka. ……Terebi o mimasu.

3) Kinō nani o shimashita ka. ……Benkyō-shimashita.

4) Ototoi nani o shimashita ka. ……Depāto e ikimashita.

5. 1) Doko de Mirā-san ni aimasu ka. ……Eki de aimasu.

2) Doko de hirugohan o tabemasu ka. ……Kaisha no shokudō de tabemasu.

3) Doko de gyūnyū o kaimashita ka. ……Sūpā de kaimashita.

4) Doko de Nihon-go o benkyō-shimashita ka.
……Daigaku de benkyō-shimashita.

6. 1) Ashita nani o shimasu ka.
……IMC de hatarakimasu. Sorekara Nihon-go o benkyō-shimasu.
2) Raishū no do-yōbi nani o shimasu ka.
……Kōbe de gohan o tabemasu. Sorekara eiga o mimasu.
3) Kinō no gogo nani o shimashita ka.
……Rōbii de terebi o mimashita. Sorekara tegami o kakimashita.
4) Senshū no nichi-yōbi nani o shimashita ka.
……Niwa de sakkā o shimashita. Sorekara biiru o nomimashita.

7. 1) Issho ni hirugohan o tabemasen ka. ……Ē, tabemashō.
2) Issho ni kōhii o nomimasen ka. ……Ē, nomimashō.
3) Issho ni eiga o mimasen ka. ……Ē, mimashō.
4) Issho ni tenisu o shimasen ka. ……Ē, shimashō.

Renshū C

1. 1) Nihon-go o benkyō-shi/tomodachi ni ai
2) Shukudai o shi/Santosu-san no uchi e iki

2. 1) sakana o kai/Mainichi-ya/Ōsaka-depāto/Ōsaka-depāto/kai
2) hirugohan o tabe/Kaisha (Kaisha no shokudō)/Tsuru-ya/Tsuru-ya/tabe

3. 1) hirugohan o tabe 2) eiga o mi

Dai 7 ka

Renshū B

1. 1) Bōrupen de tegami o kakimasu. 2) Hasami de kami o kirimasu.
3) Te de gohan o tabemasu. 4) Kētai de shashin o torimasu.

2. 1) Kore wa Nihon-go de nan desu ka. ……"Panchi" desu.
2) Kore wa Nihon-go de nan desu ka. ……"Serotēpu" desu.
3) Kore wa Nihon-go de nan desu ka. ……"Hotchikisu" desu.
4) Kore wa Nihon-go de nan desu ka. ……"Keshigomu" desu.

3. 1) Ii-san ni hon o kashimasu. 2) Tarō-chan ni Eigo o oshiemasu.
3) Haha ni tegami o kakimasu. 4) Shumitto-san ni denwa o kakemasu.

4. 1) Karina-san ni CD o karimashita.
2) Wan-san ni Chūgoku-go o naraimashita.
3) Kimura-san ni mēru o moraimashita.
4) Santosu-san ni denwa o moraimashita.

5. 1) Dare ni tegami o kakimashita ka. ……Chichi ni kakimashita.
2) Dare ni denwa o kakemashita ka. ……Guputa-san ni kakemashita.
3) Dare ni purezento o moraimashita ka. ……Haha ni moraimashita.
4) Dare ni okane o karimashita ka. ……Yamada-san ni karimashita.

6. 1) Nekutai to hon o moraimashita. 2) Amerika no daigaku de naraimashita.

3) Ashita okurimasu. 4) Tomodachi ni karimashita.

7. 1) Mō shukudai o shimashita ka. ······Iie, mada desu.

   2) Mō Kyōto e ikimashita ka. ······Hai, mō ikimashita.

   3) Mirā-san wa mō kaerimashita ka. ······Iie, mada desu.

   4) Terēza-chan wa mō nemashita ka. ······Hai, mō nemashita.

Renshū C

1. 1) Hotchikisu 2) Serotēpu

2. 1) shatsu/tomodachi 2) nekutai/kanojo

3. 1) hirugohan o tabemashita/tabemasen

   2) shukudai o shimashita/shimasen

Dai 8 ka

Renshū B

1. 1) Santosu-san wa genki desu. 2) Karina-san wa kirei desu.

   3) Fujisan wa takai desu. 4) 8-gatsu wa atsui desu.

2. 1) Ii-san wa hima ja arimasen.

   2) Wan-san no heya wa kirei ja arimasen.

   3) Daigaku no ryō wa benri ja arimasen. 4) IMC wa yūmei ja arimasen.

3. 1) Mirā-san wa isogashikunai desu. 2) Nihon-go wa yasashikunai desu.

   3) Kono ocha wa atsukunai desu. 4) Kono jisho wa yokunai desu.

4. 1) Ano resutoran wa shizuka desu ka. ······Iie, shizuka ja arimasen.

   2) Kaisha no shokudō wa yasui desu ka. ······Hai, yasui desu.

   3) Sono pasokon wa ii desu ka. ······Iie, amari yokunai desu.

   4) Sono techō wa benri desu ka. ······Hai, totemo benri desu.

5. 1) Kaisha no ryō wa dō desu ka. ······Atarashii desu. Soshite, kirei desu.

   2) Sensei wa dō desu ka. ······Shinsetsu desu. Soshite, omoshiroi desu.

   3) Nihon no tabemono wa dō desu ka. ······Oishii desu ga, takai desu.

   4) Nihon no seikatsu wa dō desu ka. ······Isogashii desu ga, omoshiroi desu.

6. 1) IMC wa atarashii kaisha desu. 2) Kōbe-byōin wa yūmeina byōin desu.

   3) Watto-san wa ii sensei desu. 4) Fujisan wa kireina yama desu.

7. 1) "Shichi-nin no samurai" wa donna eiga desu ka. ······Omoshiroi eiga desu.

   2) Santosu-san wa donna hito desu ka. ······Shinsetsuna hito desu.

   3) Sakura-daigaku wa donna daigaku desu ka. ······Atarashii daigaku desu.

   4) Suisu wa donna kuni desu ka. ······Kireina kuni desu.

8. 1) Tsumetai gyūnyū o nomimashita. 2) Kinō no ban yūmeina resutoran de tabemashita.

   3) Tanjōbi ni sutekina purezento o moraimashita. 4) Tomodachi ni atarashii CD o karimashita.

Renshū C

1. 1) Nihon-go no benkyō/Muzukashii/omoshiroi (tanoshii)

   2) Daigaku no ryō/Chiisai/kirei

2. 1) kutsu/kuroi/kutsu 2) shatsu/shiroi/shatsu

3. 1) Nagasaki/Omoshiroi 2) Nara-kōen/Shizukana

Dai 9 ka

Renshū B

1. 1) Nihon-ryōri ga suki desu ka. ……Hai, suki desu.
   2) Karaoke ga suki desu ka. ……Iie, amari suki ja arimasen.
   3) Ryokō ga suki desu ka. ……Hai, totemo suki desu.
   4) Sakana ga suki desu ka. ……Iie, amari suki ja arimasen.
2. 1) Donna nomimono ga suki desu ka. ……Biiru ga suki desu.
   2) Donna ryōri ga suki desu ka. ……Indo-ryōri ga suki desu.
   3) Donna eiga ga suki desu ka. ……Amerika no eiga ga suki desu.
   4) Donna ongaku ga suki desu ka. ……Jazu ga suki desu.
3. 1) Maria-san wa dansu ga jōzu desu.
   2) Matsumoto-san wa tenisu ga jōzu ja arimasen.
   3) Yamada-san wa ryōri ga amari jōzu ja arimasen.
   4) Karina-san wa e ga totemo jōzu desu.
4. 1) Shumitto-san wa Eigo ga wakarimasu ka. ……Hai, yoku wakarimasu.
   2) Terēza-chan wa kanji ga wakarimasu ka. ……Iie, amari wakarimasen.
   3) Santosu-san wa Nihon-go ga wakarimasu ka. ……Hai, daitai wakarimasu.
   4) Yamada-san no okusan wa Furansu-go ga wakarimasu ka.
   ……Iie, zenzen wakarimasen.
5. 1) Jisho ga arimasu ka. ……Hai, arimasu.
   2) Meishi ga arimasu ka. ……Iie, arimasen.
   3) Kasa ga arimasu ka. ……Iie, arimasen.
   4) Komakai okane ga arimasu ka. ……Hai, arimasu.
6. 1) Watashi wa nichi-yōbi shiken ga arimasu.
   2) Watashi wa ka-yōbi yōji ga arimasu.
   3) Watashi wa sui-yōbi arubaito ga arimasu.
   4) Watashi wa kin-yōbi jikan ga arimasu.
7. 1) Eiga ga suki desu kara, maiban mimasu.
   2) Nihon-go ga wakarimasen kara, terebi o mimasen.
   3) Tsuma no tanjōbi desu kara, hana o kaimasu.
   4) Okane ga arimasen kara, kamera o kaimasen.
8. 1) Dōshite ryōri o naraimasu ka. ……Ryōri ga heta desu kara.
   2) Dōshite go-shujin wa tenisu o shimasen ka.
   ……Otto wa supōtsu ga kirai desu kara.
   3) Dōshite Tai-go no hon o kaimashita ka. ……Raigetsu Tai e ikimasu kara.
   4) Dōshite kinō Kōbe e ikimasendeshita ka. ……Shigoto ga takusan arimashita kara.

Renshū C

1. 1) Tenisu/shi 2) E/bijutsukan e iki

2. 1) Komakai okane/100-en 2) Jisho/Chotto
3. 1) Yakyū/yōji 2) Kabuki/yakusoku

Dai 10 ka

Renshū B

1. 1) Robii ni jidō-hanbaiki ga arimasu. 2) Resutoran ni Yamada-san ga imasu.
   3) Kōen ni ki ga arimasu. 4) Uketsuke ni otoko no hito ga imasu.
2. 1) Isu no shita ni neko ga imasu. 2) Mise no mae ni kuruma ga arimasu.
   3) Ki no ue ni otoko no ko ga imasu. 4) Reizōko no naka ni iroirona mono ga arimasu.
3. 1) Beddo no shita ni nani ga arimasu ka. ……Hako ga arimasu.
   2) Heya ni dare ga imasu ka. ……Onna no ko ga imasu.
   3) Mado no migi ni nani ga arimasu ka. ……Tana ga arimasu.
   4) Niwa ni dare ga imasu ka. ……Dare mo imasen.
4. 1) Jitensha wa doko ni arimasu ka. ……Kuruma no ue ni arimasu.
   2) Otoko no ko wa doko ni imasu ka. ……Doa no ushiro ni imasu.
   3) Shashin wa doko ni arimasu ka. ……Hon no shita ni arimasu.
   4) Inu wa doko ni imasu ka. ……Otoko no ko to onna no ko no aida ni imasu.
5. 1) Resutoran wa doko ni arimasu ka. ……Jimusho no tonari ni arimasu.
   2) Zō wa doko ni imasu ka. ……Ano yama no ushiro ni imasu.
   3) Jidō-hanbaiki wa doko ni arimasu ka. ……Jimusho no chikaku ni arimasu.
   4) O-miyage-ya wa doko ni arimasu ka.
   ……Ōkii tokei no hidari (tonari) ni arimasu.

Renshū C

1. 1) konbini/tonari 2) posuto/mae
2. 1) Kasa/Kasa/Doa no migi 2) ATM/ATM/Ano tana no ushiro
3. 1) Matsumoto-san/Watto-san no tonari 2) Maria-san/Ano tēburu no migi

Dai 11 ka

Renshū B

1. 1) Isu ga ikutsu arimasu ka. ……Hitotsu arimasu.
   2) Tamago ga ikutsu arimasu ka. ……Yottsu arimasu.
   3) Kaban ga ikutsu arimasu ka. ……Futatsu arimasu.
   4) Heya ga ikutsu arimasu ka. ……Muttsu arimasu.
2. 1) CD ga nan-mai arimasu ka. ……5-mai arimasu.
   2) Konpyūtā ga nan-dai arimasu ka. ……3-dai arimasu.
   3) Fūto ga nan-mai arimasu ka. ……2-mai arimasu.
   4) Kuruma ga nan-dai arimasu ka. ……5-dai arimasu.
3. 1) Shashin o nan-mai torimashita ka. ……5-mai torimashita.
   2) Jitensha o nan-dai kaimashita ka. ……2-dai kaimashita.

3) Mikan o ikutsu tabemashita ka. ……Itsutsu tabemashita.

4) Nimotsu o ikutsu okurimashita ka. ……Kokonotsu okurimashita.

4. 1) Otoko no hito ga nan-nin imasu ka. ……9-nin imasu.

2) Kodomo ga nan-nin imasu ka. ……Futari imasu.

3) Onna no ko ga nan-nin imasu ka. ……Hitori imasu.

4) Gakusei ga nan-nin imasu ka. ……4-nin imasu.

5. 1) 1-nichi ni nan-kai kanojo ni denwa o kakemasu ka. ……2-kai kakemasu.

2) 1-shūkan ni nan-kai Nihon-go o naraimasu ka. ……3-kai naraimasu.

3) 1-kagetsu ni nan-kai Tōkyō e ikimasu ka. ……1-kai ikimasu.

4) 1-nen ni nan-kai kuni e kaerimasu ka. ……1-kai kaerimasu.

6. 1) Daigaku de nan-nen benkyō-shimasu ka. ……4-nen benkyo-shimasu.

2) Nan-shūkan ryokō-shimashita ka. ……2-shūkan ryokō-shimashita.

3) Konbini de nan-jikan arubaito o shimasu ka.
……5-jikan [arubaito o] shimasu.

4) Nan-pun yasumimasu ka. ……10-pun dake yasumimasu.

7. 1) Korekara donokurai Nihon ni imasu ka. ……2-shūkan imasu.

2) Ima made donokurai Chūgoku-go o naraimashita ka.
……1-nen gurai naraimashita.

3) Hiru donokurai yasumimasu ka. ……45-fun yasumimasu.

4) Mainichi donokurai hatarakimasu ka. ……8-jikan hatarakimasu.

Renshū C

1. 1) Karē/Mittsu 2) Aisukuriimu/Yottsu

2. 1) Tsuma/kodomo/futari 2) Ryōshin/imōto/hitori

3. 1) fune/Fune/16-jikan 2) kuruma/Kuruma/10-jikan

Dai 12 ka

Renshū B

1. 1) Ototoi wa ame deshita. 2) Toshokan wa yasumi deshita.

3) Senshū wa hima deshita. 4) Nara-kōen wa shizuka deshita.

2. 1) Sengetsu wa isogashikatta desu. 2) O-matsuri wa tanoshikatta desu.

3) Kyonen no fuyu wa atatakakatta desu. 4) Kōen wa hito ga ōkatta desu.

3. 1) O-matsuri wa nigiyaka deshita ka. ……Hai, totemo nigiyaka deshita.

2) Shiken wa kantan deshita ka. ……Iie, kantan ja arimasendeshita.

3) Kabuki wa omoshirokatta desu ka. ……Hai, omoshirokatta desu.

4) Konsāto wa yokatta desu ka. ……Iie, amari yokunakatta desu.

4. 1) Tenki wa dō deshita ka. ……Kumori deshita.

2) Tai-ryōri wa dō deshita ka. ……Karakatta desu.

3) Hokkaidō wa dō deshita ka. ……Amari samukunakatta desu.

4) Hoteru no heya wa dō deshita ka. ……Totemo suteki deshita.

5. 1) Kono kaban wa sono kaban yori omoi desu.
   2) Gyūniku wa toriniku yori takai desu.
   3) Honkon wa Shingapōru yori chikai desu.
   4) Mirā-san wa Santosu-san yori tenisu ga jōzu desu.
6. 1) Hiragana to katakana to dochira ga muzukashii desu ka.
   ……Katakana no hō ga muzukashii desu.
   2) Ōkii mikan to chiisai mikan to dochira ga amai desu ka.
   ……Chiisai mikan no hō ga amai desu.
   3) Otōsan to okāsan to dochira ga ryōri ga jōzu desu ka.
   ……Chichi no hō ga jōzu desu.
   4) Haru to aki to dochira ga suki desu ka.
   ……Dochira mo suki desu.
7. 1) Supōtsu de nani ga ichiban omoshiroi desu ka.
   ……Sakkā ga ichiban omoshiroi desu.
   2) 1-nen de itsu ga ichiban atsui desu ka.
   ……8-gatsu ga ichiban atsui desu.
   3) Kazoku de dare ga ichiban uta ga jōzu desu ka.
   ……Haha ga ichiban jōzu desu.
   4) Sūpā de doko ga ichiban yasui desu ka.
   ……ABC-sutoa ga ichiban yasui desu.

Renshū C

1. 1) kabuki o mimashita/Totemo kirei deshita
   2) ikebana o shimashita/Chotto muzukashikatta desu
2. 1) Nomimono/Biiru/wain/Biiru/ 2) Kōcha/Remon/miruku/Remon
3. 1) 8-gatsu/8-gatsu/Hokkaidō no natsu (8-gatsu) wa suzushii desu
   2) Aki/Aki/Momiji no kisetsu desu (Hokkaidō no momiji wa kirei desu)

Dai 13 ka

Renshū B

1. 1) Watashi wa konpyūtā (pasokon) ga hoshii desu.
   2) Watashi wa kuruma ga hoshii desu.
   3) Watashi wa okane ga hoshii desu.
   4) Watashi wa kanojo ga hoshii desu.
2. 1) Donna kuruma ga hoshii desu ka. ……Akai kuruma ga hoshii desu.
   2) Donna kutsu ga hoshii desu ka. ……Akikkusu no kutsu ga hoshii desu.
   3) Donna tokei ga hoshii desu ka. ……Nihon no tokei ga hoshii desu.
   4) Donna uchi ga hoshii desu ka. ……Hiroi uchi ga hoshii desu.
3. 1) Hokkaidō e ikitai desu. 2) Biiru o nomitai desu
   3) Eiga o mitai desu. 4) Sakkā o shitai desu.
4. 1) Itsu Hokkaidō e ikitai desu ka. ……2-gatsu ni ikitai desu.

2) Nani o naraitai desu ka. ······Ikebana o naraitai desu.

3) Dare ni aitai desu ka. ······Ryōshin ni aitai desu.

4) Nani o tabetai desu ka. ······Nani mo tabetakunai desu.

5) Donna hon o yomitai desu ka. ······Ryokō no hon o yomitai desu.

5. 1) Depāto e o-miyage o kai ni ikimasu. 2) Konbini e nimotsu o okuri ni ikimasu.

3) Toshokan e hon o kari ni ikimasu. 4) Eki e tomodachi o mukae ni ikimasu.

6. 1) Yokohama e kaimono ni ikimasu. 2) Hoteru e shokuji ni ikimasu.

3) Kawa e tsuri ni ikimasu. 4) Okinawa e ryokō ni ikimasu.

7. 1) Doko e oyogi ni ikimasu ka. ······Hoteru no pūru e oyogi ni ikimasu.

2) Doko e o-miyage o kai ni ikimasu ka. ······Depāto e kai ni ikimasu.

3) Doko e e o mi ni ikimasu ka. ······Nara no bijutsukan e mi ni ikimasu.

4) Doko e shokuji ni ikimasu ka. ······Indo-ryōri no resutoran e shokuji ni ikimasu.

8. 1) Nani o kai ni ikimasu ka. ······Kutsu o kai ni ikimasu.

2) Dare ni ai ni ikimasu ka. ······Karina-san ni ai ni ikimasu.

3) Nan-ji ni (goro) kodomo o mukae ni ikimasu ka. ······2-ji goro mukae ni ikimasu.

4) Itsu ryokō ni ikimasu ka. ······Raigetsu ryokō ni ikimasu.

Renshū C

1. 1) Yasumi/Mainichi isogashii desu 2) Okane/Rainen kekkon-shimasu

2. 1) Onaka ga sukimashita/nanika tabe/nanika tabe

2) Tsukaremashita/chotto yasumi/chotto yasumi

3. 1) Haru-yasumi/Kyōto/o-hanami 2) O-shōgatsu/Hokkaidō/sukii

Dai 14 ka

Renshū B

1. 1) Nimotsu (kaban) o akete kudasai.

2) Kore o kopii-shite kudasai.

3) Massugu itte kudasai.

4) Repōto o kaite kudasai.

2. 1) Sumimasen ga, eakon o tsukete kudasai.

2) Sumimasen ga, doa o shimete kudasai.

3) Sumimasen ga, shashin o totte kudasai.

4) Sumimasen ga, mō sukoshi yukkuri hanashite kudasai.

3. 1) Dōzo haitte kudasai. 2) Dōzo suwatte kudasai.

3) Dōzo tabete kudasai. 4) Dōzo tsukatte kudasai.

4. 1) Chizu o kakimashō ka. ······Ē, onegai-shimasu.

2) Nimotsu o mochimashō ka. ······Iie, kekkō desu.

3) Eakon o tsukemashō ka. ······Ē, onegai-shimasu.

4) Eki made mukae ni ikimashō ka. ······Iie, kekkō desu.

5. 1) Kore o kopii-shimashō ka. ······Ē, 5-mai kopii-shite kudasai.

2) Repōto o okurimashō ka. ······Ē, sugu okutte kudasai.

3) Takushii o yobimashō ka. ……Ē, 2-dai yonde kudasai.

4) Ashita mo kimashō ka. ……Ē, 10-ji ni kite kudasai.

6. 1) Nani o shite imasu ka. ……Denwa o kakete imasu.

2) Nani o shite imasu ka. ……Kōhii o nonde imasu.

3) Nani o shite imasu ka. ……Dansu o shite imasu.

4) Nani o shite imasu ka. ……Basu o matte imasu.

7. 1) Kodomo to asonde imasu. 2) Ki no shita de nete imasu.

3) Shinbun o yonde imasu. 4) Shumitto-san to hanashite imasu.

5) Iie, tsuri o shite imasen. (Mirā-san to hanashite imasu.)

6) Iie, futte imasen.

Renshū C

1. 1) satō o totte/Hai, dōzo 2) tetsudatte/Ii desu yo

2. 1) [Chotto] samui desu/Eakon o keshi 2) Ame desu/Takushii o yobi

3. 1) o-miyage o katte 2) e o kaite

Dai 15 ka

Renshū B

1. 1) Kaette mo ii desu ka. 2) Terebi o keshite mo ii desu ka.

3) Jisho o karite mo ii desu ka. 4) Mado o akete mo ii desu ka.

2. 1) Koko ni suwatte mo ii desu ka. ……Ē, ii desu yo. Dōzo.

2) Nimotsu o oite mo ii desu ka. ……Sumimasen. Chotto…….

3) Shiryō o mite mo ii desu ka. ……Sumimasen. Chotto…….

4) Bōrupen o tsukatte mo ii desu ka. ……Ē, ii desu yo. Dōzo.

3. 1) Koko de shashin o totte wa ikemasen.

2) Koko de sakkā o shite wa ikemasen.

3) Koko ni kuruma o tomete wa ikemasen.

4) Koko ni haitte wa ikemasen.

4. 1) Iie, kekkon-shite imasen. 2) Hai, ryō ni sunde imasu.

3) Hai, motte imasu. 4) Iie, shirimasen.

5. 1) Konpyūtā-sofuto o tsukutte imasu. 2) Furui fuku o utte imasu.

3) Pawā-denki no konpyūtā o tsukatte imasu.

4) Okinawa de tsukutte imasu.

6. 1) Ii-san wa nani o kenkyū-shite imasu ka. ……Keizai o kenkyū-shite imasu.

2) Yamada Tomoko-san wa doko de hataraite imasu ka.

……Appuru-ginkō de hataraite imasu.

3) Karina-san wa nani o benkyō-shite imasu ka. ……Bijutsu o benkyō-shite imasu.

4) Watto-san wa doko de oshiete imasu ka. ……Sakura-daigaku de oshiete imasu.

Renshū C

1. 1) chizu 2) jikokuhyō

2. 1) Sakura-daigaku no jūsho/koko ni kaite (oshiete)

2) shiyakusho no denwa-bangō/koko ni kaite (oshiete)

3. 1) Watto/Igirisu/Kyōshi/Daigaku de Eigo o oshiete

2) Karina/Indoneshia/Gakusei/Fuji-daigaku de benkyō-shite

Dai 16 ka

Renshū B

1. 1) Hiru 1-jikan yasunde, gogo 5-ji made hatarakimasu.

2) Kyōto-eki kara JR ni notte, Ōsaka de chikatetsu ni norikaemasu.

3) Shiyakusho to ginkō e itte, uchi e kaerimashita.

4) Sandoitchi o katte, kōen de tabemashita.

2. 1) Shinbun o yonde, kōhii o nonde, sorekara kaisha e ikimashita.

2) Shokuji [o] shite, uchi e kaette, sorekara Nihon-go o benkyō-shimashita.

3) Shawā o abite, hon o yonde, sorekara nemashita.

3. 1) Okane o oroshite kara, kaimono ni ikimasu.

2) Kinō shigoto ga owatte kara, nomi ni ikimashita.

3) Nihon e kite kara Nihon-go no benkyō o hajimemashita.

4) Okane o irete kara, botan o oshite kudasai.

4. 1) Iie, mada desu. Kono shigoto ga owatte kara, tabemasu.

2) Iie, mada desu. Mēru o okutte kara, denwa-shimasu.

3) Iie, mada desu. Matsumoto-san ni misete kara, kopii-shimasu.

4) Iie, mada desu. Gogo no kaigi ga owatte kara, ikimasu.

5. 1) Hokkaidō wa hito ga sukunai desu. 2) Hokkaidō wa fuyu ga nagai desu.

3) Hokkaidō wa tabemono ga oishii desu. 4) Hokkaidō wa Yuki-matsuri ga yūmei desu.

6. 1) Watashi no heya wa semakute, kurai desu.

2) Okinawa no umi wa aokute, kirei desu.

3) Tōkyō wa nigiyaka de, omoshiroi desu.

4) Watto-san wa 45-sai de dokushin desu.

7. 1) Atama ga yokute, omoshiroi hito desu.

2) Genki de, shinsetsuna hito desu.

3) Hirokute, akarui desu.

4) Shizuka de, sābisu ga yokatta desu.

8. 1) Ano wakakute, se ga takai hito desu. 2) Ano dansu ga jōzu de, sutekina hito desu.

3) Ano kurokute, furui kaban desu. 4) Ano akakute, chiisai kaban desu.

Renshū C

1. 1) bijutsukan e itte/[kōen o] sanpo-shi 2) furui jinja o mite/o-miyage o kai

2. 1) Daigaku o dete/Kaisha ni haitte

3. 1) Mekishiko no Berakurusu/Berakurusu/Umi ga chikakute

2) Doitsu no Furanken/Furanken/Wain ga yūmei de

Dai 17 ka

Renshū B

1. 1) Koko ni kuruma o tomenai de kudasai.
   2) Koko ni hairanai de kudasai.
   3) Koko de shashin o toranai de kudasai.
   4) Koko de yakyū o shinai de kudasai.
2. 1) Abunai desu kara, osanai de kudasai.
   2) Taisetsu na shiryō desu kara, nakusanai de kudasai.
   3) Toshokan no hon desu kara, nani mo kakanai de kudasai.
   4) Daijōbu desu kara, shinpai-shinai de kudasai.
3. 1) Ashita byōin e ikanakereba nairmasen.
   2) Pasupōto o misenakereba narimasen.
   3) Maiasa 5-ji ni okinakereba narimasen.
   4) Do-yōbi made ni hon o kaesanakereba narimasen.
4. 1) Nan-yōbi made ni sono hon o kaesanakereba narimasen ka.
   ……Sui-yōbi made ni kaesanakereba narimasen.
   2) Nan-mai repōto o kakanakereba narimasen ka.
   ……15-mai kakanakereba narimasen.
   3) 1-nichi ni nan-kai kusuri o nomanakereba narimasen ka.
   ……3-kai nomanakereba narimasen.
   4) Mainichi ikutsu kanji o oboenakereba narimasen ka.
   ……Muttsu oboenakereba narimasen.
5. 1) Isoganakute mo ii desu. 2) Kyō wa shokuji o tsukuranakute mo ii desu.
   3) Ashita wa byōin e konakute mo ii desu. 4) Kasa o motte ikanakute mo ii desu.
6. 1) Netsu ga arimasu kara, byōin e ikanakereba narimasen.
   2) Ashita wa yasumi desu kara, hayaku okinakute mo ii desu.
   3) Kaisha no hito wa Eigo ga wakarimasen kara, Nihon-go de hanasanakereba narimasen.
   4) Amari atsukunai desu kara, eakon o tsukenakute mo ii desu.
7. 1) Hai, motte ikanakereba narimasen. 2) Iie, kakanakute mo ii desu.
   3) Hai, harawanakereba narimasen. 4) Iie, konakute mo ii desu.
8. 1) Kotae wa enpitsu de kaite kudasai. 2) Tabako wa soto de sutte kudasai.
   3) Okane wa uketsuke de haratte kudasai. 4) Hokenshō wa raigetsu motte kite kudasai.

Renshū C

1. 1) 2, 3-jikan/tabe 2) 1-shūkan gurai/osake o noma
2. 1) Yakyū o shi/repōto o kaka 2) Sakkā o mi/kūkō e tomodachi o mukae ni ika
3. 1) Uwagi/nuide/Shitagi/nuga 2) Kono kādo/motte kite/Hokenshō/motte ko

Dai 18 ka

Renshū B

1. 1) Mirā-san wa unten ga dekimasu. 2) Mirā-san wa ryōri ga dekimasu.

3) Mirā-san wa sakkā ga dekimasu. 4) Mirā-san wa dansu ga dekimasu.

2. 1) Piano o hiku koto ga dekimasu ka. ……Hai, dekimasu.
   2) Nihon-go o hanasu koto ga dekimasu ka. ……Iie, dekimasen.
   3) Oyogu koto ga dekimasu ka. ……Hai, dekimasu.
   4) Biiru o nomu koto ga dekimasu ka. ……Iie, dekimasen.
3. 1) Nan-mētoru gurai oyogu koto ga dekimasu ka.
   ……100-mētoru gurai oyogu koto ga dekimasu.
   2) Donna ryōri o tsukuru koto ga dekimasu ka.
   ……Tenpura o tsukuru koto ga dekimasu.
   3) Kanji o ikutsu kaku koto ga dekimasu ka. ……50 gurai kaku koto ga dekimasu.
   4) Nihon no uta de nani o utau koto ga dekimasu ka.
   ……"Furusato" o utau koto ga dekimasu.
4. 1) Ryō no heya de ryōri ga dekimasu ka. ……Iie, dekimasen.
   2) Intānetto de hoteru no yoyaku ga dekimasu ka. ……Hai, dekimasu.
   3) Toshokan de jisho o kariru koto ga dekimasu ka. ……Iie, dekimasen.
   4) Hotel kara basu de kūkō e iku koto ga dekimasu ka. ……Hai, dekimasu.
5. 1) Kono kuruma ni nan-nin noru koto ga dekimasu ka.
   ……8-nin noru koto ga dekimasu.
   2) Itsu Hokkaidō de sakura o miru koto ga dekimasu ka.
   ……5-gatsu ni miru koto ga dekimasu.
   3) Nan-nichi hon o kariru koto ga dekimasu ka.
   ……2-shūkan kariru koto ga dekimasu.
   4) Nan-ji kara nan-ji made kaigishitsu o tsukau koto ga dekimasu ka.
   ……9-ji kara 6-ji made tsukau koto ga dekimasu.
6. 1) Shumi wa nan desu ka. ……Eiga o miru koto desu.
   2) Shumi wa nan desu ka. ……Shashin o toru koto desu.
   3) Shumi wa nan desu ka. ……Uta o utau koto desu.
   4) Shumi wa nan desu ka. ……Kuruma o unten-suru koto desu.
7. 1) Gohan o taberu (Shokuji no) mae ni, te o araimasu.
   2) Oyogu mae ni, shawā o abimasu. 3) Tomodachi no uchi e iku mae ni, denwa o kakemasu.
   4) [Gaikoku e] ryokō ni iku mae ni, okane o kaemasu.
8. 1) Itsu jogingu o shimasu ka. ……Kaisha e iku mae ni, shimasu.
   2) Itsu sono kamera o kaimashita ka. ……Nihon e kuru mae ni, kaimashita.
   3) Itsu shiryō o kopii-shimasu ka. ……Kaigi no mae ni, kopii-shimasu.
   4) Itsu kuni e kaerimasu ka. ……Kurisumasu no mae ni, kaerimasu.
   5) Itsu Nihon e kimashita ka. ……5-nen mae ni, kimashita.
   6) Itsu nimotsu o okurimashita ka. ……Mikka mae ni, okurimashita.

Renshū C

1. 1) niwa/shokuji-suru/naka 2) koko/okane o harau/achira
2. 1) Uta o utau/uta o utaimasu/Biitoruzu no uta

2) E o kaku/e o kakimasu/Yama no e

3. 1) repōto/IMC ni okuri/Okuru/kachō ni misete

 2) katarogu/sute/Suteru/koko o kopii-shite

Dai 19 ka

Renshū B

1. 1) Fujisan ni nobotta koto ga arimasu. 2) Sumō o mita koto ga arimasu.

 3) O-sake o nonda koto ga arimasu. 4) Sukii o shita koto ga arimasu.

2. 1) Ocha o naratta koto ga arimasu ka. ……Hai, arimasu.

 2) Tōkyō Sukaitsurii ni nobotta koto ga arimasu ka. ……Iie, arimasen.

 3) Nihon-jin no uchi ni tomatta koto ga arimasu ka. ……Hai, arimasu.

 4) Indoneshia-ryōri o tabeta koto ga arimasu ka. ……Iie, ichido mo arimasen.

3. 1) Yoru wa o-furo ni haittari, terebi o mitari shimasu.

 2) Yasumi no hi wa kaimono-shitari (kaimono ni ittari), kodomo to asondari shimasu.

 3) Kinō wa hon o yondari, repōto o kaitari shimashita.

 4) Kyonen no natsu-yasumi wa umi de oyoidari, yama ni nobottari shimashita.

4. 1) Gorufu no renshū o shitari, uchi de hon o yondari shimasu.

 2) O-tera o mitari, Nihon-ryōri o tabetari shimashita.

 3) Sukii ni ittari, tomodachi to pātii o shitari shitai desu.

 4) Shiryō o tsukuttari, hoteru o yoyaku-shitari shinakereba narimasen.

5. 1) Kuraku narimashita. 2) Tsuyoku narimashita. 3) Nemuku narimashita.

 4) Kirei ni narimashita. 5) Jōzu ni narimashita. 6) Buchō ni narimashita.

Renshū C

1. 1) Kabuki o mita/mimashita/Kirei deshita/nemukatta desu

 2) Sukiyaki o tabeta/tabemashita/Oishikatta desu/amakatta desu

2. 1) Yama ni nobotta/umi de oyoida 2) E o kaita/ongaku o kiita

3. 1) Samuku/fuyu/sukii ni iki 2) Atatakaku/haru/[o-]hanami ni iki ([o-]hanami o shi)

Dai 20 ka

Renshū B

1. 1) Ashita mata kuru. 2) Kyō wa nani mo kawanai. 3) Sukoshi tsukareta.

 4) Kinō nikki o kakanakatta.

2. 1) Nihon-go no benkyō wa omoshiroi. 2) Kono jisho wa yokunai.

 3) Kesa wa atama ga itakatta. 4) Kinō no pātii wa tanoshikunakatta.

3. 1) Karina-san wa e ga jōzu da. 2) Kyō wa yasumi ja nai.

 3) Kinō wa ame datta. 4) Senshū no do-yōbi wa hima ja nakatta.

4. 1) Mō ichido kabuki o mitai. 2) Denwa-bangō o shirabenakereba naranai.

 3) Kinō wa eiga o mitari, ongaku o kiitari shita. 4) Kono denwa o tsukatte mo ii.

 5) Wan-san wa Kōbe-byōin de hataraite iru. 6) Kanji o yomu koto ga dekinai.

 7) Ashita made ni repōto o dasanakute mo ii. 8) Fujisan o mita koto ga nai.

5. 1) Biza ga iru?……Uun, iranai.
   2) Kesa shinbun o yonda?……Un, yonda.
   3) Nichi-yōbi dokoka itta?……Uun, doko mo ikanakatta.
   4) Itsu Kimura-san ni au?……Kongetsu no owari goro au.
6. 1) Tōkyō wa Ōsaka yori hito ga ōi?……Un, zutto ōi.
   2) Ano mise wa sābisu ga ii?……Uun, amari yokunai.
   3) Eiga wa omoshirokatta?……Uun, zenzen omoshirokunakatta.
   4) Ryokō de doko ga ichiban tanoshikatta?……Itaria ga ichiban tanoshikatta.
7. 1) Ima nan-ji?……5-ji 40-pun.
   2) Kyō depāto wa yasumi?……Uun, yasumi ja nai.
   3) Inu to neko to dotchi ga suki?……Neko no hō ga suki.
   4) Fujisan wa dō datta?……Kirei datta.
8. 1) Ima ame ga futte iru?……Un, futte iru.
   2) Satō-san no jūsho o shitte iru?……Uun, shiranai.
   3) Kyūshū e itta koto ga aru?……Uun, nai.
   4) Jitensha o shūri-suru koto ga dekiru?……Un, dekiru.
   5) Ashita mo konakereba naranai?……Uun, konakute mo ii.
   6) Nani o tabe ni itta?……Tai-ryōri o tabe ni itta.
   7) Doko ni sunde iru?……Kyōto ni sunde iru.
   8) Itsu made ni hon o kaesanakereba naranai?
   ……Raishū no moku-yōbi made ni kaesanakereba naranai.

Renshū C

1. 1) ocha [o] naratta/Tanoshikatta/tsukareta
   2) Okinawa no uta [o] kiita/Kotoba ga wakaranakatta/kirei datta
2. 1) Chokorēto/Suisu no chokorēto/tabe 2) Jazu/Konsāto no chiketto/ika
3. 1) Komakai okane [o] motte [i]ru/kashite
   2) Kanji [ga] wakaru/kono mēru [o] yonde

Dai 21 ka

Renshū B

1. 1) Mirā-san wa 9-ji ni kuru to omoimasu. 2) Maria-san wa unten-shinai to omoimasu.
   3) Nichi-yōbi wa hito ga ōi to omoimasu. 4) "Tsuru-ya" wa ashita yasumi da to omoimasu.
2. 1) Hai, kaetta to omoimasu. 2) Iie, tabun utte inai to omoimasu.
   3) Kitto "Yōnen" ga katsu to omoimasu. 4) Ano hako no naka da to omoimasu.
3. 1) Yamada-san wa hontō ni yoku hataraku to omoimasu.
   2) Pawā-denki no seihin wa dezain ga ii to omoimasu.
   3) Mirā-san wa jikan no tsukai-kata ga jōzu da to omoimasu.
   4) Kōbe-byōin wa ii byōin da to omoimasu.
4. 1) Iie, amari omoshirokunai to omoimasu.
   2) Hai, totemo ii sensei da to omoimasu.

3) Inu no hō ga yaku ni tatsu to omoimasu.

4) Nara ga ichiban kirei da to omoimasu.

5. 1) Nihon no anime ni tsuite dō omoimasu ka. ……Omoshiroi to omoimasu.

2) Nihon no daigaku ni tsuite dō omoimasu ka. ……Yasumi ga ōi to omoimasu.

3) Kimono ni tsuite dō omoimasu ka. ……Totemo kirei da to omoimasu.

4) Nihon ni tsuite dō omoimasu ka. ……Kōtsū ga benri da to omoimasu.

6. 1) Garireo wa chikyū wa ugoku to iimashita.

2) Ainshutain wa watashi wa tensai ja nai to iimashita.

3) Furankurin wa jikan wa okane da to iimashita.

4) Gagārin wa chikyū wa aokatta to iimashita.

7. 1) Okinawa wa umi ga kirei deshō? 2) Watto-san no hanashi wa omoshiroi deshō?

3) Kimura-san wa Ii-san o shiranai deshō? 4) Kinō sakkā no shiai ga atta deshō?

8. 1) Ē, hontō ni sugoi desu. 2) Iie, sonnani taihen ja arimsen.

3) Iie, amari samukunakatta desu. 4) Ē, kawakimashita.

Renshū C

1. 1) Atarashii kūkō/Kirei desu/kōtsū ga fuben da

2) Saikin no kodomo/Yoku benkyō-shimasu/hon o yomanai

2. 1) Naka de nomimono o utte iru 2) Resutoran wa 10-ji made da

3. 1) Kyōto/Gion-matsuri/Hito ga ōkatta/hito ga ōkatta desu

2) Yoshino-yama/sakura/Kirei datta/kirei deshita

Dai 22 ka

Renshū B

1. 1) Kore wa haha ni moratta kōto desu. 2) Kore wa Kyōto de totta shashin desu.

3) Kore wa Maria-san ga tsukutta kēki desu.

4) Kore wa Karina-san ga kaita e desu.

2. 1) Satō-san wa dono hito desu ka. ……Kopii-shite iru hito desu.

2) Matsumoto-san wa dono hito desu ka. ……Shinbun o yonde iru hito desu.

3) Guputa-san wa dono hito desu ka. ……Onna no hito to hanashite iru hito desu.

4) Yamada-san wa dono hito desu ka. ……Kōhii o nonde iru hito desu.

3. 1) Akai kutsu o haite iru hito wa dare desu ka. ……Hayashi-san desu.

2) Akai nekutai o shite iru hito wa dare desu ka. ……Suzuki-san desu.

3) Megane o kakete iru hito wa dare desu ka. ……Takahashi-san desu.

4) Bōshi o kabutte iru hito wa dare desu ka. ……Nakamura-san desu.

4. 1) Hajimete shujin ni atta tokoro wa daigaku no toshokan desu.

2) Senshū kengaku-shita o-tera wa Kinkakuji desu.

3) Wan-san ga hataraite iru byōin wa Kōbe ni arimasu.

4) Kimura-san ga maiasa o-bentō o kau konbini wa eki no mae ni arimasu.

5. 1) Watashi ga itsumo kaimono-suru sūpā wa yasai ga yasui desu.

2) Yoku neru kodomo wa genki desu.

3) Kinō mita eiga wa totemo yokatta desu.

4) Kinō watashitachi ga itta o-tera wa kirei de, shizuka deshita.

6. 1) Nara de totta shashin o misete kudasai. 2) Iranai mono o sutemasu.

3) Byōin de moratta kusuri o nomanakereba narimasen.

4) Ii-san no tonari ni suwatte iru hito o shitte imasu ka.

7. 1) Yūmoa ga aru hito ga suki desu. 2) Ryōri o tsukuru robotto ga hoshii desu.

3) Kaisha no hito ga hanasu Nihon-go ga wakarimasen.

4) Pātii de kiru fuku ga irimasu.

8. 1) Iie. Shiyakusho e iku yōji ga arimasu.

2) Iie. Buchō to shokuji-suru yakusoku ga arimasu.

3) Iie. Terebi o miru jikan ga arimasendeshita.

4) Iie. Hon o yomu jikan ga arimasen.

Renshū C

1. 1) Megane o kakete iru/Watto-san/Sakura-daigaku no sensei

2) Shiroi kutsu o haite iru/Matsumoto-san/IMC no buchō

2. 1) Kinō kopii-shita shiryō 2) Ashita IMC ni okuru repōto

3. 1) kaisha de hataraki/Ōkikute, amari zangyō ga nai/kaisha de hataraki

2) hito to kekkon-shi/Tomodachi ga ōkute, yūmoa ga aru/hito to kekkon-shi

Dai 23 ka

Renshū B

1. 1) Byōin e iku toki, hokenshō o wasurenai de kudasai.

2) Dekakeru toki, itsumo kasa o motte ikimasu.

3) Kanji ga wakaranai toki, kono jisho o tsukaimasu.

4) Jikan ga nai toki, asagohan o tabemasen.

2. 1) Neru toki, "Oyasuminasai" to iimasu.

2) Asa tomodachi ni atta toki, "Ohayō gozaimasu" to iimasu.

3) Purezento o moratta toki, "Arigatō gozaimasu" to iimasu.

4) Buchō no heya ni hairu toki, "Shitsurei-shimasu" to iimasu.

3. 1) Atama ga itai toki, kono kusuri o nomimasu. 2) Himana toki, bideo o mimasu.

3) Tsuma ga byōki no toki, kaisha o yasumimasu.

4) Bangohan no toki, wain o nomimasu.

4. 1) Kaze no toki, dō shimasu ka. ……Kusuri o nonde, nemasu.

2) Michi ga wakaranai toki, dō shimasu ka. ……Kētai de shirabemasu.

3) Nemui toki, dō shimasu ka. ……Kao o araimasu.

4) Ashita no tenki o shiritai toki, dō shimasu ka. ……Intānetto de mimasu.

5. 1) Kore o hiku to, isu ga ugokimasu. 2) Kore ni sawaru to, mizu ga demasu.

3) Kore o hidari e mawasu to, oto ga chiisaku narimasu.

4) Kore o migi e mawasu to, denki ga akaruku narimasu.

6. 1) Shiyakusho wa doko desu ka.

……Ano kado o migi e magaru to, hidari ni arimasu.

2) Bijutsukan wa doko desu ka.

……Ano kōsaten o hidari e magaru to, migi ni arimasu.

3) Chūshajō wa doko desu ka. ……Ano hashi o wataru to, hidari ni arimasu.

4) Konbini wa doko desu ka.

……Massugu 50-mētoru iku (aruku) to, migi ni arimasu.

Renshū C

1. 1) Tomodachi ga kekkon-suru/Okane ya denki-seihin

2) Kodomo ga umareta/Okane ya fuku

2. 1) Kami ga nai/Ano hako kara dashimasu 2) Koshō no/Koko ni denwa-shimasu

3. 1) konbini/Konbini/hitotsu-me no kado o migi e magaru

2) yūbinkyoku/Yūbinkyoku/100-mētoru gurai iku (aruku)

Dai 24 ka

Renshū B

1. 1) Maria-san wa bōshi o kuremashita.

2) Ii-san wa jisho o kuremashita.

3) Shumitto-san wa sakkā no chiketto o kuremashita.

4) Mirā-san wa hana o kuremashita.

2. 1) Sutekina bōshi desu ne. ……Ē. Maria-san ga kuremashita.

2) Atarashii jisho desu ne. ……Ē. Ii-san ga kuremashita.

3) Sakkā no chiketto desu ne. ……Ē. Shumitto-san ga kuremashita.

4) Kireina hana desu ne. ……Ē. Mirā-san ga kuremashita.

3. 1) Watashi wa Wan-san ni shashin o misete moraimashita.

2) Watashi wa Tawapon-san ni Tanaka-san o shōkai-shite moraimashita.

3) Watashi wa Watto-san ni chizu o kaite moraimashita.

4) Watashi wa Karina-san ni denwa-bangō o oshiete moraimashita.

4. 1) Dare ni Nihon-go o oshiete moraimashita ka.

……Kobayashi-sensei ni oshiete moraimasita.

2) Dare ni hon o kashite moraimashita ka. ……Satō-san ni kashite moraimashita.

3) Dare ni ryōri o tetsudatte moraimashita ka.

……Yamada-san ni tetsudatte moraimashita.

4) Dare ni Kyōto o annai-shite moraimashita ka.

……Kimura-san ni annai-shite moraimashita.

5. 1) Haha wa sētā o okutte kuremashita.

2) Kaisha no hito wa Ōsakajō e tsurete itte kuremashita.

3) Tomodachi wa eki made okutte kuremashita.

4) Santosu-san wa nimotsu o motte kuremashita.

6. 1) Dare ga okane o haratte kuremashita ka.

……Yamada-san ga haratte kuremashita.

2) Dare ga chiketto o yoyaku-shite kuremashita ka.
……Kobayashi-san ga yoyaku-shite kuremashita.
3) Dare ga shashin o totte kuremashita ka.
……Mirā-san ga totte kuremashita.
4) Dare ga hikkoshi o tetsudatte kuremashita ka.
……Kaisha no hito ga tetsudatte kuremashita.

7. 1) Watashi wa Tawapon-san ni tomodachi o shōkai-shite agemashita.
2) Watashi wa Tarō-kun ni hikōki no zasshi o misete agemashita.
3) Watashi wa obāsan o byōin e tsurete itte agemashita.
4) Watashi wa Terēza-chan no jitensha o shūri-shite agemashita.

Renshū C

1. 1) nekutai/Kaisha ni haitta/ani 2) tokei/Kekkon-shita/chichi
2. 1) Kēki/tsukutte 2) Ryōri/tetsudatte
3. 1) sukiyaki/Sukiyaki/machi ni tsuite setsumei-shite
2) tenpura/Tenpura/furui o-tera e tsurete itte

Dai 25 ka

Renshū B

1. 1) Eki made aruitara, 30-pun kakarimasu. 2) Kono kusuri o nondara, genki ni narimasu.
3) Basu ga konakattara, takushii de ikimasu. 4) Iken ga nakattara, owarimashō.
2. 1) Eki ga chikakattara, benri desu. 2) Atsukattara, eakon o tsukete kudasai.
3) Tsukai-kata ga kantan dattara, kaimasu.
4) Kōkūbin dattara, raishū tsukimasu.
3. 1) Nichi-yōbi tenki ga yokattara, nani o shimasu ka. ……Tsuri o shimasu.
2) Yasumi ga 1-kagetsu attara, nani o shimasu ka. ……Sekai o ryokō-shimasu.
3) Kaigi no toki, nemuku nattara dō shimasu ka. ……Kōhii o nomimasu.
4) Kaimono no toki, okane ga tarinakattara dō shimasu ka.
……ATM de oroshimasu.
4. 1) Eki ni tsuitara, denwa o kudasai. 2) Shigoto ga owattara, shokuji ni ikimashō.
3) Kōkō o detara, ryūgaku-shitai desu. 4) 60-sai ni nattara, shigoto o yamemasu.
5. 1) Ōboete mo, sugu wasuremasu. 2) Botan o oshite mo, mizu ga demasen.
3) Kekkon- shite mo, issho ni sumimasen. 4) Jisho de shirabete mo, wakarimasen.
6. 1) Nemukute mo, repōto o kakanakereba narimasen.
2) Ryokō ni ikitakute mo, jikan ga arimasen.
3) Uta ga heta de mo, karaoke wa tanoshii desu.
4) Byōki de mo, byōin e ikimasen.
7. 1) Iie, chansu ga atte mo, gaikoku ni sumitakunai desu.
2) Iie, hima de mo, ryokō ni ikimasen.
3) Iie, toshi o tottara, hatarakitakunai desu.
4) Iie, karada no chōshi ga warukattara, benkyō-shimasen.

Renshū C

1. 1) tenki ga yokatta/gorufu o shi
   2) shigoto ga hayaku (5-ji ni) owatta/Betonamu-ryōri o tabe
2. 1) Shiryō o kopii-shita/motte kite 2) Guputa-san kara denwa ga atta/yonde
3. 1) o-hanami/tenki ga warukute/tenki ga warukatta
   2) tenisu no shiai/ame ga futte/ame ga futta

Mondai no sukuriputo, Kaitō-rei (Scripts for the listening parts of the practice questions and example answers for the practice questions)

Dai 1 ka

CD02 1. Rei : Anata wa sensei desu ka. ……Rei : Iie, [watashi wa] sensei ja arimasen.

1) Anata wa Santosu-san desu ka. ……Rei : Iie, Santosu ja arimasen.
2) O-namae wa?……Rei : Maiku Mirā desu.
3) Nan-sai desu ka. ……Rei : 28-sai desu.
4) Amerika-jin desu ka. ……Rei : Hai, Amerika-jin desu.
5) Kaishain desu ka. ……Rei : Iie, kaishain ja arimasen.

CD03 2. Rei : Otoko : Ohayō gozaimasu.

Onna : Ohayō gozaimasu. (②)

1) Onna : Kochira wa Pawā-denki no Shumitto-san desu.
   Otoko : Hajimemashite. Shumitto desu. Dōzo yoroshiku. (①)
2) Onna : O-namae wa?
   Otoko : Wan desu.
   Onna : An-san desu ka.
   Otoko : Iie, Wan desu.
   Onna : Nan-sai desu ka.
   Otoko : 29-sai desu. (③)

CD04 3. Rei 1 : Onna : Tarō-chan wa nan-sai desu ka.

Otoko no ko : 8-sai desu.

★Tarō-chan wa 10-sai desu. (×)

Rei 2 : Onna : Santosu-san wa sensei desu ka.

Otoko : Iie, sensei ja arimasen. Kaishain desu.

★Santosu-san wa kaishain desu. (○)

1) Otoko : Hajimemashite. Mirā desu. Amerika kara kimashita. Dōzo yoroshiku.
   Onna : Satō desu. Dōzo yoroshiku.
   ★Mirā-san wa Amerika-jin desu. (○)
2) Otoko : Ano kata wa donata desu ka.
   Onna : Karina-san desu.
   Otoko : Sensei desu ka.

Onna ∶ Iie, Fuji-daigaku no gakusei desu.

★Karina-san wa Fuji-daigaku no sensei desu. (×)

3) Otoko ∶ Ii-san wa kenkyūsha desu ka.

Onna ∶ Hai.

Otoko ∶ Wan-san mo kenkyūsha desu ka.

Onna ∶ Iie, Wan-san wa isha desu.

★Wan-san wa kenkyūsha ja arimasen. (○)

4. 1) Mirā-san 2) Amerika-jin 3) Amerika-jin 4) donata (dare)

5) nan-sai (o-ikutsu)

5. 1) wa 2) wa/ka 3) no 4) mo

6. Rei ∶ Maiku Mirā/Amerika

Dai 2 ka

CD06

1. 1) Kore wa techō desu ka. ……Hai , sō desu.

2) Kore wa "あ(a)" desu ka, "お(o)" desu ka. ……"あ(a)" desu.

3) Kore wa nan desu ka. ……Meishi desu.

4) Kore wa nan no zasshi desu ka. ……Kuruma no zasshi desu.

5) Kono kaban wa anata no desu ka. ……Iie, watashi no ja arimasen.

CD07

2. 1) Onna ∶ Hai. Donata desu ka.

Otoko ∶ 505 no Mirā desu.

Mirā desu. Korekara osewa ni narimasu. Dōzo yoroshiku onegai-shimasu.

Onna ∶ Tanaka desu. Kochira koso yoroshiku onegai-shimasu. (②)

2) Otoko ∶ Anō, kore, dōzo.

Onna ∶ E, nan desu ka.

Otoko ∶ Chokorēto desu.

Onna ∶ Dōmo arigatō gozaimasu. (①)

CD08

3. 1) Otoko ∶ Sore wa techō desu ka.

Onna ∶ Iie, chigaimasu.

Otoko ∶ Nan desu ka.

Onna ∶ Jisho desu.

★Kore wa techō desu. (×)

2) Otoko ∶ Kimura-san, ano kuruma wa Kimura-san no desu ka.

Onna ∶ Hai, sō desu. Watashi no desu.

★Ano kuruma wa Kimura-san no desu. (○)

3) Otoko ∶ Sore wa konpyūtā no zasshi desu ka.

Onna ∶ Iie, kamera no zasshi desu.

Otoko ∶ Sō desu ka.

★Kore wa konpyūtā no zasshi ja arimasen. (○)

4. 1) nan-sai 2) sensei 3) nan 4) anata

5. 1) Sore 2) Are 3) Kore
6. 1) nan 2) nan 3) dare
7. 1) Sore wa watashi no kagi desu.
   2) Kono jisho wa Mirā-san no desu.
   3) Sono kasa wa dare no desu ka.
   4) Are wa sensei no tsukue desu.
8. 1) osewa ni narimasu
   2) Dōzo/Dōmo arigatō gozaimasu

Dai 3 ka

CD10
1. 1) O-kuni wa dochira desu ka. ……Rei：Igirisu desu.
   2) Uchi wa dochira desu ka. ……Rei：Tōkyō desu.
   3) Anata no tokei wa doko no tokei desu ka. ……Rei：Nihon no desu.
   4) Anata no kamera wa Nihon no desu ka. ……Rei：Iie, Nihon no ja arimasen.
   5) Anata no kamera wa ikura desu ka. ……Rei：16,500-en desu.

CD11
2. 1) Otoko：Sumimasen. Jimusho wa doko desu ka.
   Onna：Asoko desu.
   Otoko：Shokudō wa?
   Onna：Soko desu.
   Otoko：Dōmo.
   ★Shokudō wa asoko desu. (×)
   2) Otoko：Sumimasen. Satō-san wa dochira desu ka.
   Onna：Satō-san wa kaigishitsu desu.
   Otoko：Mirā-san mo kaigishitsu desu ka.
   Onna：Hai, sō desu.
   Otoko：Dōmo.
   ★Mirā-san wa kaigishitsu desu. (○)
   3) Onna：Kaisha wa dochira desu ka.
   Otoko：Pawā-denki desu.
   Onna：Nan no kaisha desu ka.
   Otoko：Konpyūtā no kaisha desu.
   Onna：Sō desu ka.
   ★Pawā-denki wa konpyūtā no kaisha desu. (○)
   4) Otoko：Sumimasen. Tokei-uriba wa doko desu ka.
   Onna：8-kai desu.
   Otoko：Dōmo.
   ★Tokei-uriba wa 1-kai desu. (×)
   5) Otoko：Sumimasen. Kono tokei wa ikura desu ka.
   Onna：23,600-en desu.
   Otoko：Ja, kore o kudasai.

★Kono tokei wa 23,800-en desu. (×)

3. 1) Soko/kaigishitsu 2) Asoko/toire (otearai) 3) Koko/shokudō
 4) Asoko/jimusho 5) Soko/kyōshitsu
4. 1) Kore 2) Sono/watashi no 3) asoko 4) doko
5. 1) dochira (doko) 2) doko (dochira) 3) nan-gai (doko)
 4) dochira 5) dochira (doko) 6) nan 7) doko 8) ikura

Dai 4 ka

CD13
1. 1) Ima nan-ji desu ka. ……Rei：10-ji desu.
 2) Anata no kuni no ginkō wa nan-ji kara nan-ji made desu ka.
 ……Rei：9-ji kara 3-ji made desu.
 3) Mainichi nan-ji ni okimasu ka. ……Rei：6-ji ni okimasu.
 4) Kinō benkyō-shimashita ka. ……Rei：Hai, benkyō-shimashita.
 5) Anata no denwa-bangō wa nan-ban desu ka. ……Rei：020 no 3333 no 1887 desu.

CD14
2. 1) Otoko：Ima nan-ji desu ka.
 Onna：4-ji han desu.
 Otoko：Rondon wa nan-ji desu ka.
 Onna：Gozen 7-ji han desu. (①)
 2) Otoko：Kinō nan-ji ni nemashita ka.
 Onna：12-ji ni nemashita.
 Otoko：Kesa nan-ji ni okimashita ka.
 Onna：6-ji han ni okimashita. (③)

CD15
3. 1) Onna：Mirā-san, kinō nan-ji made hatarakimashita ka.
 Otoko：10-ji made hatarakimashita.
 Onnna：Kyō mo 10-ji made hatarakimasu ka.
 Otoko：Iie, 5-ji ni owarimasu.
 ★Mirā-san wa kyō 10-ji made hatarakimasu. (×)
 2) Otoko：Midori-toshokan desu ka.
 Onna：Hai, sō desu.
 Otoko：Sumimasen. Yasumi wa nan-yōbi desu ka.
 Onna：Getsu-yōbi desu.
 Otoko：Dōmo.
 ★Getsu-yōbi toshokan wa yasumi desu. (○)
 3) Otoko：Karina-san, daigaku wa nan-ji kara desu ka.
 Onnna：9-ji kara desu.
 Otoko：Nan-ji ni owarimasu ka.
 Onna：4-ji ni owarimasu.
 ★Karina-san wa 9-ji kara 5-ji made benkyō-shimasu. (×)

CD16
4. Rei：Ima 9-ji han desu. (9:30)

1) Kesa 7-ji han ni okimashita. (7:30)
2) Kaisha wa asa 8-ji 20-pun kara desu. (gozen 8:20)
3) Mainichi 9-ji kara 6-ji made hatarakimasu. (9:00 ～ 6:00)
4) Hiruyasumi wa 12-ji 15-fun kara 1-ji 15-fun made desu. (12:15 ～ 1:15)
5) Tanaka-san no uchi no denwa-bangō wa 349 no 7865 desu. (349-7865)
6) Bijutsukan no denwa-bangō wa 075 no 138 no 6697 desu. (075-138-6697)
7) Kono hon wa 3,650-en desu. (3,650)
8) Ano konpyūtā wa 208,000-en desu. (208,000)

5. 1) nan-ji 2) nan-ban 3) nan-yōbi 4) nan-sai(o-ikutsu) 5) nan-ji

6. 1) ×/ni 2) kara/made 3) × 4) no 5) ni 6) to

7. 1) nemashita 2) yasumimasu 3) benkyō-shimashita 4) okimasu
5) hatarakimasen

8. 1) yasumimashita 2) hatarakimasen 3) benkyō-shimasendeshita
4) owarimasu

Dai 5 ka

CD18
1. 1) Nichi-yōbi doko e ikimasu ka. ……Rei : Kyōto e ikimasu.
2) Nan de sūpā e ikimasu ka. ……Rei : Jitensha de ikimasu.
3) Dare to sūpā e ikimasu ka. ……Rei : Hitori de ikimasu.
4) Kinō doko e ikimashita ka. ……Rei : Doko mo ikimasendeshita.
5) Tanjōbi wa nan-gatsu nan-nichi desu ka. ……Rei : 4-gatsu muika desu.

CD19
2. 1) Onna : Mirā-san wa nichi-yōbi doko e ikimashita ka.
Otoko : Nara e ikimashita. Satō-san wa?
Onna : Doko mo ikimasendeshita. (②)
2) Onna : Kyō wa nan-nichi desu ka.
Otoko : 4-gatsu yōka desu.
Onna : Nan-yōbi desu ka.
Otoko : Ka-yōbi desu. (①)

CD20
3. 1) Onna : Mirā-san, itsu Nagoya e ikimasu ka.
Otoko : Asatte ikimasu.
Onna : Hitori de ikimasu ka.
Otoko : Iie, Yamada-san to ikimasu.
★Mirā-san wa asatte Yamada-san to Nagoya e ikimasu. (○)
2) Otoko : Ii-san, o-kuni wa dochira desu ka.
Onna : Kankoku desu.
Otoko : Itsu Nihon e kimashita ka.
Onna : Kyonen no 6-gatsu ni kimashita.
★Ii-san wa kyonen no 9-gatsu ni Kankoku kara kimashita. (×)
3) Otoko : Kono densha wa Kyōto e ikimasu ka.

Onna : Iie, ikimasen. Tsugi no densha desu yo.

Otoko : Sō desu ka. Dōmo.

★Tsugi no densha wa Kyōto e ikimasu. (○)

4. 1) Itsu 2) Dare 3) doko 4) ikura 5) Nan 6) Nan-ji 7) nan-gatsu/nan-nichi

5. 1) no/ni/kara 2) de/e 3) ni/e 4) to/e 5) mo

6. 1) 9-ji ni uchi e kaerimashita. 2) doko mo ikimasen.

3) tomodachi to bijutsukan e ikimasu.

4) [hitori de] Matsumoto-san no uchi e ikimasu.

5) kazoku to kuruma de Kōbe e ikimashita.

Dai 6 ka

CD22

1. 1) Anata wa tabako o suimasu ka. ……Rei : Iie, suimasen.

2) Maiasa shinbun o yomimasu ka. ……Rei : Hai, yomimasu.

3) Kesa nani o nomimashita ka. ……Rei : Kōcha o nomimashita.

4) Ashita nani o shimasu ka. ……Rei : Kyōto e ikimasu.

5) Itsumo doko de hirugohan o tabemasu ka.

……Rei : Kaisha no shokudō de tabemasu.

CD23

2. 1) Onna : Yamada-san wa o-sake o nomimasu ka.

Otoko : Hai, nomimasu.

Onna : Itsumo doko de nomimasu ka.

Otoko : Uchi de nomimasu.

★Yamada-san wa o-sake o nomimasen. (×)

2) Onna : Mirā-san, kesa asagohan o tabemashita ka.

Otoko : Hai, tabemashita.

Onna : Nani o tabemashita ka.

Otoko : Pan to tamago o tabemashita.

★Mirā-san wa kesa pan to tamago o tabemashita. (○)

3) Onna : Mirā-san, do-yōbi nani o shimashita ka.

Otoko : Asa toshokan de benkyō-shimashita.

Onna : Gogo nani o shimashita ka.

Otoko : Kōbe de eiga o mimashita.

★Mirā-san wa do-yōbi no gogo Kōbe de eiga o mimashita. (○)

4) Otoko : Ii-san, kinō doko e ikimashita ka.

Onna : Kyōto e ikimashita.

Otoko : Kyōto de nani o shimashita ka.

Onna : O-hanami o shimashita.

★Ii-san wa kinō Kyōto de o-hanami o shimashita. (○)

5) Onna : Mirā-san, nichi-yōbi issho ni tenisu o shimasen ka.

Otoko : Ē, ii desu ne. Doko de shimasu ka.

Onna : Fuji-daigaku de shimashō.

★Mirā-san wa nichi-yōbi Fuji-daigaku e ikimasu. (○)

3. 1) to/kōhii o nomimasu 2) ni/[hiru]gohan o tabemasu
   3) de/nekutai o kaimasu 4) de/shinbun o yomimasu
   5) kara/made/terebi o mimasu
4. 1) nani o 2) Doko de 3) nani o 4) dare ni
5. 1) kakimashita 2) yomimasu ka 3) ikimasen ka/ikimashō 4) shimasu
6. 1) × 2) ○ 3) × 4) ×

Dai 7 ka

CD25

1. 1) Mō bangohan o tabemashita ka. ……Rei : Hai, mō tabemashita.
   2) Nan de gohan o tabemasu ka. ……Rei : Hashi de tabemasu.
   3) Kyonen no tanjōbi ni purezento o moraimashita ka. ……Rei : Hai, moraimashita.
   4) Okāsan no tanjōbi ni nani o agemasu ka. ……Rei : Tokei o agemasu.
   5) "Thank you" wa Nihon-go de nan desu ka. ……Rei : "Arigatō" desu.

CD26

2. 1) Onna : Mirā-san, kōhii wa ikaga desu ka.
   Otoko : Arigatō gozaimasu.
   Onna : Dōzo.
   Otoko : Itadakimasu. (②)
   2) Onna : Sono nekutai, suteki desu ne.
   Otoko : Kore desu ka. Tanjōbi ni haha ni moraimashita.
   Onna : Sō desu ka. (①)

CD27

3. 1) Otoko : Karina-san, mō hirugohan o tabemashita ka.
   Onna : Iie, mada desu.
   Otoko : Ja, issho ni tabemasen ka.
   Onna : Ē. Ikimashō.
   ★Karina-san wa hitori de hirugohan o tabemasu. (×)
   2) Onna : Mirā-san, mō Tōkyō ni repōto o okurimashita ka.
   Otoko : Hai, okurimashita.
   Onna : Nan de okurimashita ka.
   Otoko : Mēru de okurimashita.
   ★Mirā-san wa mēru de Tōkyō ni repōto o okurimashita. (○)
   3) Onna : Mirā-san, sono hon wa Mirā-san no desu ka.
   Otoko : Iie, toshokan kara karimashita.
   Onna : Mō yomimashita ka.
   Otoko : Iie, mada desu. Konban yomimasu.
   ★Mirā-san wa toshokan no hon o mō yomimashita. (×)
4. 1) Eigo o oshiemasu 2) jisho o karimasu (moraimasu)
   3) nimotsu o okurimasu 4) tokei o moraimasu 5) denwa o kakemasu
5. 1) mada desu/ikimasu/ikimasen ka 2) [mō] kakimashita

3) mada desu/okurimasu 4) [mō] nemashita

6. 1) de 2) de 3) de 4) ni/o 5) ni (kara)/o

7. 1) ○ 2) × 3) × 4) ○

Dai 8 ka

CD29
1. 1) Kazoku wa genki desu ka. ……Rei : Hai, genki desu.
   2) Anata no kuni wa ima atsui desu ka. ……Rei : Hai, atsui desu.
   3) Shigoto wa omoshiroi desu ka. ……Rei : Hai, omoshiroi desu.
   4) Anata no kuni wa donna kuni desu ka. ……Rei : Kireina kuni desu.
   5) Nihon-go wa dō desu ka. ……Rei : Yasashii desu.

CD30
2. 1) Otoko : Sono shatsu wa ikura desu ka.
   Onna : Kore desu ka.
   Otoko : Iie, sono shiroi shatsu desu.
   Onna : Kore wa 3,500-en desu. (①)
   2) Otoko : Kyō wa dōmo arigatō gozaimashita.
   Onna : Iie, mata irasshatte kudasai.
   Otoko : Ja, oyasuminasai. (③)

CD31
3. 1) Onna : Atsui desu ne.
   Otoko : Ē.
   Onna : Tsumetai ocha wa ikaga desu ka.
   Otoko : Ē, arigatō gozaimasu.
   ★Korekara tsumetai ocha o nomimasu. (○)
   2) Otoko : Karina-san, ashita nani o shimasu ka.
   Onna : Tomodachi to Ōsakajō e ikimasu.
   Otoko : Sō desu ka. Watashi wa senshū ikimashita.
   Onna : Donna tokoro desu ka.
   Otoko : Totemo kireina tokoro desu yo. Soshite, shizuka desu.
   ★Ōsakajō wa kirei desu. Soshite, nigiyaka desu. (×)
   3) Onna : Nihon no seikatsu wa dō desu ka.
   Otoko : Mainichi tanoshii desu.
   Onna : Nihon no tabemono wa dō desu ka.
   Otoko : Sō desu ne. Oishii desu ga, takai desu.
   ★Nihon no tabemono wa oishii desu. Soshite, yasui desu. (×)

4. 1) isogashii 2) furui 3) yasashii 4) chiisai

5. 1) atarashikunai desu 2) atsukunai desu 3) shizuka ja arimasen
   4) benri ja arimasen

6. 1) atsui 2) yūmeina 3) omoshiroi 4) kireina 5) Atarashii

7. 1) (×) 2) (○) 3) (×)
   (○) (×) (○)

Dai 9 ka

CD33 1. 1) Okāsan wa ryōri ga jōzu desu ka. ……Rei : Hai, jōzu desu.

2) Donna supōtsu ga suki desu ka. ……Rei : Sakkā ga suki desu.

3) Konban yakusoku ga arimasu ka. ……Rei : Iie, arimasen.

4) Kanji ga wakarimasu ka. ……Rei : Hai, sukoshi wakarimasu.

5) Dōshite Nihon-go o benkyō-shimasu ka.

……Rei : Nihon no kaisha de hatarakimasu kara.

CD34 2. 1) Onna 1 : Maria-san no go-shujin wa donna supōtsu ga suki desu ka.

Onna 2 : Sakkā ga suki desu.

Onna 1 : Maria-san wa?

Onna 2 : Watashi wa tenisu ga suki desu.

★Maria-san no go-shujin wa tenisu ga suki desu. (×)

2) Onna : Santosu-san wa Nihon-go ga jōzu desu ne.

Otoko : Arigatō gozaimasu.

Onna : Kanji wa dō desu ka.

Otoko : Sukoshi wakarimasu ga, muzukashii desu.

★Santosu-san wa kanji ga zenzen wakarimasen. (×)

3) Onna : Mirā-san, ryōri ga jōzu desu ne.

Otoko : Uchi de itsumo ryōri o shimasu kara.

Onna : Dare ni naraimashita ka.

Otoko : Haha ni naraimashita.

★Mira-san wa okasān ni ryōri o naraimashita. (○)

4) Otoko : Kimura-san, eiga no chiketto ga arimasu. Issho ni ikimasen ka.

Onna : Itsu desu ka.

Otoko : Ashita desu.

Onna : Ashita desu ka. Zannen desu ga, tomodachi to yakusoku ga arimasu kara, chotto…….

★Kimura-san wa ashita hima desu kara, eiga o mimasu. (×)

5) Onna : Biiru, ikaga desu ka.

Otoko : Iie, kekkō desu.

Onna : Mirā-san wa biiru ga kirai desu ka.

Otoko : Iie, suki desu ga, kuruma de kimashita kara.

Onna : Sō desu ka.

★Mirā- san wa kuruma de kimashita kara, biiru o nomimasen. (○)

3. 1) zenzen 2) takusan 3) totemo 4) yoku

4. 1) donna 2) Dōshite 3) donna 4) dō 5) dare

5. 1) maishū shimasu 2) atsui kōhii o nomimasu 3) nani mo kaimasen

4) ginkō wa yasumi desu

6. 1) ga 2) ga 3) ga 4) kara 5) ga 6) ga/kara

7. 1) × 2) ○ 3) ○ 4) ×

Dai 10 ka

CD36
1. 1) Anata wa ima doko ni imasu ka. ······Rei : Uchi ni imasu.
   2) Anata no uchi ni inu ga imasu ka. ······Rei : Iie, imasen.
   3) Anata no heya ni tokei ga arimasu ka. ······Rei : Iie, arimasen.
   4) Nihon-go no jisho wa doko ni arimasu ka. ······Rei : Tsukue no ue ni arimasu.
   5) Uchi no chikaku ni nani ga arimasu ka.
   ······Rei : Sūpā ya toshokan [nado] ga arimasu.

CD37
2. 1) Otoko : Anō, sumimasen. Toire wa doko desu ka.
   Onna : Asoko ni kaidan ga arimasu ne.
   Otoko : Ē.
   Onna : Otearai wa ano kaidan no ushiro desu.
   Otoko : Dōmo. (①)
   2) Otoko : Sumimasen. Jisho wa doko desu ka.
   Onna : Ano denwa no hidari desu yo.
   Otoko : Arimasen yo.
   Onna : Sō desu ka. ···A, asoko.
   Otoko : E?
   Onna : Tana no ue desu.
   Otoko : Ā, dōmo. (③)
   3) Otoko : Satō-san desu ka. Mirā desu.
   Onna : A, Mirā-san. Ima doko ni imasu ka.
   Otoko : Eki no mae desu.
   Onna : Sō desu ka. Ja, ima ikimasu.
   Otoko : Hai. (①)
3. 1) Otoko no ko : Konnichiwa. Terēza-chan wa imasu ka.
   Onna : Iie, Terēza wa kōen e ikimashita yo.
   Otoko no ko : Sō desu ka.
   ★Terēza-chan wa kōen ni imasu. (○)
   2) Onna : Guputa-san, o-kuni wa dochira desu ka.
   Otoko : Indo desu.
   Onna : Sō desu ka. Kazoku to issho ni Nihon e kimashita ka.
   Otoko : Iie, hitori de kimashita. Kazoku wa kuni ni imasu.
   Onna : Sō desu ka.
   ★Guputa-san wa kazoku to issho ni Nihon e kimashita. (×)
4. 1) arimasu 2) imasu 3) imasu 4) arimasen 5) imasen
5. 1) tonari (migi) 2) aida 3) mae
6. 1) no/ni 2) wa/to/no 3) ni/mo 4) no/ni/mo 5) no/ni/ya/ga
7. ③

Dai 11 ka

CD40

1. 1) Kazoku wa nan-nin desu ka. ……Rei : 4-nin desu.
   2) Anata no uchi ni heya ga ikutsu arimasu ka. ……Rei : Yottsu arimasu.
   3) Anata no kuni kara Nihon made hikōki de nan-jikan kakarimasu ka.
   ……Rei : 5-jikan kakarimasu.
   4) Ima made donokurai Nihon-go o benkyō-shimashita ka.
   ……Rei : 2-kagetsu benkyō-shimashita.
   5) 1-kagetsu ni nan-kai gurai eiga o mimasu ka. ……Rei : 1-kai mimasu.

CD41

2. 1) Onna : Kyōdai ga imasu ka.
   Otoko : Ē, imōto ga hitori imasu. Gakusei desu. (②)
   2) Onna : Irasshaimase.
   Otoko : Kōhii o futatsu to, aisukuriimu o hitotsu onegai-shimasu.
   Onna : Kashikomairimashita. (②)

CD42

3. 1) Onna : 80-en no kitte o 10-mai to 50-en no kitte o 10-mai kudasai.
   Otoko : Hai, zenbu de 1,300-en desu.
   Onna : Hai.
   Otoko : Dōmo arigatō gozaimashita.
   ★Onna no hito wa kitte o 20-mai kaimashita. (○)
   2) Onna : Kono tegami, ea-mēru de onegai-shimasu.
   Otoko : Hai, Indo desu ne. 90-en desu.
   Onna : Donokurai kakarimasu ka.
   Otoko : Yōka gurai desu.
   ★Tegami wa Indo made ea-mēru de yokka kakarimasu. (×)
   3) Otoko : Doko de Nihon-go o benkyō-shimashita ka.
   Onna : Kuni de Nihon-jin no sensei ni naraimashita.
   Otoko : Mainichi benkyō-shimashita ka.
   Onna : Iie, sui-yōbi to do-yōbi ni benkyō-shimashita.
   ★Kuni de 1-shūkan ni 1-kai Nihon-go o benkyō-shimashita. (×)
4. 1) futari 2) yon-dai 3) jū-mai 4) muttsu
5. 1) ikutsu 2) nan-jikan 3) nan-mai 4) nan-dai
6. 1) ni/× 2) de 3) ni/× 4) o/×
7. 1) 4-nin desu. 2) Tō arimasu. 3) 650-en desu. 4) 48-jikan naraimashita.

Dai 12 ka

CD44

1. 1) Kinō no tenki wa dō deshita ka. ……Rei : Yokatta desu.
   2) Senshū wa isogashikatta desu ka. ……Rei : Hai, isogashikatta desu.
   3) Anata no kuni to Nihon to dochira ga hito ga ōi desu ka.
   ……Rei : Watashi no kuni no hō ga hito ga ōi desu.
   4) 1-nen de itsu ga ichiban suki desu ka. ……Rei : Haru ga ichiban suki desu.

5) Anata no kuni de doko ga ichiban yūmei desu ka.

……Rei : Pekin ga ichiban yūmei desu.

CD45 2. 1) Onna : Tanaka-san, atarashii kuruma desu ne.

Otoko : Ē, sengetsu kaimashita.

Onna : Yamada-san no kuruma yori ōkii desu ne.

Otoko : Ē, sukoshi ōkii desu.

★Otoko no hito no kuruma wa Yamada-san no kuruma yori ōkii desu. (○)

2) Onna : Mirā-san wa umi to yama to dochira ga suki desu ka.

Otoko : Umi no hō ga suki desu. Karina-san wa dochira ga suki desu ka.

Onna : Sō desu ne. Watashi wa dochira mo suki desu.

★Karina-san wa umi no hō ga suki desu. (×)

3) Otoko : Nihon wa samui desu ne.

Onna : Sō desu ne. Demo, raigetsu no hō ga samui desu yo.
1-nen de 1-gatsu ga ichiban samui desu kara.

★12-gatsu wa 1-gatsu yori samui desu. (×)

4) Otoko : Senshū Kyōto de tomodachi to Gion-matsuri o mimashita.

Onna : Dō deshita ka.

Otoko : Omoshirokatta desu. Hito ga totemo ōkatta desu yo.

Onna : Sō desu ka.

★Gion-matsuri wa totemo nigiyaka deshita. (○)

5) Otoko : Kinō hajimete Nihon-ryōri o tabemashita. Totemo oishikatta desu.

Onna : Nani o tabemashita ka.

Otoko : Sashimi ya tenpura ya sushi o tabemashita.

Onna : Nani ga ichiban oishikatta desu ka.

Otoko : Sō desu ne. Tenpura ga ichiban oishikatta desu.

★Nihon-ryōri de tenpura ga ichiban oishikatta desu. (○)

3. 1) tōi 2) sukunai 3) omoi 4) kirai

4. 1) yokunakatta desu 2) ame ja arimasendeshita 3) omoshirokunakatta desu
4) kantan ja arimasendeshita 5) isogashikunakatta desu

5. 1) dochira 2) dare 3) nani 4) doko 5) itsu (nan-yōbi)

6. 1) ABC-sutoa 2) Japan 3) Mainichi-ya 4) ABC-sutoa

Dai 13 ka

CD47 1. 1) Ima nani ga ichiban hoshii desu ka. ……Rei : Uchi ga hoshii desu.

2) Ashita nani o shitai desu ka. ……Rei : Eiga o mi ni ikitai desu.

3) Ima dare ni ichiban aitai desu ka. ……Rei : Kare (Kanojo) ni aitai desu.

4) Shūmatsu wa doko e asobi ni ikitai desu ka. ……Rei : Umi e ikitai desu.

5) Hikōki no kippu o anata ni agemasu. Doko e nani o shi ni ikimasu ka.

……Rei : Suisu e sukii ni ikimasu.

CD48 2. 1) Otoko : Satō-san, ima nani ga ichiban hoshii desu ka.

Onna : Sō desu ne. Atarashii pasokon ga hoshii desu.

Otoko : Pasokon desu ka.

Onna : Yamada-san wa?

Otoko : Watashi wa mainichi isogashii desu kara, jikan ga hoshii desu.

★Otoko no hito wa isogashii desu kara, jikan ga arimasen. (○)

2) Otoko : Onaka ga sukimashita ne.

Onna : Ē, nanika tabetai desu ne.

Otoko : Eki no mae ni ii resutoran ga arimasu.

Onna : Sō desu ka. Ja, ikimashō.

★Otoko no hito to onna no hito wa resutoran e shokuji ni ikimasu. (○)

3) Onna : Yamada-san, natsu-yasumi wa dokoka ikimasu ka.

Otoko : Iie.

Onna : E, dōshite desu ka.

Otoko : Yasumi wa yokka dake desu kara, uchi de yasumitai desu.

★Otoko no hito wa natsu-yasumi ni doko mo ikimasen. (○)

4) Otoko : Konbanwa.

Onna : Konbanwa. O-dekake desu ka.

Otoko : Ē. Eki made kodomo o mukae ni ikimasu.

Onna : Sō desu ka. Itterasshai.

★Otoko no hito wa eki de kodomo ni aimasu. (○)

5) Otoko : Karina-san wa Nihon e nan no benkyō ni kimashita ka.

Onna : Bijutsu no benkyō ni kimashita.

Otoko : Sō desu ka. Benkyō wa dō desu ka.

Onna : Nihon-go ga yoku wakarimsen kara, taihen desu.

★Karina-san wa Nihon e Nihon-go no benkyō ni kimashita. (×)

3. 1) kaeritai 2) netai 3) nomitai 4) shitakunai 5) ikitakunai

4. 1) kari 2) kai 3) kaimono 4) oyogi 5) ryokō

5. 1) ga 2) mo 3) de/o 4) e/no/ni 5) e/ni

6. 1) ○ 2) ○ 3) × 4) ○ 5) ×

Dai 14 ka

CD50

1. 1) Ima ame ga futte imasu ka. ……Rei : Iie, futte imasen.

2) Ima nani o shite imasu ka. ……Rei : Benkyō-shite imasu.

3) Ima nanika nonde imasu ka. ……Rei : Iie, nonde imasen.

4) Ima kazoku wa nani o shite imasu ka. ……Rei : Nete imasu.

5) Anata no uchi no jūsho o kaite kudasai.

……Rei : Tōkyō-to Chiyoda-ku kōjimachi 3-4-5

CD51

2. 1) Otoko : Satō-san wa doko ni imasu ka.

Onna : 1-kai de kopii-shite imasu. Yobimashō ka.

Otoko : Ē, sugu yonde kudasai.

Onna ：Hai, wakarimashita. (②)

2) Onna ：Shin-Ōsaka made onegai-shimasu.

Otoko ：Hai.

Onna ：Ano shingō o migi e magatte kudasai.

Otoko ：Hai.

Onna ：Ano shiroi biru no mae de tomete kudasai. (②)

CD52

3. 1) Onna ：Ame ga futte imasu ne. Issho ni takushii de kaerimasen ka.

Otoko ：Anō, kyō wa kuruma de kimashita kara. Issho ni ikaga desu ka.

Onna ：Ā, sō desu ka. Ja, onegai-shimasu.

★Otoko no hito to onna no hito wa issho ni kuruma de kaerimasu. (○)

2) Otoko ：Yamada desu. Konnichiwa. Konshū no do-yōbi ni uchi de pātii o shimasu. Mirā-san mo kite kudasai. Kimura-san mo kimasu yo. Mata ato de denwa o kakemasu.

★Do-yōbi ni Kimura-san no uchi de pātii o shimasu. (×)

3) Otoko ：Karina-san, sono jisho, chotto kashite kudasai.

Onna ：Sumimasen. Ima tsukatte imasu.

Otoko ：Ja, ato de onegai-shimasu.

★Otoko no hito wa ato de jisho o karimasu. (○)

4. 1) itte 2) isoide 3) nonde 4) asonde 5) matte 6) kaette
7) katte 8) kashite 9) tabete 10) okite 11) mite 12) benkyō-shite
13) kite

5. 1) isoide 2) kite 3) mochi 4) okuri/okutte

6. 1) asonde 2) futte 3) shite 4) oyoide

7. 1) D 2) B 3) C 4) A

Dai 15 ka

CD54

1. 1) Bijutsukan de shashin o totte mo ii desu ka. ……Rei：Iie, ikemasen.

2) Anata no kuni de donna Nihon no seihin o utte imasu ka.
……Rei：Kuruma o utte imasu.

3) Nihon de ichiban takai yama o shitte imasu ka.
……Rei：Hai, shitte imasu. Fujisan desu.

4) Kazoku wa doko ni sunde imasu ka. ……Rei：Rondon ni sunde imasu.

5) O-shigoto wa nan desu ka.
……Rei：Ginkōin desu. Appuru-ginkō de hataraite imasu.

CD55

2. 1) Otoko ：Koko de tabako o sutte mo ii desu ka.

Onna ：Sumimasen. Achira no robii de onegai-shimasu.

★Robii de tabako o sutte mo ii desu. (○)

2) Onna ：Koko ni kuruma o tomete mo ii desu ka.

Otoko ：Sumimasen. Achira ni tomete kudasai.

Onna ：Wakarimashita.

★Koko ni kuruma o tomete wa ikemasen. (○)

3) Otoko : Ii-san no go-kazoku wa?

Onna : Ryōshin to ani ga hitori imasu.

Ryōshin wa Kankoku ni sunde imasu ga, ani wa Amerika no daigaku de oshiete imasu.

★Ii-san no kazoku wa minna Amerika ni sunde imasu. (×)

4) Onna : Shitsurei desu ga, o-shigoto wa?

Otoko : Pawā-denki de hataraite imasu.

Onna : Dokushin desu ka.

Otoko : Iie. Tsuma wa daigaku de Doitsu-go o oshiete imasu.

★Otoko no hito no okusan wa Doitsu-go no sensei desu. (○)

5) Otoko : Satō-san, Pawā-denki no denwa-bangō o shitte imasu ka.

Onna : Ē, 934 no 8567 desu.

Otoko : Jūsho wa?

Onna : Chotto matte kudasai. Hai, kore desu.

Otoko : Dōmo.

★Onna no hito wa Pawā-denki no denwa-bangō o shitte imasu ga, jūsho o shirimasen. (×)

3. 1) yasumimasu 2) shokuji-shimasu 3) kimasu 4) kakimasu 5) karimasu
   6) mukaemasu 7) machimasu 8) hanashimasu 9) tomemasu
4. 1) Tabako o sutte mo ii desu ka.
   2) Bijutsukan de shashin o totte mo ii desu ka.
   3) Kono katarogu o moratte mo ii desu ka.
5. 1) shite 2) tabete 3) tsukatte
6. 1) Toshokan de tabemono o tabete wa ikemasen.
   2) (Shiken desu kara,) tonari no hito to hanashite wa ikemasen.
   3) Kōen de yakyū o shite wa ikemasen.
7. 1) sunde 2) tsukutte 3) kekkon-shite 4) motte
8. 1) Iie, kekkon-shite imasen. 2) 12-gatsu ni-jū yokka ni shigoto o shimasu.
   3) Kodomo ni sutekina purezento o agemasu.
   4) Hai, shitte imasu. [Santakurōsu desu.]/Iie, shirimasen.

Dai 16 ka

CD57

1. 1) Asa okite nani o shimasu ka.

   ……Rei : Shawā o abite, shinbun o yomimasu.

   2) Kinō bongohan o tabete kara, nani o shimashita ka.

   ……Rei : Sukoshi terebi o mite, sorekara hon o yomimashita.

   3) Anata no uchi kara kūkō made dōyatte ikimasu ka.

   ……Rei : Chikatetsu de Umeda e itte, JR ni norikaete, kūkō made ikimasu.

   4) Nihon no tabemono wa dō desu ka. ……Rei : Oishii desu ga, takai desu.

5) Okāsan wa donna hito desu ka. ……Rei：Ryōri ga jōzu de, omoshiroi hito desu.

CD58
2. 1) Otoko：Kaisha made itsumo dōyatte ikimasu ka.
Onna：JR de Ōsaka made itte, chikatetsu ni norikaete, Nipponbashi de orimasu.
Sorekara kaisha made aruite ikimasu.
Otoko：Sō desu ka. (①)

2) Otoko：Sumimasen. Karina-san wa dono hito desu ka.
Onna：Ano hito desu yo.
Otoko：E?
Onna：Ano se ga takakute, kami ga mijikai hito desu.
Otoko：Dōmo. (③)

CD59
3. 1) Otoko：Benkyō wa nan-ji ni owarimasu ka.
Onna：3-ji ni owarimasu.
Otoko：Ja, benkyō ga owatte kara, tenisu o shimasen ka.
Onna：Ii desu ne.
Otoko：Ja, 3-ji han goro robii de matte imasu.
★Onna no hito wa 3-ji made benkyō-shite, sorekara tenisu o shimasu. (○)

2) Onna：Ryō wa dō desu ka.
Otoko：Shizuka de, kirei desu.
Onna：Eki kara nan-pun gurai kakarimasu ka.
Otoko：Basu de 20-pun gurai desu.
Onna：Sō desu ka. Sukoshi tōi desu ne.
★Otoko no hito no ryō wa eki kara chikakute, shizuka de, kirei desu. (×)

3) Onna：Ryokō wa dō deshita ka.
Otoko：Tsukaremashita.
Do-yōbi ni Hiroshima o mite, nichi-yōbi ni Nagasaki e ikimashita.
Onna：Sō desu ka. Isogashikatta desu ne.
★Otoko no hito wa shūmatsu ni ryokō o shimashita. (○)

4. 1) itte 2) oroshite 3) notte/norikaete 4) abite
5. 1) gakusei de 2) yokute 3) karukute 4) nigiyaka de
6. 1) ni 2) ni/de 3) o 4) ga 5) ga 6) ni/o 7) o 8) o/de
7. 1) Kōbe 2) Nara/Kyōto 3) Nara 4) Ōsaka

Dai 17 ka

CD61
1. 1) Gaikoku-ryokō ni nani o motte ikanakereba narimasen ka.
……Rei：Pasupōto o motte ikanakereba narimasen.

2) Anata no kuni de kodomo wa nan-sai kara gakkō e ikanakereba narimasen ka.
……Rei：6-sai kara ikanakereba narimasen.

3) Maiasa nan-ji ni okinakereba narimasen ka.
……Rei：7-ji ni okinakereba narimasen.

4) Ashita dekakenakereba narimasen ka.

……Hai, dekakenakereba narimasen./Iie, dekakenakute mo ii desu.

5) Mainichi Nihon-go o hanasanakereba narimasen ka.

……Hai, hanasanakereba narimasen./Iie, hanasanakute mo ii desu.

CD62

2. 1) Onna ： Kirei desu ne! Ano hana no mae de shashin o torimashō.

Otoko ： A, sumimasen. Soko ni hairanai de kudasai.

Onna ： A, sumimasen.

★Hana no shashin o totte wa ikemasen. (×)

2) Otoko ： Konban issho ni shokuji ni ikimasen ka.

Onna ： Sumimasen. Kyō wa hayaku kaeranakereba narimasen.

Otoko ： Sō desu ka. Zannen desu ne.

Onna ： Mata kondo onegai-shimasu.

★Kyō otoko no hito to onna no hito wa issho ni shokuji ni ikimasen. (○)

3) Otoko ： Konban o-furo ni haitte mo ii desu ka.

Onna ： Iie, kyō wa hairanai de kudasai. Sorekara 2, 3-nichi, supōtsu wa shinai de kudasai.

Otoko ： Hai, wakarimashita.

★Kyō otoko no hito wa supōtsu o shite wa ikemasen. (○)

4) Onna ： Kono kusuri wa asa to ban, gohan o tabete kara, nonde kudasai.

Otoko ： Hiru wa nomanakute mo ii desu ka.

Onna ： Hai, nomanakute mo ii desu.

Otoko ： Wakarimashita.

★Otoko no hito wa 1-nichi ni 2-kai kusuri o nomanakereba narimasen. (○)

5) Onna ： Ashitai no asa wa nani mo tabenai de kudasai ne. 9-ji made ni byōin e kite kudasai.

Otoko ： Anō, nomimono wa nonde mo ii desu ka.

Onna ： Iie, mizu mo nomanai de kudasai.

Otoko ： Wakarimashita.

★Otoko no hito wa ashita no asa, nani mo tabete wa ikemasen ga, mizu wa nonde mo ii desu. (×)

3. 1) ikanai 2) nuganai 3) kaesanai 4) motanai 5) yobanai
6) hairanai 7) harawanai 8) wasurenai 9) oboenai 10) okinai
11) karinai 12) minai 13) shinai 14) shinpai-shinai 15) konai

4. 1) ikanai de 2) nakusanai de 3) akenai de 4) hairanai de
5) shinpai-shinai de

5. 1) irenakereba narimasen 2) konakute mo ii desu 3) nuganakereba narimasen
4) kaesanakereba narimasen 5) dasanakute mo ii desu

6. 1) ○ 2) ○ 3) × 4) × 5) ○

Dai 18 ka

CD64

1. 1) Dansu ga dekimasu ka. ……Rei ： Hai, dekimasu.

2) Nan-mētoru gurai oyogu koto ga dekimasu ka.

……Rei ∶ 100-mētoru gurai oyogu koto ga dekimasu.

3) Anata no kuni de nan-sai kara kuruma o unten-suru koto ga dekimasu ka.

……Rei ∶ 18-sai kara dekimasu.

4) Shumi wa nan desu ka. ……Rei ∶ Piano o hiku koto desu.

5) Maiban neru mae ni, nani o shimasu ka. ……Rei ∶ Nikki o kakimasu.

CD65

2. 1) Onna ∶ Shumi wa nan desu ka.

Otoko ∶ Iroirona kuni no ryōri o tsukuru koto desu.

Onna ∶ Ima made ni donna kuni no ryōri o tsukurimashita ka.

Otoko ∶ Tai ya Indo ya Mekishiko ya…….

Onna ∶ Sugoi desu ne.

★Otoko no hito no shumi wa iroirona kuni no ryōri o taberu koto desu. (×)

2) Onna ∶ Irasshaimase.

Otoko ∶ Kōhii to sandoitchi o onegai-shimasu.

Onna ∶ Sumimasen ga, mazu achira de chiketto o katte kudasai.

Otoko ∶ A, sō desu ka.

★Taberu mae ni, chiketto o kawanakereba narimasen. (○)

3) Onna ∶ Kochira wa ichiban atarashii seihin desu.

Otoko ∶ Karui desu ne.

Onna ∶ Ē, tsukai-kata mo kantan desu yo.

Otoko ∶ Chotto takai desu ne……. Kādo o tsukau koto ga dekimasu ka.

Onna ∶ Hai, dekimasu yo.

★Kono mise de genkin de harawanakereba narimasen. (×)

4) Otoko ∶ Raishū no pātii ni kimasu ka.

Onna ∶ Ē. Nanika tetsudaimashō ka.

Otoko ∶ Ja, sumimasen ga, onegai-shimasu.

Onna ∶ Nan-ji ni ikimashō ka.

Otoko ∶ Pātii wa 6-ji kara desu. 30-pun gurai mae ni, kite kudasai.

★Onna no hito wa 6-ji ni pātii ni ikimasu. (×)

5) Otoko ∶ Hai, Midori-toshokan desu.

Onna ∶ Sochira made dōyatte ikimasu ka.

Otoko ∶ 50-ban no basu ni notte, Toshokan-mae de orite kudasai.

Onna ∶ Kuruma de itte mo ii desu ka.

Otoko ∶ Chikaku ni tomeru koto ga dekimasen kara, basu de onegai-shimasu.

Onna ∶ Hai, wakarimashita.

★Onna no hito wa kuruma de toshokan e ikimasu. (×)

3. 1) hiku 2) hanasu 3) motsu 4) asobu 5) nomu

6) hairu 7) utau 8) atsumeru 9) suteru 10) miru

11) abiru 12) suru 13) unten-suru 14) kuru 15) motte kuru

4. 1) noru 2) yoyaku-suru 3) kaku 4) kaeru

5. 1) nonde kara 2) hajimeru mae ni 3) neru mae ni 4) oroshite kara

6. 1) no/ga 2) o/ga 3) no 4) ×

7. 1) 4-gatsu 16-nichi made ni kaesanakereba narimasen.
   2) Iie, [kariru koto ga] dekimasen.
   3) Iie. Uketsuke de shimasu.
   4) 40-en desu.

Dai 19 ka

CD67
1. 1) Sumō o mita koto ga arimasu ka. ……Rei : Hai, arimasu.
   2) Nichi-yōbi nani o shimasu ka. ……Rei : Bideo o mitari, CD o kiitari shimasu.
   3) Nihon de nani o shitai desu ka.
      ……Rei : Ikebana o narattari, ryokō-shitari shitai desu.
   4) Tsugi no tanjōbi ni nan-sai ni narimasu ka. ……Rei : 22-sai ni narimasu.

CD68
2. 1) Otoko : Otōsan wa o-genki desu ka.
      Onna : Ē. Chichi wa mō 81-sai ni narimashita ga, haha to ryokō-shitari, yasai o tsukuttari shite imasu.
      Otoko : Sō desu ka.
      ★Onna no hito no ryōshin wa genki desu. (○)
   2) Onna : Kaze desu ka.
      Otoko : Ē. Nodo ga itai desu kara, nani mo tabetakunai desu.
      Onna : Sō desu ka. Byōin e ikimashita ka.
      Otoko : Iie, kusuri-ya de kusuri o kaimashita.
      ★Otoko no hito wa nakanaka genki ni narimasen kara, byōin e ikimashita. (×)
   3) Otoko : Anō, shitsurei desu ga…….
      Onna : Hai.
      Otoko : Dokoka de atta koto ga arimasu ne.
      Onna : E?
      Otoko : 1-kagetsu gurai mae ni, hikōki de tonari ni suwarimashita ne.
      Onna : Ā, sō deshita ne.
      ★Onna no hito wa otoko no hito ni atta koto ga arimasu. (○)
   4) Onna : Kono ringo, ikura desu ka.
      Otoko : Hitotsu 180-en desu.
      Onna : Mō sukoshi yasuku narimasu ka.
      Otoko : Ja, futatsu 300-en.
      Onna : Ja, yottsu kudasai.
      ★Ringo wa zenbu de 600-en desu. (○)
   5) Onna : Yamada-san, Fujisan ni nobotta koto ga arimasu ka.
      Otoko : Ē, 1-kai dake arimasu.
      Onna : Yuki ga arimashita ka.
      Otoko : Ē, natsu deshita ga, arimashita.
      ★Otoko no hito wa natsu ni Fujisan de yuki o mita koto ga arimasu. (○)

3. 1) itta 2) hataraita 3) oyoida 4) nonda 5) asonda 6) motta 7) katta
8) notta 9) keshita 10) tabeta 11) neta 12) mita 13) orita
14) sanpo-shita 15) kita
4. 1) itta 2) sōji-shita/kaimono ni itta 3) kaita/kiita 4) mita
5. 1) kirei ni 2) kuraku 3) Nemuku 4) ame ni
6. 1) ga 2) ni 3) ni 4) ni
7. 1) (×) 2) (○) 3) (×)
8. (ryaku)

Dai 20 ka

CD70
1. 1) Nichi-yōbi nani o suru?……Rei：Tenisu o suru.
2) Kudamono de nani ga ichiban suki?……Rei：Ringo ga ichiban suki [da].
3) Kanji ga ikutsu wakaru?……Rei：100 gurai wakaru.
4) Anata no kuni to Nihon to dotchi ga hito ga ōi?……Rei：Nihon no hō ga ōi.
5) Nihon no eiga o mita koto ga aru?……Rei：Uun, nai.

CD71
2. 1) Onna：A, ame!
Otoko：E? Kasa, motteru?
Onna：Uun. Tanaka-san wa?
Otoko：Boku mo motte nai.
★Otoko no hito to onna no hito wa kasa o motte imasen. (○)
2) Otoko：Kinō hajimete Kinkakuji e itta yo. Itta koto aru?
Onna：Uun, ichido mo nai. Dō datta?
Otoko：Kirei datta yo. Mata ikitai.
Onna：Ja, raigetsu issho ni ikanai?
Otoko：Un, ii ne.
★Otoko no hito to onna no hito wa issho ni Kinkakuji e ikimashita. (×)
3) Onna：Ashita no ban hima? Kankoku no eiga no kippu o 2-mai moratta kedo, mi ni ikanai?
Otoko：Ii ne. Doko de au?
Onna：Sō ne. 6-ji ni Umeda-eki de.
Otoko：Wakatta. Ja, mata ashita.
★Otoko no hito to onna no hito wa ashita 6-ji ni aimasu. (○)
4) Otoko：Ashita uchi e asobi ni konai?
Onna：Ikitai kedo, yōji ga aru kara.
Otoko：Sō, ja, mata kondo.
★Ashita onna no hito wa otoko no hito no uchi e ikimasen. (○)
5) Otoko：Nakamura-san, shumi wa?
Onna：Supōtsu yo. Tenisu, gorufu, sukii…….
Otoko：Boku mo supōtsu ga suki da kedo, isogashii kara…….
Terebi no supōtsu wa mainichi miru kedo.
Onna：Sō.

★Otoko no hito wa mainichi supōtsu o shimasu. (×)

3.

oyogu	oyoganai	(oyoida)	oyoganakatta
(kasu)	kasanai	kashita	kasanakatta
matsu	(matanai)	matta	matanakatta
asobu	asobanai	asonda	(asobanakatta)
nomu	(nomanai)	nonda	nomanakatta
(aru)	nai	atta	nakatta
kau	kawanai	katta	(kawanakatta)
neru	nenai	(neta)	nenakatta
(kariru)	karinai	karita	karinakatta
suru	shinai	(shita)	shinakatta
kuru	(konai)	kita	konakatta
(samui)	samukunai	samukatta	samukunakatta
ii	yokunai	(yokatta)	yokunakatta
hima da	hima ja nai	hima datta	(hima ja nakatta)
ii tenki da	ii tenki ja nai	(ii tenki datta)	ii tenki ja nakatta

4. 1) kaketa? 2) sunde iru 3) kaette mo ii? 4) asobi ni iku
   5) morawanakereba naranai 6) sutte wa ikenai 7) yomu koto ga dekinai
   8) tabeta koto ga nai 9) hoshii 10) umi datta
5. 1) kekkon-shite imasu ka/Iie, dokushin desu
   2) pātii ni ikimashita ka/Iie, ikimasendeshita/Atama ga itakatta desu kara
   3) genki desu ne/Ē, wakai desu kara
6. 1) atatakakatta desu 2) nigiyaka deshita 3) kirei deshita 4) torimashita
7. (ryaku)

Dai 21 ka

CD73
1. 1) Ashita wa tenki ga ii to omoimasu ka. ……Rei : Hai, ii to omoimasu.
   2) Nihon ni tsuite dō omoimasu ka. ……Rei : Kōtsū ga benri da to omoimasu.
   3) Nihon-jin wa anata no kuni ni tsuite yoku shitte iru to omoimasu ka.
   ……Rei : Iie, amari shiranai to omoimasu.
   4) Nihon-jin wa gohan o taberu mae ni, nan to iimasu ka.
   ……Rei : "Itadakimasu" to iimasu.
   5) Tōkyō wa yūmei desho?……Rei : Hai, yūmei desu.

CD74
2. 1) Onna : Kachō wa?
   Otoko : 2-kai no kaigishitsu desu. Ima kaigi o shite imasu.
   Onna : Nan-ji goro owarimasu ka.
   Otoko : 3-ji goro da to omoimasu ga.
   Onna : Sō desu ka. Ja, mata ato de kimasu.
   ★Onna no hito wa korekara kaigishitsu e ikimasu. (×)

2) Otoko 1 : Tsugi no sakkā no shiai wa Ōsaka de arimasu ne.
Otoko 2 : Ē. Nihon ga katsu to omoimasu ka.
Otoko 1 : Sō desu ne. Dochira mo tsuyoi desu kara ne.
★ Otoko no hito wa Nihon ga katsu to iimashita. (×)

3) Otoko : Ima hōsō ga arimshita ne. Nan to iimashita ka.
Onna : 3-gai ni kissaten ga aru to iimashita yo.
Otoko : Sō desu ka. Chotto tsukaremashita ne. Kōhii o nomi ni ikimasen ka.
Onna : Ē, sō shimashō.
★Otoko no hito to onna no hito wa kissaten de yasumimasu. (○)

4) Otoko : 7-gatsu ni Kyōto de yūmei na o-matsuri ga aru deshō?
Onna : Ā, Gion-matsuri desu ne.
Otoko : Itta koto ga arimasu ka.
Onna : Iie, arimasen.
Otoko : Ja, kotoshi issho ni ikimasen ka.
Onna : Ē.
★Onna no hito wa Gion-matsuri ni ikimasu. (○)

5) Otoko : Sono kaban, omoi deshō? Mochimashō ka.
Onna : Arigatō gozaimasu. Demo, sonnani omokunai desu kara, daijōbu desu.
Otoko : Sō desu ka.
★Otoko no hito wa onna no hito no kaban o mochimasu. (×)

3. 1) oishikunai 2) jōzu da 3) yaku ni tatsu 4) kaetta
4. 1) nichi-yōbi kazoku to Yoshino-yama e iku 2) omoshiroi
3) [totemo] nigiyaka datta 4) shiai o mi ni iku koto ga dekinai
5. 1) aru 2) Tsukareta 3) Atsui 4) shiken
6. 1) ○ 2) × 3) ○
7. (ryaku)

Dai 22 ka

CD76
1. 1) Anata ga umareta tokoro wa doko desu ka. ······Rei : Tōkyō desu.
2) Ima ichiban hoshii mono wa nan desu ka. ······Rei : Kuruma desu.
3) Kazoku de megane o kakete iru hito ga imasu ka. ······Rei : Iie, imasen.
4) Ima kuruma o kau okane ga arimasu ka. ······Rei : Hai, arimasu.
5) Resutoran de taberu ryōri to uchi de taberu ryōri to dochira ga suki desu ka.
······Rei : Uchi de taberu ryōri no hō ga suki desu.

CD77
2. 1) Onna : Kore, watashi ga tsukutta kēki desu kedo, ikaga desu ka.
Otoko : Chokorēto-kēki desu ne. Itadakimasu. Oishii desu ne.
★Onna no hito wa chokorēto-kēki o tsukurimashita. (○)

2) Otoko : A, soko ni kasa o okanai de kudasai.
Onna : Sumimasen. Kasa o oku tokoro wa doko desu ka.
Otoko : Kaidan no ushiro ni oite kudasai.

Onna ∶ Wakarimashita.

★Kasa wa kaidan no ushiro ni okanakereba narimasen. (○)

3) Onna ∶ Mirā-san, koko ni atta shinbun wa?

Otoko ∶ Yamada-san ga motte ikimashita yo.

Onna ∶ A, sō desu ka.

★Mirā-san wa ima shinbun o yonde imasu. (×)

4) Onna ∶ Yamada-san, ashita tenisu ni ikimasen ka.

Otoko ∶ Ashita desu ka. Ashita wa chotto…….
Kodomo to asobi ni iku yakusoku ga arimasu kara.

Onna ∶ Sō desu ka. Ja, mata kondo.

★Otoko no hito wa ashita kodomo to asobimasu kara, tenisu ni ikimasen. (○)

5) Otoko ∶ Ryokō no shashin desu ne. Kono hito wa dare desu ka.

Onna ∶ Dono hito desu ka.

Otoko ∶ Satō-san no ushiro ni iru kami ga mijikai hito desu.

Onna ∶ Ā, Karina-san desu.

★Karina-san wa kami ga mijikai desu. (○)

3. 1) niwa ga aru 2) o-sake o nomanai 3) Toshokan de karita
4) Maria-san kara kita

4. 1) doko 2) dō 3) dore

5. 1) Kore wa itsu katta gyūnyū desu ka.
2) Kore wa dare ga tsukutta kēki desu ka.
3) Kore wa dare ni moratta purezento desu ka.

6. 1) tomodachi to eiga o miru 2) Shiyakusho e iku
3) Shokuji [o] suru (Hirugohan o taberu)

7. ① oroshita ② karita ③ okuru ④ tsukau

8. (ryaku)

Dai 23 ka

CD79

1. 1) Kodomo no toki, doko ni sunde imashita ka. ……Rei ∶ Ōsaka ni sunde imashita.
2) Gaikoku e itte, michi ga wakaranai toki, dō shimasu ka.
……Rei ∶ Chikaku ni iru hito ni kikimasu.
3) Himana toki, nani o shimasu ka.
……Rei ∶ Ongaku o kiitari, hon o yondari shimasu.
4) Donna toki, takushii ni norimasu ka. ……Rei ∶ Nimotsu ga ōi toki, norimasu.
5) Takusan o-sake o nomu to, dō narimasu ka. ……Rei ∶ Atama ga itaku narimasu.

CD80

2. 1) Onna ∶ Sumimasen, Amerika no tomodachi ni denwa o kakeru toki, dō shimasu ka.

Otoko ∶ Mazu 001 o oshite, tsugi ni Amerika no kuni no bangō 1 o oshimasu.
Sorekara tomodachi no bangō o oshimasu.

Onna ∶ Wakarimashita. Dōmo arigatō gozaimashita. (②)

2) Otoko ∶ Sumimasen. Midori-toshokan wa doko desu ka.

Onna : Eki no mae no michi o massugu iku to, hashi ga arimasu.

Otoko : Hashi desu ne.

Onna : Ē. Hashi o watatte, 100-mētoru gurai iku to, hidari ni arimasu. (①)

CD81 3. 1) Onna : Sumimasen. Chotto tsukai-kata o oshiete kudasai.

Otoko : Hai. Mazu koko ni okane o irete kudasai.
Tsugi ni kono botan o osu to, kādo ga demasu.

Onna : Kono botan desu ne. Wakarimashita. Arigatō gozaimashita.

★Botan o oshite kara, okane o ireru to, kādo ga demasu. (×)

2) Onna : Ashita kara shutchō desu ne. Kono shiryō ga irimasu ka.

Otoko : Ē, onegai-shimasu. Sorekara pasokon mo motte ikanai to …….

★Otoko no hito wa shutchō no toki, shiryō to pasokon o motte ikimasu. (○)

3) Onna : Yamada-san, sore wa nan desu ka.

Otoko : Chūgoku no ocha desu. Karada no chōshi ga warui toki, nomimasu.

Onna : Sore mo ocha desu ka.

Otoko : Iie, kore wa kusuri desu. O-sake o nonda toki, nomimasu.

★Otoko no hito wa o-sake o nonda toki, Chūgoku no ocha o nomimasu. (×)

4. 1) kariru 2) wataru 3) nai 4) denai

5. 1) Tsukareta 2) deru 3) okita 4) neru

6. 1) Himana 2) Dokushin no 3) wakai

7. 1) magaru 2) mawasu 3) ireru

8. 1) × 2) × 3) ○

9. (ryaku)

Dai 24 ka

CD83 1. 1) Kodomo no toki, okāsan wa amai o-kashi o kuremashita ka.
……Rei : Iie, kuremasendeshita.

2) Anata wa ima okāsan ni nani o shite agetai desu ka.
……Rei : Ryokō ni tsurete itte agetai desu.

3) Nihon-jin no tomodachi ni anata no kuni no ryōri o tsukutte ageta koto ga arimasu ka.
……Rei : Iie, arimasen.

4) Okane ga nai toki, dare ni kashite moraimasu ka.
……Rei : Ani ni kashite moraimasu.

5) Kodomo no toki, otōsan wa yoku asonde kuremashita ka.
……Rei : Hai, yoku asonde kuremashita.

CD84 2. 1) Onna : Ii tokei desu ne. Doko de kaimashita ka.

Otoko : Kore desu ka. Tanjōbi ni ani ga kuremashita.

Onna : Sō desu ka.

★Otoko no hito wa oniisan no tanjōbi ni tokei o agemashita. (×)

2) Onna : A, ame desu ne. Mirā-san, kasa o motte imasu ka.

Otoko : Iie.

Onna : Ja, watashi no o kashimashō ka.

Otoko : Ē. Demo, Satō-san wa dō shimasu ka.

Onna : Ane ga kuruma de mukae ni kite kuremasu kara, daijōbu desu.

★Onna no hito wa kuruma de kaerimasu. (○)

3) Otoko : Sumimasen ga, shashin o totte kudasai.

Onna : Ii desu yo. Ja, torimasu yo.

Otoko : Dōmo arigatō gozaimashita.

Onna : Iie, dō itashimashite.

★Onna no hito wa otoko no hito ni shashin o totte moraimashita. (×)

4) Otoko : Sumimasen. Kono chikaku ni yūbinkyoku ga arimasu ka.

Onna : Ē, arimasu yo.

Watashi mo chikaku made ikimasu kara, issho ni ikimashō.

Otoko : Sumimasen.

★Onna no hito wa yūbinkyoku no chikaku made otoko no hito to issho ni itte agemasu.

(○)

5) Onna : Kinō wa watashi no tanjōbi deshita.

Otoko : Sō desu ka. Omedetō gozaimasu.

Pātii o shimashita ka.

Onna : Iie. Kōbe e shokuji ni ikimashita.

Tomodachi ga tsurete itte kuremashita.

★Onna no hito wa kinō tomodachi to Kōbe e ikimashita. (○)

3. 1) kuremashita 2) moraimashita 3) kuremasu 4) moraimashita

4. 1) ○ 2) ○ 3) ×

5. 1) o 2) ga 3) ni 4) ni

6. 1) × 2) × 3) ○ 4) ○

7. (ryaku)

Dai 25 ka

CD86

1. 1) Moshi 1,000-man-en attara, nani o shitai desu ka.

……Rei : Iroirona kuni o ryokō-shitai desu.

2) Nichi-yōbi ii tenki dattara, doko e asobi ni ikitai desu ka.

……Rei : Kyōto e asobi ni ikitai desu.

3) Karada no chōshi ga warukattara, dō shimasu ka.

……Rei : Shigoto o yasumimasu.

4) Dai 25 ka no mondai ga owattara, nani o shimasu ka. ……Rei : Terebi o mimasu.

5) Toshi o totte mo, hatarakitai desu ka. ……Rei : Hai, hatarakitai desu.

CD87

2. 1) Otoko : Karina-san, 1-nen yasumi o morattara, nani o shitai desu ka.

Onna : Iroirona kuni no bijutsukan e e o mi ni ikitai desu.

Mirā-san wa?

Otoko : Watashi wa iroirona kuni e biiru o nomi ni ikitai desu.

★Nagai yasumi ga attara, Karina-san wa e o kaki ni ikimasu. (×)

2) Otoko : Ashita hima dattara, Kyōto e ikimasen ka. Yūmeina o-matsuri ga arimasu.

Onna : Ii desu ne. Ame ga futte mo, arimasu ka.

Otoko : Ame dattara, arimasen.

Onna : Sō desu ka.

★Ashita ame ga futtara, o-matsuri ga arimasen. (○)

3) Onna : Itsu Indo e ryokō ni ikimasu ka.

Otoko : Natsu-yasumi ni nattara, sugu ikimasu.

Onna : Itsu kaerimasu ka.

Otoko : Sō desu ne. Okane o zenbu tsukattara, kaerimasu.

Onna : Sō desu ka. Ki o tsukete kudasai ne.

★Otoko no hito wa ryokō kara kaettara, okane ga arimasen. (○)

4) Onna : Yoshida-san, kuruma o motte imasu ka.

Otoko : Iie.

Onna : Kuruma ga attara, benri desu yo.

Otoko : Sō desu ka. Atte mo, muda da to omoimasu.

Onna : Dōshite desu ka.

Otoko : Ōsaka no machi wa kuruma ga ōi desu kara, jitensha no hō ga hayai desu yo.

★Otoko no hito wa kuruma ga arimasu ga, jitensha ni norimasu. (×)

5) Onna : Otsuri ga demasen.

Otoko : Kono botan o oshimashita ka.

Onna : Ē, oshite mo, demasen.

Otoko : Ja, koshō desu ne. Mise no hito ni iimashō.

★Botan o oshimashita ga, otsuri ga demasendeshita. (○)

3. 1) tsukatta 2) konakatta 3) muri datta 4) yokatta 5) Kangaete
6) benri de

4. 1) c 2) a 3) e 4) f 5) b

5. 1) Kaigi ga owattara, sugu ikimasu.
2) Daigaku o detara, sugu kekkon-shitai desu.
3) Hirugohan o tabetara, sugu dekakemashō.
4) Kuni e kaettara, sugu hajimemasu.

6.

Rei) otoko no ko, 10-sai	mainichi totemo isogashii	yūmoa
1) onna no ko, 14-sai	sukina koto o shitai	boku no ginkō
2) onna no hito, 25-sai	benkyō-shitai	watashi
3) otoko no hito, 43-sai	sukina mono o kaitai	wakaku naru kusuri
4) onna no hito, 60-sai	watashi no hanashi wa omoshirokunai	jikan

7. (ryaku)

Fukushū・Sō-fukushū Kaitō-rei (Example answers for the review sections)

Fukushū A

1. 1) A：wa/ka 2) B：no 3) A：wa B：no A：mo/no B：wa/no
   4) A：wa/no B：no 5) B：wa/no C：no B：mo/no C：no A：wa/no/no
2. 1) A：nan A：Ikura 2) A：dochira (doko) 3) B：dochira 4) A：donata
   5) A：dare A：Nan
3. 1) ni-jū hachi 2) san-byaku roku-jū 3) hap-pyaku kyū-jū yon 4) sen go-hyaku
   5) has-sen jū 6) ichi-man nana-sen rop-pyaku yon-jū 7) go-man san-zen hyaku
   8) jū san-man roku-sen ni-hyaku 9) ni-jū-man kyū-sen 10) yon-hyaku san-jū-man
4. 1) b 2) b 3) a 4) a 5) a

Fukushū B

1. 1) kara/no 2)to/o/ni 3) mo/de/e 4) kara/made/de/to/o
   5) de/ni/o 6) de/ni (kara)/o/de
2. 1) Doko 2) nan-ban/nan-yobi/Nan-ji/Nan-ji
   3) nan-gatsu/nan-nichi/Dare/Nani
   4) itsu/nan 5) nani/Doko/Dare/Nan 6) nan-ji
3. 1) [asa] 7-ji ni asagohan o tabemasu 2) 12-ji kara 1-ji made desu 3) owarimasu
   4) 6-ji ni uchi e kaerimasu 5) [yoru] 8-ji kara 10-ji made hon o yomimasu
4. 1) masu/masen 2) masu/masen 3) mashita/mashita
   4) mashita/masendeshita 5) mashita/desu 6) masen/mashō
5. 1) b 2) b 3) a 4) a

Fukushū C

1. 1) dō/dochira/ikutsu 2) donna/donokurai 3) nan-nin/doko
   4) dō/Donna/Nani 5) nan-dai/Dōshite
2. 1) ni/ga/ga/ga/ga 2) yori/ga/ni/de/ga 3) wa/ga/no/ni/ya/kara
3. mae/ushiro/ue
4. futari/yottsu/2-dai/1-kai/2-kagetsu
5. 1) hima ja arimasen/Isogashii/jōzu ja arimasen/Heta
   2) ōkunakatta desu/Sukunakatta/ii tenki ja arimasendeshita/Ame (Yuki)(Kumori)
6. 1) b 2) b 3) b 4) a

Fukushū D

1. 1) o/ga/o (ga) 2) ga/e/ni/de 3) o/e/no/ni 4) ni/ga/no/o 5) kara (de)/ni/de
   6) ga/ni/to

2.

(Rei : kaimasu)	(Rei : katte)	(yobimasu)	yonde	abimasu	(abite)
(ikimasu)	itte	nomimasu	(nonde)	(karimasu)	karite
isogimasu	(isoide)	(kaerimasu)	kaette	(shimasu)	shite
(kashimasu)	kashite	(iremasu)	irete	sanpo-shimasu	(sanpo-shite)
machimasu	(matte)	imasu	(ite)	(kimasu)	kite

3. 1) b 2) b 3) b 4) a 5) a/b

4. 1) karite/tsukatte 2) kaite/kashite 3) asobi/iki 4) shime
 5) kekkon-shite/sunde/hataraite 6) tabemashita/okutte/shokuji 7) ōkute/kireina
 8) jōzu de/genkina 9) yokute/tanoshikatta desu 10) semakute/shizuka ja arimasendeshita

Fukushū E

1. 1) A : ni A : wa 2) A : wa/no 3) A : de/ga
 4) A : ni B : ga A : ga B : ni A : ni 5) B : ni

2.

(Rei : kakanai)	(kakimasu)	(kaku)	(kaite)	(kaita)
(ikanai)	ikimasu	iku	itte	itta
isoganai	(isogimasu)	isogu	isoide	isoida
nomanai	nomimasu	(nomu)	nonde	nonda
asobanai	asobimasu	asobu	(asonde)	asonda
toranai	torimasu	toru	totte	(totta)
kawanai	(kaimasu)	kau	katte	katta
(tatanai)	tachimasu	tatsu	tatte	tatta
hanasanai	hanashimasu	hanasu	(hanashite)	hanashita
oboenai	(oboemasu)	oboeru	oboete	oboeta
minai	mimasu	(miru)	mite	mita
benkyō-shinai	(benkyō-shimasu)	benkyō-suru	benkyō-shite	benkyō-shita
konai	kimasu	kuru	kite	(kita)

3. 1) kaku 2) mita/yonda 3) itta 4) jōzu ni 5) kuru/mise 6) tora
 7) nuga 8) shokuji-suru 9) kuraku

4. 1) a 2) b 3) B : a A : b B : a

Fukushū F

1. itta/kirei datta/hito datta/utattari shita/tanoshikatta/ikitai

2. 1) tabete mo ii/aratta/aratta/naratta/dō datta/Muzukashikatta
 2) totte/Doko/omou/Nai
 3) hima/hima da/asobi ni konai/matte [i]ru

3. 1) umareta/miru/iku
 2) dekiru/yametai/yamete mo ii/wakaru/shigoto da
 3) totta/kakete iru/tatte iru/kabutte iru

Fukushū G

1. 1) o/e/to/o/ni ★kuremashita
   2) ni/ga/to/ga/ni/to/ga ★moraimashita
   3) ni/ni/ni ★agemasu
   4) ga/ga ★moraimashita
   5) wa/de ★agemasu
2. 1) yokatta/noboru/totta/atta 2) byōki no/itakute/atte
   3) kite/ame datta/tsukutte 4) oshiete/himana/wakaranakatta
3. 1) a 2) b 3) a 4) b 5) b 6) b 7) a

Sō-fukushū

1. 1) nan-nin/Itsu/doko 2) nan/Donna/dochira/Ikura 3) Dare/Dono
   4) nani/Dōshite/dōyatte/donokurai 5) dō
2. 1) ga/o 2) ni/o/to/o/ni/mo 3) ga/ga/de/ga/to 4) ni/ga/no/e/ni/ga/ga/ni/no/to
   5) de/ga/o/kara/ni/ga/ni
3. 1) naru 2) taberu 3) itta 4) neru 5) oshiete/Shirabete
   6) aru/Nemukute/benkyō-shi 7) Atsuku/nigiyaka/hima datta/asobi
4. 1) a 2) a 3) b/a 4) b 5) b/a 6) b/b 7) b/b 8) a
5. 1) kisetsu 2) dōbutsu 3) nomimono 4) kyōdai 5) Tenki
6. 1) c 2) c 3) a/a 4) b/b 5) c/b 6) a/c/c 7) a/c 8) c/b

Fukushi, setsuzokushi, kaiwa-hyōgen no matome Kaitō-rei
(Example answers for the summary sections for adverbs, conjunctions and conversational expressions)

I

1. 1) a/b/a 2) a/b 3) b/a 4) b 5) a/b
2. 1) c 2) b 3) b 4) a 5) c
3. 1) chotto/Zannen desu ga/kondo onegai-shimasu
   2) Sumimasen/misete kudasai/kore o kudasai
   3) o-agari kudasai/Shitsurei-shimasu/Kore/Dōzo
   4) Nomimono/ikaga desu ka/arigatō gozaimasu/onegai-shimasu/Itadakimasu
   5) ikaga desu ka/kekkō desu/mō 7-ji desu/Sorosoro shitsurei-shimasu/dōmo arigatō gozaimashita/ Mata

II

1. 1) c 2) a 3) b 4) b 5) a 6) b 7) c 8) a 9) a 10) b
   11) b 12) b
2. 1) b 2) c
3. 1) a 2) a 3) b/a 4) a 5) c 6) c/b 7) b 8) c